# 旅游标准化导论

（第2版）

张凌云　朱莉蓉　牟琳◎编著

北京·旅游教育出版社

**图书在版编目（CIP）数据**

旅游标准化导论 / 张凌云，朱莉蓉，牟琳编著. -- 2版. -- 北京 : 旅游教育出版社，2023.8

ISBN 978-7-5637-4589-0

Ⅰ. ①旅… Ⅱ. ①张… ②朱… ③牟… Ⅲ. ①旅游业一标准化管理一研究一中国 Ⅳ. ①F592

中国国家版本馆CIP数据核字(2023)第152991号

**旅游标准化导论（第2版）**

张凌云　朱莉蓉　牟琳　编著

| | |
|---|---|
| **责任编辑** | 巨瑛梅 |
| **出版单位** | 旅游教育出版社 |
| **地　　址** | 北京市朝阳区定福庄南里1号 |
| **邮　　编** | 100024 |
| **发行电话** | （010）65778403　65728372　65767462（传真） |
| **本社网址** | www.tepcb.com |
| **E - mail** | tepfx@163.com |
| **排版单位** | 北京旅教文化传播有限公司 |
| **印刷单位** | 北京柏力行彩印有限公司 |
| **经销单位** | 新华书店 |
| **开　　本** | 787毫米×1092毫米　1/16 |
| **印　　张** | 19.25 |
| **字　　数** | 298千字 |
| **版　　次** | 2023年8月第2版 |
| **印　　次** | 2023年8月第1次印刷 |
| **定　　价** | 68.00元 |

（图书如有装订差错请与发行部联系）

感谢 蜗牛景区管理集团 WONIU TOURIST ATTRACTION MANAGEMENT GROUP 对本书出版的大力支持

# 序

FORWORD

标准化是自工业化大生产以来，人们有意识、有组织的一项建立技术秩序的活动。早期的标准化活动主要针对的是工业领域和产品的标准化。标准化活动的原理、方法和规则都是源自产品标准化。至于服务标准化，尤其是旅游服务标准化，直到近三十年才逐渐开展起来。

我是上个世纪80年代，为了将我们编制的《公共信息图形符号》国家标准在旅游行业推广实施，开始接触我国的旅游行业的。那时在旅游行业还没有设立分管标准化的部门。随着时间的推移，各个方面逐渐认识到旅游标准化工作的重要性。旅游部门一方面和我们共同推动图形符号、公共信息导向系统国家标准的实施工作，另一方面制定发布了《旅游饭店星级的划分与评定》国家标准。这期间受旅游部门的邀请，我和他们的人员一起到有关省市的旅游饭店检查公共信息图形符号的设置情况以及旅游饭店的星级评定情况。在世纪之交的2000年前后，我又开始从事标准化活动中最基础的工作之一——主持起草了被称为“标准的标准”的GB/T 1.1—2000《标准化工作导则 第1部分：标准的结构和编写规则》。在这期间，我作为委员参加了全国旅游标准化技术委员会的工作。在参与这项工作的过程中，我与张凌云教授逐渐熟悉。张教授不但作为委员和专家参加或主持标准审查会，还作为标准起草人起草了旅游方面的标准。在委员会会议中，他经常对审查的标准提出自己的观点及修改建议。在平时，张教授也常与我探讨有关旅游标准化工作与旅游标准的编写问题。可以看出，他是在不断思考、研究标准化方面的问题。

本书是在2020年6月第1版《旅游标准化新论》的基础上修改完善形成的。新版的编辑出版，反映了张教授严谨的治学态度，以及他对如何搞好旅游标准化工作的不断思考。书中涉及了旅游标准化工作的诸多方面，包括标准化基础知识、中外旅游标准化概述、旅游标准的结构和编写以及旅游标准化管理四个板块的内容。书中介绍了标准化基本概念、中国标准化和国际标准化，阐述了旅游标准化的现状和发展，对我国的旅游标准和国际旅游标准化进行了比较研究，介绍了标准的编写和旅游标准化的管理知识，提出了旅游标准化运行机制的提升和创新建议。尤其值得注意的是，新版内容做了两方面的改动：一是对一些基本概念的阐述更加严谨；二是对标准起草的内容进行了全面更新，反映了这期间发布的国家标准 GB/T 1.1—2020《标准化工作导则 第 1 部分：标准化文件的结构和起草规则》、GB/T 1.2—2020《标准化工作导则 第 2 部分：以 ISO/IEC 标准化文件为基础的标准化文件起草规则》和 GB/T 20001《标准编写规则》系列部分。

本书对旅游标准化进行了较全面的研究和有益的探索，为从事旅游标准化工作的人员提供了全面的信息、有价值的参考以及如何遵守相关标准的方法。希望在本书的启发下，广大旅游标准化工作者能够更加积极地探索如何做好旅游标准化工作。通过标准化工作的实践，进一步总结旅游标准化在管理、运行、标准核心内容等方面的特点，从而基于对旅游标准化的研究，在工业产品标准化领域之外，探索出服务标准化工作的新路径、新方法。

同时，我作为长期接触、参与旅游标准化工作并从事标准化基本原理与方法研究的标准化工作者，由衷地期望我国的旅游标准化工作得到长足的进步与发展，标准化工作越来越规范，标准编写的质量越来越好，标准化对发展我国旅游事业的技术支撑作用越来越坚实。

白殿一

2023 年 7 月 31 日

# 目录

CONTENTS

## 第一编　标准化基础知识

## 第二编　中外旅游标准化概述



## 第三编　旅游标准的结构和编写

# 第四编 旅游标准化管理

# 第一编 标准化基础知识

# 第一章　标准与标准化

标准化是人类在长期生产实践过程中逐渐摸索和创立起来的一门科学，也是一门重要的应用技术。当今时代已进入后工业化时代，标准和标准化从早期工业化生产的狭窄领域，进入了农业、信息业、服务业乃至生活的各个领域，特别是服务业的标准化，更是标准化发展的新领域、新方向。旅游业作为服务业中的重点行业，其标准化的建设一直是大家关注和研究的重点，也是旅游业提质增效，实现高质量、可持续发展的制度性基础。

## 第一节　标准和标准化基本概念

### 一、标准的定义

《标准化工作指南 第1部分：标准化和相关活动的通用术语（GB/T 20000.1—2014）》定义标准为"通过标准化活动，按照规定的程序经协商一致制定，为各种活动或其结果提供规则、指南或特性，供共同使用和重复使用的文件"。并且备注"注1：标准宜以科学、技术和经验的综合成果为基础；注2：规定的程序指制定标准的机构颁布的标准制定程序；注3：诸如国际标准、区域标准、国家标准等，由于它们可以公开获得以及必要时通过修正或修订保持与最新技术水平同步，因此它们被视为构成了公认的技术规则。其他层次上通过的标准，诸如专业协（学）会标准、企业标准等，在地域上可影响几个国家"（引自 GB/T 20000.1—2014，定义5.3；采用 ISO/IEC 指南第2号，2004年版）。

2014版对标准的定义与2002版之间最大的区别就是删除了"公认机构批准"这个限制条件，之所以删除这个条件，并不是新的标准就不需要公认机构批准发布，而是国家把企业标准纳入了标准体系建设，而企业标准是由企业批准发布，无须公认机构批准。从定义的严谨性角度出发，删除了这六个字。但事实上，除了企业标准外，所有其他的标准包括国际标准、国家标准、行业标准、地方标准和团体标准，都必须经过公认机构批准发布。所谓公认机构是指权威机构，一般包括政府主管部门、标准化组织或团体（包括国际组织或区域组织），从事标准化工作的协会或学会等。

世界贸易组织（WTO）在其颁布实施的《贸易技术壁垒（WTO/TBT）协定》中对标准的定义为："由公认机构批准的、非强制性的，为了通用或反复使用的目的，为产品或相关生产方法提供规则、指南或特性的文件。标准也可以包括或专门规定用于产品、加工或者生产方法的术语、符号、包装标准或者标签要求。"世界贸易组织的标准定义主要是基于国际贸易活动而作出的。

通过上述定义，我们可以简单地将标准理解为一种规范性的文件。所谓规范性文件，是指为各种活动或其结果提供规则、导则或者规定特性的文件，它是标准、法律、法规和规章等类文件的统称。标准是一种具有特殊属性的规范性文件。

标准的特殊性主要体现在：

第一，标准必须具备"共同使用和重复使用"的特点。"共同使用"和"重复使用"的条件必须同时具备。也就是说，只有大家共同使用并且要多次重复使用，标准这种文件才有存在的必要。

第二，制定标准的目的是为各种活动或其结果提供规则、指南或特性。从这里可以看出，标准化的对象是"各种活动或其结果"。这是标准化对象的又一次变革。其外延由最早的技术领域延伸到生产服务领域再到现在的"各种活动或其结果"生产生活的所有领域，一切具有"重复性"特性的活动或其结果。标准的目的或者最终的表现形式是"规则、指南或特性"。

第三，制定标准的原则是协商一致。协商一致是指普遍同意，即对于实质性问题有关重要方面没有坚持反对意见，并且按照程序对有关各方的观点均进行了研究，且对所有争议进行了协调。

第四，标准产生的基础是科学、技术和经验的综合成果。标准作为规范性文件是一种技术类文件，它具有科技含量，是在充分考虑最新技术水平后制定的，是对人类实践经验的科学归纳、整理并规范化的结果。

第五，制定标准需要按照规定的程序。规定的程序指制定标准的机构颁布的标准制定程序。目前制定标准的机构有国际标准化组织，如国际标准化组织（ISO）和国际电工委员会（IEC，发布国际标准）；有区域标准化组织，如欧洲标准化委员会（CEN，批准发布欧盟标准）；有国家层面标准化组织，如国家标准化管理委员会（SAC，批准发布国家标准）；有行业标准化组织，负责发布行业标准，如旅游行业的标准（LB）都由文化和旅游部批准发布；此外，还有地方标准（由省、自治区、直辖市标准化主管机构或专业主管部门批准发布）、团体标准（由具有法人资格的社会团体批准发布）和企业标准（由企业发布）。

## 二、标准化的定义

《标准化工作指南 第1部分：标准化和相关活动的通用术语（GB/T 20000.1—2014）》定义标准化为“为了在既定范围内获得最佳秩序，促进共同效益，对现实问题或潜在问题确立共同使用和重复使用的条款以及编制、发布和应用文件的活动”（引自GB/T 20000.1—2014，定义3.1）。该定义项下还备注：“（1）标准化活动确立的条款，可形成标准化文件，包括标准和其他标准化文件；（2）标准化的主要作用在于为了其预期目的改进产品、过程或服务的适用性，防止贸易壁垒，并促进技术合作，获得最佳秩序，促进共同效益。”

我们可以从下列几个方面来理解“标准化”：

（1）标准化活动是制定、发布和实施标准的系统过程，标准是标准化活动过程的产物。

（2）标准是对活动或活动的结果规定的共同的重复使用的规则、导则或特性的文件，其制定的基础是科学、技术和经验的综合成果。

（3）标准的产生应经相关方协商一致，对标准涉及的实质问题，各相关方基本同意，没有坚持反对意见，经过征求、考虑所有相关方的意见并协调任何关键异议的过程。

（4）标准化是一个涉及制定、发布和实施等相互相关并相互作用的系统过程，是研究标准化过程的客观规律和运行方法。

（5）标准化是一项有目的的活动，通过改进产品、过程或服务的适用性，使之达到预期的目的，从而促进贸易、交流以及技术合作，由此产生效益。

（6）标准化是一个相对动态的概念，无论是一项标准，还是一个标准体系，都在随着时代的步伐向更深层次和广度变化发展，因而标准没有最终成果，标准在深度上无止境、广度上无极限正是标准化的动态特征。

（7）标准化的相对性概念，还存在于事物和概念进步的标准化与非标准、个性与共性的相互不断转化的客观规律上，任何已经标准化的事物和概念，都可能随时代的发展和条件的变化，突破原有的规定，成为非标准。

（8）标准化的效果只有当标准在实践中得到实施才能表现出来。因此，标准的贯彻实施是标准化活动不可或缺的重要环节。

（9）标准化的本质特征是统一，是对重复性的事物和概念作出共同遵循和重复使用规则的活动，因此，首先要做到概念的统一，才能做到事物的统一，这也是在制定标准时，首先要对标准中涉及的关键的名词术语下定义的原因。

（10）标准化的本质是为了增加标准化对象的有序化程度，防止其向无序化发展。因此，标准化活动是人们从无序状态恢复有序状态所作的努力。

## 第二节　标准化发展简史

伴随着人类生产生活的发展，标准化的发展经历了远古时代的标准化思想萌芽阶段、手工业时期的古代标准化阶段、工业化时期的近代标准化阶段，到今天的全球经济一体化的标准综合化阶段。

### 一、国际标准化发展历程

国际标准化是指在世界范围内由众多的国家或者组织共同参与开展的标准化活动。国际标准化是一项有组织有章程有规则开展的标准化活动，它是从大工业生产出现以后开始，并随着世界经济的发展和社会的进步，逐步产生和发展起来的。

**1. 工业化时期近代标准化起步阶段**

近代工业标准化始于 18 世纪末。首先在英国出现的纺织工业革命标志着工业化时代的开始，大机器工业生产方式促使标准化发展成为有明确目标和有系统组织的社会活动。从“标准化之父”美国艾利·惠特尼发明的“工序生产方法”，到英国 J.B. 惠特沃斯设计的统一制式螺纹，再到美国“管理学之父”F. W. 泰勒创造的“标准作业方法”和“标准时间”，逐渐地使标准化方法从生产领域向管理领域发展。

随着大工业化的兴起和行业分工的细化，各种学术团体和行业协会纷纷成立。1901 年，世界上第一个国家标准化机构——英国工程标准委员会成立。1902 年，英国纽瓦尔（Newall）公司出版了世界上第一个公差与配合标准《纽瓦尔标准——极限表》，从而使生产成本大幅度下降，同时，产品质量不断提高，在市场上挤垮了其他同类公司，在这一领域鹤立鸡群。

1906 年，在英国伦敦成立了世界上最早的国际标准化机构——国际电工委员会（IEC）。1947 年作为一个电工部门并入国际标准化组织（ISO），1976 年又从 ISO 中分立出来。其他技术领域的工作原先由成立于1926年的国家标准化协会的国际联盟（International Federation of the National Standardizing Associations，简称ISA）承担，重点在于机械工程方面。ISA的工作由于第二次世界大战在1942年终止。

**2.“二战”后标准化快速发展阶段**

第二次世界大战期间，由于军需品的互换性很差，规格不统一，致使盟军的供给异常紧张，许多配件要从美国运往欧洲战场，不仅经济上造成了极大损失，还常常会贻误战机。为此，美国率先制定了一批新的军工产品标准，促进了军事工业的发展。可以说，军事标准化极大地促进了标准化的发展。

1946年，来自25个国家的代表在伦敦召开会议，决定成立一个新的国际组织，其目的是促进国家间的合作和工业标准的统一。于是，1947年2月23日国际标准化组织（International Organization for Standardization，简称ISO）宣告成立，总部设在瑞士日内瓦，并于1951年发布了第一个标准——工业长度测量用标准参考温度。1961年欧洲标准化委员会（CEN）成立。1976年欧洲电工标准化委员会（CENELEC）成立。这一时期各国都处于战后恢复重建过程中，恢复经济是首要目标。在此过程中各国已认识到标准对于经济发展的重要作用，因此也纷纷加大对标准化的建设，标准在这一时期迅猛发展。

国际上标准化运动由工业产品、农产品、交通运输等领域扩展到信息产业和服务业，旅游标准化则出现在20世纪80年代以后，是标准化家族中年轻的成员。

**3. 全球经济一体化时期标准国际化和综合化发展阶段**

随着全球范围的信息技术革命和以世界贸易组织（WTO）为标志的经济全球化的兴起，国际经济贸易交流越来越频繁，国际贸易的扩大、跨国公司的兴起和发展以及全球经济一体化的形成，标准的国际化和综合化作为消除贸易壁垒的重要手段，得到了迅速发展。

这一时期的标准化特点是系统性、国际性和综合化发展趋势。经济和信息技术的发展是这一阶段标准化发展的主要推动力。

## 二、我国标准化发展历程

**1. 古代的标准化实践**

我国标准化的实践探索史可以上溯到先秦，从青铜器到钱币的铸造，无一不是我国祖先朴素的标准化产物。今天我们所说的“模范”一词，其实就是一种标准化工具。“模”是一种标准的样本。蜡塑形后成“模”，有了“模”，便能依照它的轮廓，用陶、金属在外面塑成“范”。外凸的称之为“模”，内凹的称之“范”。模与范，这两件严丝合缝的东西，就成为规范的模具。

秦统一六国后，实行“车同轨，书同文”及统一度量衡。此外，我国古代的《工律》《金布律》《田律》等都起源于秦代，并一直沿用至汉代。到了宋代，官方编写的《军器法式》规定了兵器制造规范，李诫编写的《营造法式》则是木结构建筑的营建标准，以及毕昇的活字印刷术等这些都是古代中国标准化的典范。明朝李时珍所著的《本草纲目》中，不仅记载了药物的种类和特性，还记述了药物的制备方法、方剂等，是药剂方面典型的标准化文献。但总体而言，由于我国没有发生像西方那样的工业革命，所以我国的标准化实践不如欧洲最早实现工业化的国家有着广泛的社会基础，影响到社会生活的方方面面。

**2. 近现代标准化发展**

1930 年，国民政府成立了全国度量局，监管标准局的职责。1940 年确定该局兼办工业标准事宜，正式推行工业标准。其间，成立专门标准起草委员会 4 个（医药器材、化工、机械、电工），编制标准草案 877 个，收集国外标准 1.8 万多个，翻译各国标准 3800 多项。1946 年，国民政府颁布《标准法》，1947 年国际标准化组织成立，中国和苏联、美国、英国、法国为常务委员。由于国民政府连年拖欠会费，1951 年被停止会籍。直到 1978 年，中华人民共和国又重新加入了国际标准化组织（ISO）。

1949 年中华人民共和国成立，当时在中央政府政务院财政经济委员会的中央技术管理局设立了标准规格处，专门负责工业生产和工业建设标准化工作。受当时特殊的国情影响，主要采用苏联的标准，并编写了内部教材《苏联制定标准的方法》（油印本），这是新中国第一本标准化教材。据统计，新中国“第一个五年计划”期间，总共翻译和使用了苏联标准 4587 项，以此支撑了新中国成立之初的工业化建设。直到 1956 年中国发布了自己的第一部标准，这是一张关于桥式起重机的跨距规格图表，文字内容非常简单，也没有一个计算公式，主要内容也都是参考苏联的。

经过了国民经济第一个五年计划（1953—1957）的标准化实践后发现，单纯照搬的苏联标准在很多方面并不符合中国的实际情况。首先，标准是质量的基础，只有做好标准化工作才能满足保证产品质量的需要。由于当时我国的装备水平和管理工作非常落后，企业员工的技能水平有限，生产过程中要达到苏联标准的要求难度很大，操作中稍有不慎就会产生废品。其次，我国地理、气候和资源禀赋与苏联不同，中国的工业产品都按照苏联标准生产并不符合我国国情。例如，苏联的纬度比中国高，气温比中国低，按苏联标准生产汽油、柴油、润滑油等成品，油冷凝点就不符合中国实际，不但浪费资源，也会增加生产成本。最后，当时苏联推行社会主义阵营统一标准并不是为了推动国际贸易，而是要实现一切以苏联为中心的标准体系，控制各个成员国的自我发展。因此，我们必须要努力研究开发符合中国国情的自身标准，在此基础上建立中国自己的标准体系。为了改变这一现状，我国在引入苏联标准的基础上采取了分等定级的做法，将质量分为一等品、二等品和等外品几个等级。这样看似提升了产品合格率，节省了原材料，一时解决了生产中的问题，但实际上是迁就了落后，也为日后只顾数量、不顾质量和假冒伪劣的出现埋下了隐患。在那个商品极度短缺的年代，“出口转内销”商品成为紧俏货。所谓“出口转内销”就是不符合质量标准被外商拒收或退回的商品，而这些不合格的商品在国内却一度成为抢手货，这一现象一直延续到改革开放后才结束。

20 世纪 60 年代初中苏关系破裂，中国加快了独立进行标准化建设的步伐，国务院发布了《工农业产品和工程建设标准化管理办法》，形成了国家标准、部标准和企业标准三级标准体系。当时的标准主要是与工业生产有关的产品标准和工艺过程标准。“文革”期间标准建设停滞不前。“文革”结束后，开始拨乱反正，党中央下发了《工业三十条》，明确要求在工业交通行业要努力搞好标准化、系列化、通用化，使标准化管理重新归位。这之后成立了国家标准总局和国家计量总局，归国务院直接领导。

1979 年国家颁布《中华人民共和国标准化管理条例》，重新开始标准化建设。在加强标准化管理的基础上，又增加了产品质量监督和产品检验的内容，使标准和标准化工作有的放矢，这是标准化发展史上的一个重大进步。

1988 年，在深化经济体制改革的大背景下，国务院启动了第二次政府机构改革，成立了国家技术监督局，主管标准、质量和计量，随之启动了标准化立法工作。1988 年 12 月 29 日，第七届全国人大第五次会议通过了《中华人民共和国标准化法》(以下简称《标准化法》)，标志着我国标准化建设走上了法制轨道。《标准化法》将标准分为强制性和推荐性两种，改变了过去一直实行的“标准一经制定就是技术法规，必须强制执行”的规定，体现了市场对于标准的宽容性。法律还规定了认证认可的地位，使其成为标准实施的另一种方式，改变了政府监管惩罚的单一形式，在很大程度上调动了企业和市场的积极性。1990 年颁布了《中华人民共和国标准化法实施条例》。法律规定了中国的标准分为国家、行业、地方和企业标准四级，国标、行标和地标又分为强制性和推荐性两类。这期间经济建设取得了举世瞩目的成就，标准化发展也取得了长足的进步。

中国从 1986 年开始恢复“关税及贸易总协定”(GATT)谈判(“复关”谈判)，后来改为加入“世界贸易组织”(WTO)谈判(“入世”谈判)，一共谈了 15 年。2001 年 12 月 11 日，我国正式加入了世界贸易组织(WTO)。为了适应“入世”挑战，在 2001

年4月和9月相继成立了国家质量监督检验检疫总局（质检总局）、国家认证认可监督管理委员会（认监委）和国家标准化管理委员会（国标委）。国标委成立后，争取到科技部的支持，组织实施了“国家标准化战略研究和技术标准体系建设重大专项”。

2017年11月4日，第十二届全国人民代表大会常务委员会第三十次会议修订《标准化法》。新修订的标准化法一是建立了政府标准化工作协调机制，明确要求国务院和设区的市级以上地方人民政府建立标准化协调机制，统筹协调标准化工作重大事项，并要求县级以上人民政府将标准化工作纳入本级国民经济和社会发展规划。二是扩大了标准的制定范围，从原来侧重工业领域，进一步扩展到农业、服务业和社会事业等领域，全方位满足需求，保障标准有效供给。三是强化了强制性标准的统一管理，规定国家标准分为强制性标准和推荐性标准，行业标准、地方标准是推荐性标准；将原来的强制性国家标准、行业标准和地方标准统一整合为强制性国家标准，并对强制性标准的范围作了严格的限定。四是赋予了团体标准法律地位；鼓励社会团体组织制定团体标准，构建了政府标准与市场标准协调配套的新型标准体系。五是设立企业标准自我声明公开和监督制度；要求企业向社会公开所执行的产品和服务标准相关情况，充分释放了企业创新活力的需要。六是加强了标准国际化工作，积极推动参与国际标准化活动，推进中国标准与国外标准之间的转化运用。七是规定了标准化军民融合制度，推进标准化军民融合和资源共享，提升军民标准通用化水平，积极推动军民标准相互转化和采用。

随着改革的深入和市场经济的发展以及中国加入世界贸易组织，标准化发展开始由计划经济走向市场经济，由本土化走向国际化。如何更好地与国际接轨是目前标准化发展面临的新任务，特别是服务业的兴起，标准化如何在服务领域特别是旅游等新兴领域更好地发挥作用是标准化发展和研究的新方向。

2018年3月，我国成立了国家市场监督管理总局（为正部级的国务院直属机构），对外保留国家认证认可监督管理委员会和国家标准化管理委员会牌子。

2019年，国家市场监督管理总局制定了《强制性国家标准管理办法》《地方标准管理办法》，组织开展了《行业标准管理办法》《团体标准管理规定》《企业标准化管理办法》等标准化文件的修订工作。完善标准制修订流程。将强制性国家标准对外通报工作提至批准发布环节进行，将征求公众意见环节纳入标准制修订系统，国家标准制定透明度进一步提高，标准制修订周期已压缩至30个月。建立国家标准项目委员联名申报制度，有效解决国家标准申报难问题。建立完善国家标准及其外文版同步立项、同步制定、同步发布机制，有力推进国家标准外文版制定。完善行业标准备案管理程序和信息系统。

截至 2023 年 6 月，我国共发布国家标准 66 037 项，其中现行标准 42 898 项，在编的国家标准有 7724 项。[①] 共批准设立 73 类行业标准，备案行业标准共 79 501 项、备案地方标准共 65 576 项。

截至 2023 年 6 月，我国已发布国家标准外文版标准 1369 项，正在制定中的外文版标准 1252 项，待批准发布的外文版标准有 897 项；在全国团体标准信息平台注册的社会团体达到 7526 家，公布 58 284 项团体标准；已有 422 134 家企业在企业标准信息公共服务平台上公布企业标准 2 817 857 项，涉及的产品达 4 701 973 种。

在国际标准化方面，截至 2022 年 6 月，我国与 55 个国家和区域标准化机构、国际组织签署了 98 份标准化合作文件，中国专家担任 ISO、IEC 技术机构主席、副主席 77 个，主导制定并发布 ISO 和 IEC 国际标准 917 项。

2022 年 9 月，国家市场监督管理总局公布了《国家标准管理办法（2022 年修订版）》（自 2023 年 3 月 1 日起实施）。旨在加强国家标准管理，规范国家标准制定、实施和监督。这一管理办法适用于国家标准的制定（包括项目提出、立项、组织起草、征求意见、技术审查、对外通报、编号、批准发布、组织实施以及监督工作）。

# 第三节　标准化原理与分类

## 一、标准化基本原理

从长期的生产实践中总结出了标准化的“简化”“统一”“协调”“优化”四项基本原理，它既是标准化活动客观存在的规律，又是指导标准化实践活动的依据。

**1. 简化原理**

简化就是在一定范围内，精简标准化对象（事物或概念）的类型数目，以合理的数目类型在既定的时间空间范围内满足一般需要。简化不是随心所欲地抛弃，而是通过标准化活动把多余的、可替换的、低功能的环节去掉，使事物和概念趋于优化，便于统一规范。标准化的本质就是简化。

**2. 统一原理**

统一就是把同类事物两种以上的表现形式归并为一种，或限定在一个范围内的标准化形式。统一化的实质是使对象的形式、功能（效用）或者其他技术特征具有一致性，

① 数据来源：全国标准信息公共服务平台。食品安全、环境保护、工程建设方面的国家标准未纳入本系统。

与被取代的事物功能等效。统一化应遵循三大原则：一致性原则，即统一是为了获得一致；时间和条件原则，即统一是在一定的时间和空间实现的，错过了这个时间和环境，标准就不一定适用，需要重新研究和修订；等效性原则，即简化、统一、取得一致后的事物，必须与被简化、统一和取代前的事物在功能上具有等效性。

**3. 协调原理**

协调原理是针对标准体系而言的。标准体系内的各有关技术标准、管理标准和工作标准体系，各项标准间的相互关系必须协调一致，以标准为接口，协调企业的各层次、各部门、各专业、各环节之间的技术关联，解决各相关方的连接和配合的科学性、合理性，使标准体系在一定时期内保持相对平衡和稳定。

标准体系的整体功能要靠每个构成标准本身功能以及各个相关标准的有机联系和相互作用来保证。因此，一方面要保持标准内各要素间的协调，另一方面要保持相关标准间的协调。此外，随着标准综合化的发展方向，还要保持标准体系间的协调。

**4. 优化原理**

标准化的最终目的是取得最佳效益。因此，在标准制定和实施过程中，一定要贯彻最优化原则，也就是依据既定的方针目标，在一定条件下，对标准体系构成要素及其相互关系进行优化选择，使标准的实施效果达到最佳。

## 二、标准的一般分类

标准化工作是一项复杂的系统工程。标准为适应不同的要求而构成一个庞大而复杂的系统。目前，学术界尚未有一个统一的分类方案。为便于研究和应用，一般按以下不同的角度和属性对标准进行分类。

**1. 根据标准制定主体和适用范围划分**

根据 2017 年修订的《标准化法》，我国标准分为国家标准、行业标准、地方标准、团体标准和企业标准五类。

国家标准（National Standard），是指“由国家标准机构通过并公开发布的标准”（引自 GB/T 20000.1—2014，5.3.3）。具体地说，由国务院标准化行政主管部门制定的需要在全国范围内统一的技术要求，代号 GB 或 GB/T，GB 表示强制性标准，GB/T 表示推荐性国标；此外，还有 GB/Z 表示国家标准化指导性技术文件。

行业标准（Industry Standard），是指“由行业机构通过并公开发布的标准”（引自 GB/T 20000.1—2014，5.3.4）。一般而言，行业标准是对没有国家标准而又需要在全国某个行业范围内统一的技术要求，由国务院有关行政主管部门制定并报国务院标准化行政主管部门备案的标准。

地方标准（Provincial Standard），是指“在国家的某个地区通过并公开发布的标准”（引自 GB/T 20000.1—2014，5.3.5）。具体来说，对没有国家标准和行业标准而又需要在省、自治区、直辖市范围内统一的工业产品的安全、卫生要求，由省、自治区、直辖市标准化行政主管部门制定并报国务院标准化行政主管部门和国务院相关行业行政主管部门备案的标准。

团体标准（Social Organization Standard），是指“由团体按照自行规定的标准制定程序制定并发布，供团体成员或社会自愿采用的标准”［引自《团体标准化 第 1 部分：良好行为指南》（GB/T 20004.1—2016，3.2）］。“国家鼓励学会、协会、商会、联合会、产业技术联盟等社会团体协调相关市场主体共同制定满足市场和创新需要的团体标准，由本团体成员约定采用或者按照本团体的规定供社会自愿采用。制定团体标准，应当遵循开放、透明、公平的原则，保证各参与主体获取相关信息，反映各参与主体的共同需求，并应当组织对标准相关事项进行调查分析、实验、论证。国务院标准化行政主管部门会同国务院有关行政主管部门对团体标准的制定进行规范、引导和监督”（《标准化法》，第十八条）。团体标准编号由团体标准代号、团体代号、团体标准顺序号和年代号组成。如中国旅游协会发布的第一个团标，其编号为 T/CTA 001—20××。

企业标准（Company Standard），是指“由企业通过供该企业使用的标准”（引自 GB/T 20000.1—2014，5.3.6）。一般而言，企业生产的产品没有国家标准、行业标准和地方标准，可由企业制定的作为组织生产依据的相应的标准，或在企业内指定使用的严于国家、行业或地方标准的内控标准，由企业自行组织制定并按省、自治区、直辖市人民政府的规定备案。

此外，还有国际标准和区域标准。国际标准（International Standard），是指“由国际标准化组织或者国际标准化组织通过并公开发布的标准”（引自 GB/T 20000.1—2014，定义 5.3.1）；区域标准（Regional Standard），是指“由区域标准化组织或区域标准组织通过并公开发布的标准”（引自 GB/T 20000.1—2014，定义 5.3.2）。我国引进了三大国际标准组织［国际标准化组织（ISO）、国际电工委员会（IEC）和国际电信联盟（ITU），详见第三章 第一节］的许多标准。

**2. 根据法律属性和约束力划分**

我国标准分为强制性标准、推荐性标准以及标准化指导性技术文件。

强制性标准（Mandatory Standard），主要是保障人体健康，人身、财产安全的标准和法律、行政法规规定强制执行的标准。其范围严格限制在国家安全、防止欺诈行为、保护人身健康与安全、保护动植物的生命和健康以及保护环境五个方面。

推荐性标准（Recommended Standard），是指导性标准，由公认机构批准的，非强制性的，为了通用或反复使用，为产品或相关生产方法提供规则、指南或特性的文件。

标准化指导性技术文件（Standardization Technical Guidance Document），是为仍处在技术发展过程中（变化快的技术领域）的标准化工作提供指南或信息，供科研、设计、生产、使用和管理等有关人员参考使用而制定的标准文件。

**3. 根据标准的性质划分**

技术标准（Technical Standard），对标准化领域中需要协调统一的技术事项而制定的标准。主要是事物的技术性内容。

管理标准（Management Standard），对标准化领域中需要协调统一的管理事项而制定的标准。主要规定人们在生产活动和社会生活中的组织结构、职责权限、过程方法、程序文件以及资源分配等事宜。

工作标准（Working Standard），对标准化领域中需要协调统一的工作事项而制定的标准。主要针对具体岗位活动而规定人员和组织在生产经营管理活动中的职责、权限，对这种过程的定量定性要求以及活动程序和考核评价要求。

**4. 根据标准内容的功能划分**

术语标准（Terminology Standard），界定特定领域或学科中使用的概念的指称及其定义的标准。

符号标准（Symbol Standard），界定特定领域或学科中使用的符号的表现形式及其含义和名称的标准。

分类标准（Classification Standard），基于诸如来源、构成、性能或用途等相似特性对产品、过程或服务进行有规律地划分、排列或者确立分类体系的标准。

试验标准（Testing Standard），在适合指定目的的精密度范围内和给定环境下，全面描述试验活动以及得出结论的方式的标准。

规范标准（Specification Standard），为产品、过程或服务规定需要满足的要求并且描述用于判定该要求是否得到满足的证实方法的标准。

规程标准（Code of Practice Standard），为活动的过程规定明确的程序并且描述判定该程序是否得到履行的追溯 / 证实方法的标准。

指南标准（Guide Standard），以适当的背景知识提供某主题的普遍性、原则性、方向性的指导，或者同时给出相关建议或信息的标准。

**5. 根据标准编制的目的划分**

基础标准（Basic Standard），具有广泛的适用范围或包含一个特定领域的通用条款的标准（引自 GB/T 20000.1—2014，定义 7.1）。一般而言，基础标准在一定范围内作为其他标准的基础并普遍使用，具有广泛指导意义，也可直接应用。如术语、名词、符号、代号、标识、方法、模数、计量单位制、公差与配合、形状与位置公差、表面粗糙度、优先数系、螺纹及齿轮模数标准、基本阐述系列、图形符号与工程制图、产品环境条件、可靠性要求等。

技术标准（Technical Standard），对标准化领域中需要协调统一的技术事项而制定的标准。主要是事物的技术性内容。

卫生标准（Hygienic Standard），为保护人的健康，对食品、医药及其他方面的卫生要求而制定的标准。

安全标准（Safety Standard），以保护人和物的安全为目的而制定的标准。

环境标准（Environmental Standard），为保护环境和有利于生态平衡对大气、水体、土壤、噪声、振动、电磁波等环境质量、污染管理、监测方法及其他事项而制定的标准。

## 第四节　标准化任务和作用

标准化在经济发展中起着不可或缺的重要作用，主要表现在以下几个方面。

### 一、标准化是建立最佳秩序的工具

现代化的大生产是以先进的科学技术和生产的高度社会化为特征的。前者表现为生产过程的速度加快、质量提高、生产的连续性和节奏性等要求增强；后者表现为社会分工越来越细，各企业间的经济联系日益密切。这种社会化的大生产必定要以某种秩序的建立为前提。标准作为一种具有公共约束力的工具，是建立这种秩序的最佳工具。

### 二、标准化是国内市场的保证力量

标准作为各相关方共同参与制定并有效协调的一种规范性文件，为生产者、销售者和消费者所认同，因此可以作为市场调节的工具，起到维护公平竞争、保护消费者权益的作用。一方面，当标准的内容说明了产品的功能和服务的基本特性时，交易双方只要就标准达成一致即可成交；另一方面，普通消费者并不具备检验商品质量的手段和能力，因此在购买商品时，选择具有合格标志的商品是重要的判断方式，标准在这里起到了保证产品质量的作用。这种建立在产品和服务标准化基础上的合格评定制度，为双方提供了交易保证，减少了不必要的重复检验，简化了交易过程，降低了交易风险和交易成本，提高了市场的运行质量和效率。

## 三、标准化是国际市场的调节手段和竞争战略

当今的国际市场是一个全球经济一体化的市场，依托这个市场，企业实现了跨国生产和跨国经营并由此促使世界范围内的资源、商品和技术的流通。因此，标准在建立共同的规则、保证商品质量、提高市场信任度、维护公平竞争秩序、减少或消除贸易壁垒方面，起到了十分重要的调节作用。

国际标准作为世界范围内普遍承认和接受的标准，是全球商品生产和流通的基础和前提。因此，某项标准一旦被国际认可，便可能在产品生产和销售过程中获得垄断利润，所以，抢占国际标准制高点是目前众多国家的重要标准化战略。

## 四、标准化是建设创新型国家的重要途径

创新是人类社会发展的动力之源，尤其在现代经济发展过程中，科技创新更是具有明显的乘数效应。但创新是有成本和风险的，取得创新成果也不是最终目的，创新成果必须转化成产品并扩散。一方面，按照标准化的系列化和模块化原理开发新产品，可以以较低的成本研制新产品并使之进入不同的细分市场，规避风险；另一方面由于标准的科学性和权威性，使它成为扩散创新成果并将其商品化的重要途径，同时，这也是促进标准创新的动力。

旅游标准化的作用主要体现在以下方面：

（1）有利于优化制度环境和促进旅游区域合作与发展。标准作为一种通用语言，通过建立一致的规范和统一的服务质量标准，在企业和企业、政府和企业以及游客和企业之间形成有效的沟通桥梁，从而营造良好的制度环境。在旅游服务过程中，由于缺乏服务标准、标准不一致或标准实施缺乏有效的监督机制，服务不规范、评价判断无依据而导致的企业与旅游者争论不休的事件屡屡发生，通过建立通用的旅游标准，形成统一的标准制度，可以优化发展环境。此外，标准化是避免区域旅游障碍的重要形式，通过标准形成通用语言，可以加强区域间的交流与合作，更好地促进区域旅游发展和我国旅游业的协调发展。

（2）有利于提高产品服务质量和促进资源优化组合。旅游资源的有效利用，旅游产品的优化设计，各类旅游企业间的合理搭配，都需要通行的标准予以协调。旅游经营者和管理者在旅游开发合作中以标准化的思维开展工作，注重优化和衔接，有利于区域旅游整体合作的合理、高效。此外，游客的基本生活需求是相同的，在不同地方体验不同旅游风情的同时，其安全、卫生、舒适的基本要求还是一致的。这就要求旅游产品的个性化与服务质量的标准化同存。

（3）有利于保护消费者的合法权益和提升企业效益。一方面，旅游标准是游客消费产品质量的保证，通过旅游标准所传递的法则，是旅游者维护权益的依据。游客对旅游产品的质量很难有具体的感知，旅游标准给了他们评价的参照和维权的依据。另一方面，通过采用标准化的管理和服务，能提高旅游管理和服务质量，减少浪费，降低企业成本，提高企业效益。同时，管理服务标准化在微观层面上的运用，为整个社会在宏观层面上推行标准化、创造良好的发展环境奠定基础。

（4）有利于企业品牌建设和更好地应对国际服务贸易竞争。一方面，标准是旅游企业建设品牌的重要途径和手段，通过培育高标准的核心竞争力，来提升企业品牌效应。另一方面，“得标准者得天下”，先制定标准，和国际标准获得一致，就取得了在该行业的“话语权”。因此，推行旅游标准化，加快旅游标准化和国际接轨的步伐，有利于我国的旅游企业在国际上取得话语权，增强旅游企业的国际竞争力。我国旅游标准化和国际接轨还需要加大建设力度。

# 第二章　中国标准化管理运行体系

标准化工作涉及国民经济的各个领域和社会的各个层面。应该运用法律法规来调整标准化活动中的各种关系。中国标准体制、标准化管理体系和机构以及相关技术组织，是依据中国标准化法律法规建立并运行的。中国标准化管理运行体系主要由政府主导，市场各主体参与。

## 第一节　标准化法律法规

1949 年以来，我国标准化工作随着国民经济的发展而逐步建立和发展起来。1957 年，为了加强标准化工作，国家成立了标准局，统一管理全国标准化工作，并组织制定了一批国家标准和部标准。1962 年，国务院颁布了《工农业产品和工程建设技术标准管理办法》。1979 年 7 月，国务院颁布了《中华人民共和国标准化管理条例》。1988 年，国务院颁布了《标准化法》并于 1990 年颁布了《标准化法实施条例》，由此初步建立起了我国标准化法律法规体系。

### 一、1988 年版《标准化法》及其实施条例

《标准化法》及其实施条例的颁布，确立了我国的标准体系和标准化管理体系，提出了标准制定的原则和要求，加强了标准的实施和监督措施，明确了标准化工作相关各方的法律责任。

**1. 制定标准的范围和对象**

①工业产品的品种、规格、质量、等级或者卫生要求；

②工业产品的设计、生产、检验、包装、贮存、运输、使用的方法或者生产、贮存、运输过程中的安全、卫生要求；

③有关环境保护的各项技术要求和检验方法；

④建设工程的设计、施工方法和安全要求；

⑤有关工业生产、工程建设和环境保护的技术术语、符号、代号、制度方法、互换配合要求；

⑥农业（含林业、牧业、渔业）的产品（含种子、种苗、种畜、种禽）品种、规格、质量、等级、检验、包装、贮存、运输以及生产技术、管理技术的要求；

⑦信息、能源、资源、交通运输的技术要求。

**2. 标准制定的原则**

①应当有利于保障安全和人民的身体健康，保护消费者的利益，保护环境；

②应当有利于合理利用国家资源，推广科学技术成果，提高经济效益，并符合使用要求，有利于产品的通用互换，做到技术上先进，经济上合理；

③应当做到有关标准的协调配套；

④应当有利于促进对外经济技术合作和对外贸易；

⑤应当发挥行业协会、科学研究机构和学术团体的作用。

**3. 标准的实施及法律责任**

强制性标准必须严格执行。不符合强制性标准的产品，严禁生产、销售和进口。生产、销售和进口不符合强制性标准的产品的，由法律、行政法规规定的行政主管部门，依法处理。法律、行政法规未作规定的，由工商行政管理部门没收产品和违法所得，并处罚款；造成严重后果构成犯罪的，对直接责任人依法追究刑事责任。其中，生产不符合强制性标准的产品的，应当责令其停止生产，并没收产品，监督销毁或作必要技术处理；处以该批产品货值金额 20% 至 50% 的罚款；对有关责任者处以 5000 元以下罚款。销售不符合强制性标准的商品的，应当责令其停止销售，并限期追回已售出的商品，监督销毁或作必要技术处理；没收违法所得；处以该批商品货值金额 10% 至 20% 的罚款；对有关责任者处以 5000 元以下罚款。进口不符合强制性标准的产品的，应当封存并没收该产品，监督销毁或作必要技术处理；处以进口产品货值金额 20% 至 50% 的罚款；对有关责任者给予行政处分，并可处以 5000 元以下罚款。生产、销售、进口不符合强制性标准的产品，造成严重后果，构成犯罪的，由司法机关依法追究直接责任人员的刑事责任。

推荐性标准，国家鼓励企业自愿采用。企业已经采用推荐性标准纳入企业标准体系，或者推荐性标准一旦纳入指令性文件（含合同），将具有相应的约束性。企业生产执行国家、行业、地方或企业标准，应在产品或其说明书、包装物上标明所执行标准的代号、编号与名称。企业未按规定制定标准作为组织生产依据，未按规定要求将产品标准上报备案，未按规定附有标识或与其标识不符，研制新产品、改进产品、进行技术改造，不符合标准化要求，由标准化行政主管部门或有关行政主管部门在各自的职权范围内责令限期改进，并可通报批评或给予责任者行政处分。

企业按国家或者行业标准生产的产品，可以向国务院标准化行政主管部门或者其授权的部门申请产品质量认证。认证合格的，由认证部门授予认证证书，准许在产品或者包装上使用规定的认证标志。产品未经认证或者认证不合格而擅自使用认证标志出厂销售的，由标准化行政主管部门责令其停止销售，处以违法所得三倍以下的罚款，并对单位负责人处以 5000 元以下罚款。

**4. 标准化工作监督**

标准化工作的监督、检验和管理人员如有失职、徇私舞弊等违法行为，要给予行政处分；构成犯罪的，要依法追究刑事责任。

## 二、《标准化法》配套法规

《标准化法》配套法规除了国务院颁布的《标准化法实施条例》，按立法体系还有三个层次的标准化法规和规章，即中央各部委规章、地方性法规和地方政府规章。中央政府各部委规章又分为国务院标准化行政主管部门规章和国务院其他行政主管部门规章。国务院标准化行政主管部门规章，指原国家技术监督局和国家市场监督管理总局颁布的一系列有关标准化管理工作的规章。国务院各部门、地方人大和地方政府根据自身标准化工作的需要制定部门标准化规章、地方标准化法规和主张，主要规范本行业或本行政区域标准的制定和实施，由此形成比较完善的标准化法律法规的立法体系结构（见图 2–1）。

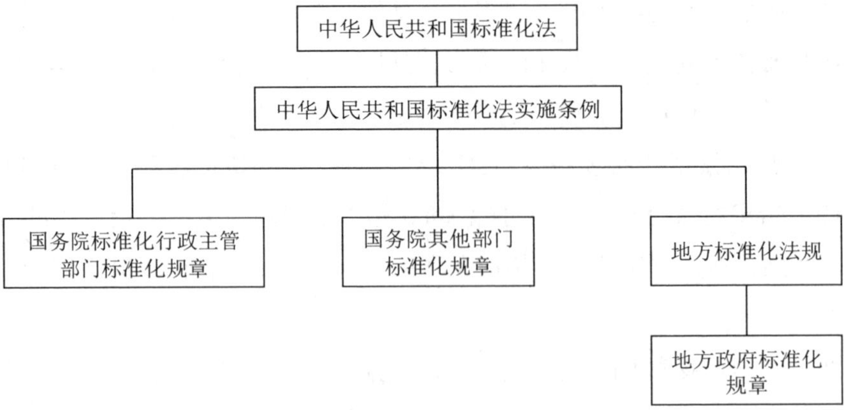


**图 2–1　标准化法律法规的立法体系结构**

## 三、2017 版《标准化法》发展方向

2018 年 1 月 1 日正式实施的《中华人民共和国标准化法》与 1988 年版相比，主要在以下方面进行了修订。

### （一）完善标准体系

一是扩大标准范围。修订后的标准化法，根据经济社会发展的需要，将制定标准的范围由现行法规定的工业产品、工程建设和环保领域扩大到农业、工业、服务业以及社会事业等领域；同时，对标准作了定义，包含了标准样品；并明确了标准的分类和各类标准的性质，即：标准包括国家标准、行业标准、地方标准和团体标准、企业标准。国家标准分为强制性标准、推荐性标准，行业标准、地方标准是推荐性标准。

二是整合强制性标准。将强制性国家标准、行业标准和地方标准整合为强制性国家标准，取消强制性行业标准、地方标准。

三是将地方标准制定权扩大到设区的市。规定设区的市级人民政府标准化行政主管部门根据本行政区域的特殊需要，经所在地省级人民政府标准化行政主管部门批准，可以制定本行政区域的地方标准。

四是培育发展团体标准。规定国家鼓励学会、协会、商会、联合会、产业技术联盟等社会团体协调相关市场主体共同制定满足市场和创新需要的团体标准，由本团体成员约定采用或者按照本团体的规定供社会自愿采用。

五是明确企业标准的自愿性。规定企业可以根据需要自行制定企业标准，或者与其他企业联合制定企业标准。（现行法规定，企业生产的产品没有国家标准和行业标准的，应当制定企业标准，作为组织生产的依据。）

### （二）切实解决标准缺失、老化、重复、交叉等问题

一是厘清政府标准之间的关系。将制定强制性国家标准的范围限定为保障人身健康和生命财产安全、国家安全、生态环境安全以及满足社会经济管理基本需要的技术要求。规定推荐性国家标准是为满足基础通用、与强制性国家标准配套、对各有关行业起引领作用等需要制定的国家标准。对没有推荐性国家标准、需要在全国某个行业范围内统一的技术要求，可以制定行业标准；为满足地方自然条件、风俗习惯等特殊技术要求，可以制定地方标准。

二是明确标准制定的职责分工。对于强制性国家标准，规定国务院有关行政主管部门依据职责负责强制性国家标准的项目提出、组织起草、征求意见和技术审查，国务院

标准化行政主管部门负责强制性国家标准的立项、编号和对外通报。为统筹管理强制性国家标准，增强其权威性，规定强制性国家标准由国务院批准发布或者授权批准发布。

对于推荐性标准，明确国务院标准化行政主管部门、国务院有关行政主管部门、地方人民政府标准化行政主管部门分别制定推荐性国家标准、行业标准、地方标准。

三是为保证保障安全及经济社会发展所急需的标准项目及时立项，避免缺失，修订后的标准化法作了以下规定：

①对保障人身健康和生命财产安全、国家安全、生态环境安全，以及经济社会发展所急需的标准项目，制定标准的行政主管部门应当优先立项并及时完成。

②国务院标准化行政主管部门应当对拟制定的强制性国家标准是否符合本法规定进行立项审查，对符合规定的予以立项。

③省级人民政府标准化行政主管部门可以向国务院标准化行政主管部门提出强制性国家标准的立项建议，由国务院标准化行政主管部门会同国务院有关行政主管部门决定。

④社会团体、企业事业组织以及公民可以向国务院标准化行政主管部门提出强制性国家标准的立项建议，国务院标准化行政主管部门认为需要立项的，会同国务院有关行政主管部门决定。

四是建立健全标准实施情况统计分析报告、信息反馈、评估及标准复审制度，明确标准复审周期，要求标准制定部门对不适应经济社会发展需要和技术进步的标准及时修订或者废止。同时，要求国务院标准化行政主管部门根据标准实施信息反馈、评估、复审情况，对有关标准之间重复交叉或者不衔接配套的，应当会同国务院有关行政主管部门作出处理或者通过国务院标准化协调机制处理。

### （三）明确标准制定要求，提高标准质量

一是在总则中专门对提高标准质量提出要求。规定制定标准应当在科学技术研究成果和社会实践经验的基础上，深入调查论证，广泛征求意见，保证标准的科学性、规范性、时效性，提高标准质量。

二是对制定标准的程序提出明确要求。规定制定强制性标准、推荐性标准应当在立项时对有关行政主管部门、企业、社会团体、消费者和教育、科研机构等方面的实际需求进行调查，对制定标准的必要性、可行性进行论证评估；在制定过程中，应当按照便捷有效的原则采取多种方式征求意见，组织对标准相关事项进行调查分析、实验、论证。

三是充分发挥标准化技术委员会和专家组的作用。规定制定推荐性标准，应当组织

由相关方组成的标准化技术委员会，承担标准的起草、技术审查工作。制定强制性标准，可以委托相关标准化技术委员会承担标准的起草、技术审查工作。未组成标准化技术委员会的，应当成立专家组承担相关标准的起草、技术审查工作。标准化技术委员会和专家组的组成应当具有广泛代表性。

四是明确标准应当符合的要求。规定制定标准应当有利于科学合理利用资源，推广科学技术成果，增强产品的安全性、通用性、可替换性，提高经济效益、社会效益、生态效益，做到技术上先进、经济上合理。禁止利用标准实施妨碍商品自由流通等排除、限制市场竞争的行为。

五是明确标准的编号规则。规定标准应当按照编号规则进行编号。标准的编号规则由国务院标准化行政主管部门制定并公布。

**（四）发挥标准在推动创新方面的作用**

一是规定国家支持在重要行业、战略性新兴产业、关键共性技术等领域利用自主创新技术制定团体标准、企业标准。

二是规定国家推进标准化军民融合和资源共享，提升军民标准通用化水平，积极推动在国防和军队建设中采用先进适用的民用标准，并将先进适用的军用标准转化为民用标准。

**（五）完善标准化工作机制**

一是保证标准化工作经费。规定县级以上人民政府应当将标准化工作经费纳入本级预算。

二是明确市、县人民政府标准化行政主管部门统一管理本行政区域内的标准化工作。

三是建立标准化协调机制。规定国务院建立标准化协调机制，设区的市级以上地方人民政府可以根据工作需要建立标准化协调机制，并对其职责作了规定。

四是积极参与国际标准化活动。规定国家积极推动参与国际标准化活动，开展标准化对外合作与交流，参与制定国际标准，结合国情采用国际标准，推进中国标准与国外标准间的转化运用。

五是支持社会参与标准化活动。规定国家鼓励企业、社会团体和教育、科研机构等开展或者参与标准化工作，并鼓励上述主体参与国际标准化活动。此外，还对社会团体、企业事业组织以及公民提出强制性国家标准的立项建议，制定强制性标准、推荐性标准应当向社会公众进行需求调查、征求社会公众意见等作了规定。

六是加强标准化试点示范和宣传等工作。规定县级以上人民政府应当支持开展标准化试点示范和宣传工作，传播标准化理念，推广标准化经验，推动全社会运用标准化方式组织生产、经营、管理和服务，发挥标准对促进转型升级、引领创新驱动的支撑作用。

**（六）完善标准化工作监督制度**

一是规定强制性标准文本应当免费向社会公开。国家推动免费向社会公开推荐性标准文本。

二是建立团体标准、企业标准自我声明公开和监督制度，取代现行企业产品标准备案要求（企业的产品标准须报当地政府标准化行政主管部门和有关行政主管部门备案）。规定国家实行团体标准、企业标准自我声明公开和监督制度。企业应当公开其执行的强制性标准、推荐性标准、团体标准或者企业标准的编号和名称；企业执行自行制定的企业标准的，还应当公开产品、服务的功能指标和产品的性能指标。国家鼓励团体标准、企业标准通过标准信息公共服务平台向社会公开。

三是规定了国务院标准化行政主管部门对国务院有关行政主管部门、设区的市级以上地方人民政府标准化行政主管部门，以及标准化行政主管部门对社会团体、企业制定标准不符合本法有关规定的监督职责，包括责令限期改正、撤销相关标准编号、公告废止相关标准等。

四是对国务院标准化行政主管部门未依照本法规定履行职责的行为，包括未依照本法规定对有关标准进行立项、编号、复审、备案，或者制定的标准不符合本法有关规定的行为，规定了相应的责任。

新的标准化法最大的亮点就是增加了团体标准，这是完全市场自主制定的标准；同时精简了强制性标准，即把原来的强制性行业标准和地方标准转化或者废止，强制性标准在层级上只存在于国家标准。此外，新的标准化法强化了标准实施监督。

## 第二节　标准化管理体系及管理机构

国务院标准化行政主管部门负责全国标准化的综合管理，五个大的领域分工管理。

工农业产品标准化，由国务院标准化行政主管部门直接负责（含服务业标准化）；环境保护标准化和医药、食品卫生标准化，分别由国务院环境保护行政主管部门（生态环境部）和国务院卫生行政主管部门（国家卫生健康委员会）分工负责，由国家标准化管理委员会（以下简称“国标委”）统一编号并发布；工程建设标准化，由国务院建设行政主管部门（现为住房和城乡建设部）分工负责，并由其和国标委联合发布；军工标准化，由中央军委的标准化主管部门统一负责（见表2-1）。其中，编号为1-49999的国家标准为国标委发布。编号为50000及其之后的是由住建部联合国标委发布。

**表2-1　我国标准化管理工作体系**

| 标准化类别 | 行政主管部门 | 标准发布方 |
|---|---|---|
| 工、农产品和服务业 | 国家标准化管理委员会 | 国标委 |
| 生态系统与环境保护 | 国务院环境保护行政主管部门 | 国标委 |
| 医药、食品卫生 | 国务院卫生行政主管部门 | 国标委 |
| 工程建设 | 国家建设行政主管部门 | 住建部、国标委 |
| 军事工业（军工） | 中央军委的标准化主管部门 | 中央军委 |

国家标准化管理委员会发布和负责管理的标准，包括工农产品标准和服务标准、环境保护标准以及医药、食品卫生标准都是按照GB/T 1.1—2020《标准化工作导则 第1部分：标准化文件的结构和起草规则》要求来起草的。本书后面介绍的旅游标准的编写要求也是根据GB/T 1.1—2020进行的细化和举例。而旅游规划、设计和建设所用到的相关建设标准则主要是由住房和城乡建设部负责的工程建设标准，这类标准的编写则要遵循住房和城乡建设部发布的《工程建设标准编写规定》。

## 一、国务院标准化行政主管部门的职责

### （一）国务院标准化行政主管部门的具体职责

（1）组织贯彻国家有关标准化工作的法律、法规、方针、政策。

（2）组织制定全国标准化工作规划、计划。

（3）组织制定国家标准。

（4）指导国务院有关行政主管部门和省、自治区、直辖市人民政府标准化行政主管部门的标准化工作，协调和处理有关标准化工作问题。

（5）组织实施标准：

①对标准的实施情况进行监督检查；

②统一管理全国的产品质量认证工作；

③统一负责对有关国际标准化组织的业务联系。

### （二）国家标准化管理委员会的主要职责

国家标准化管理局成立于2001年10月，为国家市场监督管理总局管理的事业单位，是国务院授权的履行行政管理职能、统一管理全国标准化工作的主管机构，其主要职责

包括：

（1）参与起草、修订国家标准化法律、法规的工作，拟定和贯彻执行国家标准化工作的方针、政策，拟定全国标准化管理规章，制定相关制度，组织实施标准化法律、法规和规章、制度；

（2）负责制定国家标准化事业发展规划，负责组织、协调和编制国家标准（含国家标准样品）的制定、修订计划；

（3）负责组织国家标准的制定、修订工作，负责国家标准的统一审查、批准、编号和发布；

（4）统一管理制定、修订国家标准的经费和标准研究、标准化专项经费；

（5）管理和指导标准化科技工作及有关的宣传、教育、培训工作；

（6）负责协调和管理全国标准化技术委员会的有关工作；

（7）协调和指导行业、地方标准化工作，负责行业标准和地方标准的备案工作；

（8）代表国家参加国际标准化组织（ISO）、国际电工委员会（IEC）和其他国际或区域性标准化组织，负责组织 ISO、IEC 中国国家委员会的工作，负责管理国内各部门、各地区参与国际或区域性标准化组织活动的工作，负责签订并执行标准化国际合作协议，审批和组织实施标准化国际合作与交流项目，负责参与与标准化业务相关的国际活动的审核工作；

（9）管理全国组织机构代码和商品条码工作；

（10）负责国家标准的宣传、贯彻和推广工作，监督国家标准的贯彻执行情况；

（11）管理全国标准化信息工作；

（12）在市场监督管理总局统一安排和协调下，做好世界贸易组织技术性贸易壁垒协议（WTO/TBT 协议）执行中有关标准的通报和咨询工作；

（13）承担市场监督管理总局交办的其他工作。

## 二、国务院有关行政主管部门的标准化职责

（1）贯彻国家标准化工作的法律、法规、方针、政策，并制定在本部门、本行业实施的具体办法；

（2）制定本部门、本行业的标准化工作规划、计划；

（3）承担国家下达的草拟国家标准的任务，组织制定行业标准；

（4）指导省、自治区、直辖市有关行政主管部门的标准化工作；

（5）组织本部门、本行业实施标准；

（6）对标准实施情况进行监督检查；

（7）经国务院标准化行政主管部门授权，分工管理本行业的产品质量认证工作。

### 三、省、自治区、直辖市人民政府标准化行政主管部门的职责

（1）贯彻国家标准化工作的法律、法规、方针、政策，并制定在本行政区域实施的具体办法；

（2）制定地方标准化工作规划、计划；

（3）组织制定地方标准；

（4）指导本行政区域有关行政主管部门的标准化工作，协调和处理有关标准化工作问题；

（5）在本行政区域组织实施标准；

（6）对标准实施情况进行监督检查。

### 四、省、自治区、直辖市有关行政主管部门的标准化职责

（1）贯彻国家和本部门、本行业、本行政区域标准化工作的法律、法规、方针、政策，并制定实施的具体办法；

（2）制定本行政区域内，本部门、本行业的标准化工作规划、计划；

（3）承担省、自治区、直辖市人民政府下达的草拟地方标准的任务；

（4）在本行政区域内组织本部门、本行业实施标准；

（5）对标准实施情况进行监督检查。

## 第三节　标准化技术委员会——标准制定机构

标准化技术委员会是由国务院标准化主管部门根据工作需要，在一定范围内建立的从事标准化工作的技术组织。由生产、经销、科研、教学、检验、认证、用户、公益组织、政府等方面的专家代表组成。其主要任务是起草和审查标准。其工作方式是开放、透明、社会化和协商一致。

### 一、发展现状

我国从 1979 年开始组建全国专业标准化技术委员会（简称“技术委员会”），截止

到2021年10月，我国已建立1300多个全国标准化专业技术委员会。随着经济的发展和国民生活质量的提高，技术委员会的工作领域也由传统的工、农业产品加工向安全生产、服务、环境保护、旅游和休闲行业领域发展。特别是旅游标准化技术委员会和休闲标准化技术委员会的成立，标志着标准化研究从生产领域转向关注人民生活领域。

## 二、组织结构和工作程序

技术委员会由本专业各利益相关方的代表组成。标准制定工作组是技术委员会中制定标准最基本的组织单元，其组织单元和个人要遵循一定的组织程序行事。

### （一）组织结构

#### 1. 委员

技术委员会由委员组成，设主任委员和副主任委员。其委员来自企业、科研机构、检测机构、高等院校、政府部门、行业协会和消费者等，必须具有广泛的代表性。委员人员公开征集并由国标委对外公示。对无异议的委员人员，由国标委审核批准，标准化技术委员会聘任，聘书由国标委统一规定。其职责主要包括参加标准制修订工作，提出国家标准立项、起草、技术审查等各方面的意见和建议；监督主任委员、副主任委员、秘书长、副秘书长及秘书处的工作；监督技术委员会秘书处经费的使用；参加国家标准化管理委员会及技术委员会组织的培训；技术委员会章程规定的其他职责等。

#### 2. 秘书处

技术委员会下设秘书处1名，秘书处设秘书长1名，专职秘书若干名，可设副秘书长不超过5名。秘书长、副秘书长由委员兼任。秘书处在主任委员和秘书长领导下负责技术委员会日常工作，具体职责和工作制度由技术委员会和秘书处工作细则规定。

### （二）标准制定修订工作程序

国家标准的制定有一套正常程序，每一个过程都要按部就班地完成。2021年，中共中央、国务院印发的《国家标准化发展纲要》提出，国家标准平均制定周期缩短至18个月以内。此外，为适应经济的快速发展，缩短制定周期，除正常的制定程序外，还可采用快速程序。

#### 1. 制定国家标准的正常程序

我国依据ISO/IEC导则第一部分：技术工作程序（1995年版）颁发了国家标准《国家标准制定程序的阶段划分及代码》（GB/T 16733—1997），该标准将国家标准的制定程序划分为以下九个阶段：

（1）预阶段。在充分研究和论证的基础上，提出新工作项目建议。

（2）立项阶段。对新工作项目建议的必要性和可行性进行充分论证、审查和协调的基础上，提出新工作项目。

（3）起草阶段。标准起草阶段是制定标准的关键阶段，该阶段的主要工作内容是：编制标准征求意见稿、编制说明和有关附件。

（4）征求意见阶段。向标委会委员和有关单位发送标准征求意见稿，通过各种方式广泛征求意见。标准起草工作组根据收集到的反馈意见对征求意见稿进行修改，并在此基础上编制标准送审稿、回函意见处理汇总表。

（5）审查阶段。标准化技术委员会以会审或函审的形式对标准送审稿进行审查、表决。通过的送审稿根据审查意见进行修改并编制报批稿。对于难度较大和争议较多的标准送审稿一般采用会议审查方式。

（6）批准阶段。对标准报批稿进行审查、批准和编号，并提供标准出版稿。

（7）出版阶段。由出版社印刷出版正式标准。

（8）复审阶段。按规定定期对标准进行复审。

（9）废止阶段。根据复审结果，通过一定形式宣布某标准废止。

**2. 制定国家标准的快速程序**

国家技术监督局于 1998 年发布了《采用快速程序制定国家标准的管理规定》。快速程序是在正常标准制定程序的基础上省略起草阶段或省略起草阶段和征求意见阶段的简化程序。凡符合下列之一的项目，均可申请采用快速程序：

①等同采用或修改采用国际标准制定国家标准的项目；

②等同采用或修改采用国外先进标准制定国家标准的项目；

③现行国家标准的修订项目；

④现行其他标准转化为国家标准的项目。

采用快速程序的项目，按《国家标准管理办法》的有关规定和 GB/T 16733 的要求进行管理。制定行业标准和地方标准的程序与国家标准差不多，企业标准的制定程序可适当简化。

## 第四节　标准化研究机构

我国建立了国家、行业、地方三级标准化研究机构，主要从事基础标准的研发、标准信息服务、部分行业委托管理和服务业务。

### 一、中国标准化研究院

中国标准化研究院（初名国家科委标准化综合研究所）始建于 1963 年，是国家市场监督管理总局的直属事业单位和从事标准化研究的国家级社会公益类科研机构——主要针对我国国民经济和社会发展中全局性、战略性和综合性的标准化问题进行研究。其主要职责是研究国民经济和社会发展中全局性、战略性和综合性的标准化问题，负责研制综合性基础标准，提供权威标准信息服务。中国标准化研究院将为我国经济发展和社会进步提供多方位标准支持，为推动中国技术进步、产业升级和提高产品质量等提供重要支撑，为政府的标准化决策提供科学依据。

### 二、行业标准化研究院所

行业标准化研究院所是协助行业部、委、局开展标准化工作的机构，以负责编制行业标准、协助编制国家标准以及标准信息服务为主要业务。其标准研制经费主要来自上级部门的投入，国家直接划拨的标准制修订补助经费占比重很小。原国家旅游局在质量监管司中设标准化处，负责全国旅游标准化工作。文化和旅游部属下的中国旅游研究院在浙江旅游职业学院设立了旅游标准化研究基地。

### 三、地方标准化研究院所

地方标准化研究院所的主要业务集中在标准信息服务、商品条码和企事业代码的服务。在标准研制方面主要针对企业标准的制定提供服务和指导工作，并承担部分地方标准的编制任务。其主要靠自筹经费，地方财政和主管部门会划拨部分资金。

## 第五节　工程建设标准

由于旅游业属于服务行业，所以目前旅游标准化管理委员会（SAC/TC 210）归口管理的标准主要以服务标准为主，但行业所涉及的相关建设标准依然是直接采用住房和城乡建设部（简称“住建部”）负责管理的相关标准，如《公园设计规范》（GB 51192—2016）、《风景园林制图标准》（CJJ/T 67—2015）等。工程建设标准目前独立于国家标准化管理委员会管理的产品标准之外，在立项申报、编写规则、报批、管理等方面都不同于产品标准。表 8-1 给出了到 2022 年底旅游行业可能涉及的相关工程建设标准。

## 一、工程建设标准基本情况简介

工程建设标准指对基本建设中各类工程的勘察、规划、设计、施工、安装、验收等需要协调统一的事项所制定的标准。工程建设标准是为在工程建设领域内获得最佳秩序，对建设工程的勘察、规划、设计、施工、安装、验收、运营维护及管理等活动和结果需要协调统一的事项所制定的共同的、重复使用的技术依据和准则，对促进技术进步，保证工程的安全、质量、环境和公众利益，实现最佳社会效益、经济效益、环境效益和最佳效率等，具有直接作用和重要意义。

由于历史原因，工程建设标准并没有纳入国标委的统一管理，主要由住建部负责申报立项和编制过程管理，再联合国家市场监督管理总局发布。工程建设标准的独立性体现在以下四个方面。

在国家计划立项方面，国标委不参与管理，主要由专业标准化技术委员会将计划报住建部，住建部组织专家审核通过后，将其列入标准计划。所以在国家或行业标准年度计划中，工程建设标准项目计划计划号是单设系列的（工程建设领域的产品类国家标准依然归国标委管理，产品标准计划在报住建部后，住建部再报国家标准化管理委员会，由其下达计划号）。

## 二、工程建设标准编写格式和管理

在标准编写格式方面，工程建设标准并不采用 GB/T 1.1 的起草规则，住建部印发了《工程建设标准编写规定》（建标〔2008〕182 号），规定了工程建设标准的编写规则。工程建设标准编写格式与 GB/T 1.1 相比较，不同主要体现在以下三个方面。

一是开本不同。工程建设标准均采用 32 开蓝色封面（国标委发布的工程建设领域的产品标准依然按照 GB/T 1.1 的格式和体例）。

二是名称和编写格式规定不同。工程建设标准的名称只有三类：规范、规程、标准。其中，所有“规范”都是国家强制性标准，“规程”是对作业、安装、鉴定、安全、管理等技术要求和实施程序所做的统一规定的标准，除去这两类，其余都以“标准”命名。

三是工程建设标准内容包含条文说明。工程建设标准的每一个条款，都必须有相应的条文说明对标准条文进行解释［详情请参考《工程建设标准编写规定》（建标〔2008〕

182 号）和由住建部标准定额司编制、中国建筑工业出版社出版的《工程建设标准编写指南》]。

在标准报批发布和管理方面，国标委将 50000 号以后编号（GB 50000、GB/T 50000）预留给建设标准，国家标准由住建部自行编号，联合国家市场监督管理总局发布，并由住建部标准定额司负责标准的管理工作。工程建设领域的行业标准则要加“J”，如城乡建设领域建设行业标准为“CJJ”，产品标准为“CJ”；建筑工程领域建设标准为“JGJ”，产品标准为“JG”等。

在标准查找方面，工程建设领域国标（编号为 50000 及以后的国标）在国家标准化管理委员会公共信息平台上无法查询，可以通过“中国工程建设标准化信息网（http：//www.ccsn.gov.cn/）”进行查询和全文下载。

工程建设领域的标准编制和管理流程详情参见《工程建设国家标准管理办法》（1992 年 12 月 30 日建设部令第 24 号）。

### 三、工程建设领域团体标准试点

工程建设领域的团体标准试点工作已经有 30 余年的历史并且取得很好的成绩。中国工程建设标准化协会（CECS）的前身是 1979 年 10 月成立的中国工程建设标准化委员会，成立之初的目的是进行工程建设标准化知识的宣传和普及，于 1986 年开始团体标准试点，截止到 2022 年 7 月已经发布实施协会标准（团体标准）1500 余项、在编标准 4000 余项，并建立了协会标准信息系统平台和标准管理平台，数十项团体标准经过实施应用后转化为国家标准和行业标准。

## 第六节　合格评定

根据国际标准化组织（ISO）和国际电工委员会（IEC）颁布的 ISO/IEC 17000 标准所给出的定义，合格评定是指与产品、过程、体系、人员或机构有关的规定要求得到满足的证实。其评价活动包括了第一、二、三方的各类检验、检查、注册、鉴定、认证、验证和对各类机构进行的认可活动。合格评定活动在一定意义上可视为证明符合技术性法律法规、技术标准和合同约定的活动。我国将这类评价活动称为“认证认可”活动。

## 一、认证

2001 年，我国成立了国家认证认可监督管理委员会（以下简称“国家认监委”），并于 2003 年颁布实施了《中华人民共和国认证认可条例》（2016 年第一次修正），2011 年颁布实施了《认证机构管理办法》，全面规定了认证机构审批和监管制度，对独立从事产品、服务和管理体系符合标准和相关技术规范要求的合格评定活动的认证机构提出了具体的法定要求和行为规范。

根据《中华人民共和国认证认可条例》的规定，认证是指由认证机构证明产品、服务、管理体系符合相关技术规范、相关技术规范的强制性要求或者标准的合格评定活动。认可是指由认可机构对认证机构、检查机构、实验室以及从事评审、审核等认证活动人员的能力和执业资格，予以承认的合格评定活动。

依据定义，认证主要包括产品认证、服务认证和管理体系认证。

产品认证是由第三方通过检验评定企业的质量管理体系和样品型式试验来确认企业的产品、过程或服务是否符合特定要求，是否具备持续稳定地生产符合标准要求产品的能力，并给予书面证明的程序。产品认证制度分为强制性产品认证制度和自愿性产品认证制度。强制性产品认证是政府主管部门为保护广大消费者人身安全和健康，保护环境，保护国家安全，而对相关产品强制性实施的评价其是否符合国家规定的技术要求（标准或技术规范）的产品认证制度。我国强制性产品认证机构须由国家认监委指定。自愿性产品认证包括国家统一推行和认证机构自主开展两种形式。产品认证的基本要素主要包括产品的型式检验、对工厂质量管理体系进行检查，获准认证后的监督检验和监督检查四种要素。

服务认证是认证机构按照规定的程序规则证明服务是否符合相关服务标准或规范要求的合格评定活动，是市场经济条件下为适应服务业发展需要应运而生的一项新的认证制度。根据国际标准化组织（ISO）和国际电工委员会（IEC）颁布的 ISO/IEC 17000、ISO/IEC 17011、ISO/IEC 17065 等国际标准的定义，服务将作为特殊的“无形产品”应包括在产品之内，因此，服务认证是产品认证的特殊形式。目前，我国已经开展的服务认证有：体育服务认证、绿色市场认证、软件过程及能力成熟度评估、商品售后服务评价体系认证等。旅游领域服务认证将是未来非常大的潜在市场。

管理体系认证是一种用以确保组织已实施了与其方针及相关管理体系标准的要求一致的，用以管理其活动、产品和服务相关方面的体系的品质保证方法。品质保证体系的认证适应面广，灵活性大，有向国际社会推广的价值。目前，国际上广泛应用的管理体系认证标准包括“ISO 9000 族”质量管理体系认证标准、“ISO 14000 系列”环境管理体系认证标准，以及 ISO 27001 信息安全管理体系认证标准。

### 二、认可

认可主要包括认证机构认可、实验室认可、检查机构认可和认证活动人员的能力和执业资格认可。

认证机构认可是指认可机构依据正式发布的认可准则，按照规定的程序对认证机构从事管理体系认证、产品认证和服务认证的能力实施评估，证明其具备在特定领域实施认证能力的活动。

实验室认可是正式表明检验和校准实验室具备实施特定检测和校准工作能力的第三方证明。

检查机构认可是正式表明检查机构具备实施特定检查工作能力的第三方证明。检查机构认可的领域包括：商品检验、特种设备、建设工程、货物运输、工厂检查、信息安全和健康检查。

### 三、执业资格

认证从业人员注册是国际上通行的对认证评审与审核、认证培训和认证咨询从业人员的能力评价考核方式。我国由中国认证认可协会（CCAA）负责统一实施认证人员注册工作，对管理体系认证审核人员、产品认证检查员、认证培训教员和认证咨询师等从事认证及认证培训、咨询活动的人员进行执业资格注册。

合格评定制度是国际通行的规范经济、促进发展的重要手段，是企业和组织机构提高管理和服务水平、保证产品和服务质量、提高竞争力的公正可靠的方式。旅游行业作为一个以“服务”为主要产品的特殊行业，走认证之路必将成为其保证质量的战略之路。

## 第七节　标准化机制创新

2011 年“全国质检工作会议”提出“质量强国”战略，并由此拉开标准化改革创新之路。国家也越来越意识到标准化对国民经济发展的重要性，逐步强化对标准化的建设。近年来，标准化的管理机制逐步完善，体制机制也逐渐通畅。2015 年《国务院关于印发深化标准化工作改革方案的通知》（国发〔2015〕13 号）强调，要通过标准化保障产品质量安全、促进产业转型升级和经济提质增效，建立政府主导制定的标准与市场自主制定的标准协同发展、协调配套的新型标准体系，健全统一协调、运行高效、政府与市场共治的标准化管理体制，形成政府引导、市场驱动、社会参与、协同推进的标准化工作格局。依据此意见，国务院办公厅发布了《国家标准化体系建设发展规划（2016—2020 年）》（国办发〔2015〕89 号），大力强调要“推动实施标准化战略，建立完善标准化体制机制，优化标准体系，强化标准实施与监督，夯实标准化技术基础，增强标准化服务能力”，加快标准化在经济社会各领域的普及应用和深度融合，充分发挥“标准化 +”效应。“中国标准”国际影响力和贡献力大幅提升，我国迈入世界标准强国行列。

基于这些目标，国家发布了一系列的法规政策。在 2017 年新修订的《标准化法》中，把团体标准列入标准体系，“标准包括国家标准、行业标准、地方标准和团体标准、企业标准”，并鼓励企业、科研机构、社会团体、学校等广泛参与到国家和国际标准的制定中来，支持社会团体、企业制定高于推荐性标准相关技术要求的团体标准、企业标准。这是政府主导制定标准和市场自主制定标准协同发展的重要路径（见表 2–2）。

**表 2–2　我国新旧标准化体系比较**

<table>
<tr><th colspan="3">原标准体系</th><th colspan="3">新标准体系</th></tr>
<tr><td rowspan="6">政府主导制定</td><td rowspan="3">强制性标准</td><td>强制性国家标准</td><td>强制性标准</td><td>强制性国家标准</td><td rowspan="4">政府主导制定</td></tr>
<tr><td>强制性行业标准</td><td rowspan="3">推荐性标准</td><td>推荐性国家标准</td></tr>
<tr><td>强制性地方标准</td><td>推荐性行业标准</td></tr>
<tr><td rowspan="3">推荐性标准</td><td>推荐性国家标准</td><td>推荐性地方标准</td></tr>
<tr><td>推荐性行业标准</td><td rowspan="3"></td><td rowspan="2">团体标准</td><td rowspan="3">市场主导制定</td></tr>
<tr><td>推荐性地方标准</td></tr>
<tr><td></td><td></td><td>企业标准</td><td>企业标准</td></tr>
</table>

人才教育方面。继 2008 年中国计量大学成立标准化学院并于 2011 年设置“标准化工程”本科专业后，2015 年清华大学工程管理硕士专业学位开设标准化专业，广东开放大学等高校也把标准化教育纳入大学教育体系。同时，国家标准技术审评中心自 2016 年成立以来，定期针对专业标准化工作人员展开标准知识培训，培训内容包括国家最新标准政策，标准申报立项和制定程序，以及国际标准、国家标准、团体标准、企业标准的编制方法等标准领域的基础知识。此外，中国标准化研究院、中国质检出版社

以及地方标准化研究院也开展了形式多样、内容丰富的标准化培训。这一切为标准化的普及和推广起到了很好的作用。

政策方面。国家标准化管理委员会等十部门联合印发《关于培育发展标准化服务业的指导意见》，并于 2016 年和 2017 年开展了 2 批标准化服务业试点工作，中国标准科技集团标准化服务事务所等 89 个机构成为试点机构。旨在通过这些标准化服务业试点，扶持一批优秀的标准化服务企业，到 2020 年，基本形成健全的标准化服务体系、有序的市场竞争环境和完善的监管机制，使标准化服务业成为科技服务业最具活力的领域之一。此外，国家标准化管理委员会在浙江、山西、江苏、山东、广东等省开展了标准化综合改革试点。

目前，我国国家层面的标准化管理架构是在国务院领导下的国家市场监督管理总局和各行政主管部门（各大部委）双轮驱动，前者负责国家标准化的基础管理，后者主要负责相关专业领域的标准化工作（见图 2–2）。

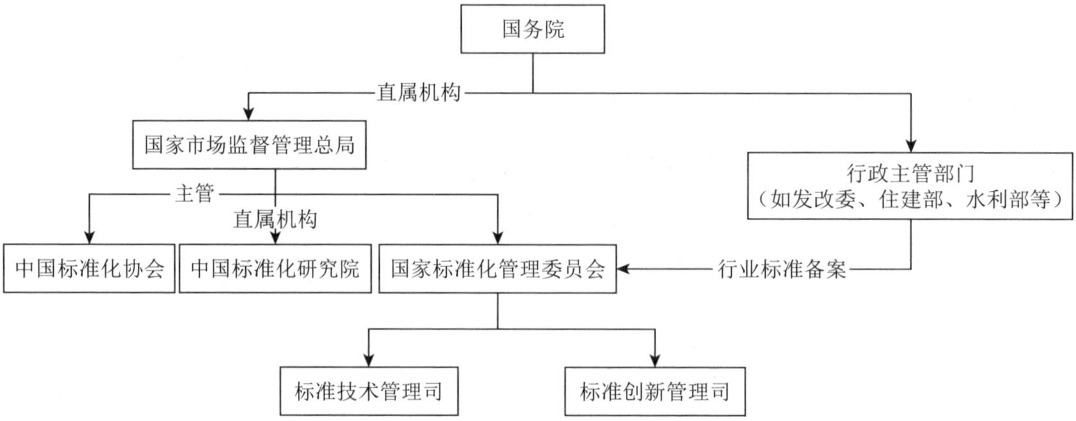


**图 2–2　我国标准化管理的组织架构**

# 第三章　国际标准化概述

国际标准化是指在国际范围内，由众多国家和组织共同参与的标准化活动，旨在协调各国、各地区标准化活动，研究和制定并推广采用国际标准，并就标准化有关问题进行交流和研讨，以促进全球经济、技术、贸易的发展，保障人类安全、健康和社会的可持续发展。国际标准化起源于国家质检科技、文化和贸易的交流和往来。作为人类有意识和有组织的活动，国际标准化是大机器工业化的产物。

了解国际标准组织的管理运行机制、国际标准的类别与体系、国际标准组织的战略，并寻求我国参与国际标准化活动的有效途径，这将有助于提升我国实质性参与国际标准化活动的能力。

## 第一节　国际和区域标准化组织

国际标准化组织是在国际范围内制定协商一致的标准的组织。成立于 1865 年的国际电信联盟（ITU）、成立于 1906 年的国际电工委员会（IEC）和成立于 1947 年的国际标准化组织（ISO），是目前最具权威和影响力的国际标准化组织。

区域化标准组织主要是指处于同一地区的国家为了消除本地区的贸易壁垒，促进本地区合作交流而成立的标准化组织。在国际上影响力较大的区域标准化组织主要有欧洲标准化委员会（CEN）、欧洲电工标准化委员会（CENELEC）、欧洲电信标准化学会（ETSI）——它们的很多标准直接转化为国际标准，在国际上有很大影响力。此外，比较知名的区域化标准组织还有亚洲的亚洲标准咨询委员会（ASAC）和太平洋地区标准会议（PASC）、美洲的泛美技术标准委员会（COPANT）、非洲的非洲地区标准化组织（ARSO）以及阿拉伯地区的阿拉伯标准化与计量组织（ARMO）。

在旅游领域制定了众多标准并有很大影响力的主要有国际标准化组织（ISO）和欧洲标准化委员会（CEN）。

## 一、国际标准化组织（ISO）

国际标准化组织（ISO）是世界上最大的标准制定组织，是一个全球性的非政府组织，总部设在日内瓦。国际标准化组织的简称“ISO”与其全称“International Organization for Standardization”的缩写并不相同，这是因为“ISO”并不是其全称首字母的缩写，而是来源于希腊语意为“相等”一词。现在有一系列用它作前缀的词，诸如“isometric”（意为“尺寸相等”），“isonomy”（意为“法律平等”），从“相等”到“标准”，内涵上的联系使“ISO”成为组织的简称。它是连接公共部门和私营部门的桥梁，其成员类型包括政府机构、由政府部门授权的机构以及国家确立的植根于私营部门的行业协会。其宗旨是在世界范围内促进标准化工作的开展，以利于国际物资交流和互助，并扩大知识、科学、技术和经济方面的合作。其工作领域涉及除电工电子以外的所有领域，包括服务、旅游和休闲领域。

国际标准化组织（ISO）成员分为三类：正式成员、通讯成员和注册成员。每个国家只能由一个具有广泛代表性的国家标准化机构参加。截止到2021年底，ISO共有成员167个国家标准机构，其中正式成员（Member Bodies）124个，通讯成员（Correspondent Members）39个，注册成员（Subscriber Members）4个。中国是ISO创始国之一，由于当时的政府数年不缴纳会费，1950年被停止会籍。1978年，我国重新成为ISO成员，并于2008年10月的第三十一届ISO大会上，正式成为ISO理事会的常任成员。目前，我国以国家标准化管理委员会的名义参与ISO的活动。

ISO的主要技术工作是通过技术委员会（Technical Committees，简称TC）进行的。TC的设立必须由理事会批准，TC的工作范围则由技术管理局确定，每个TC可根据需要设立若干分技术委员会（Sub Committees，简称SC）。TC、SC下面按项目设立若干工作组（Work Group，简称WG）。每个TC、SC均设有秘书处，由ISO的正式成员担任，每个WG设一召集人。TC、SC成员分为正式成员（P成员）和观察成员（O成员）；P成员享有投票的权利和义务，O成员仅能参加会议和获取资料。截止到2021年底，ISO共设有3751个技术机构，其中技术委员会255个，小组委员会503个，工作组合分组2896个，特设研究组97个，共制定ISO标准和标准化文件24 121项。

## 二、国际电工委员会（IEC）

国际电工委员会（International Electrotechnical Commission，简称IEC），成立于

1906年，总部最初位于伦敦，1948年迁到了位于日内瓦的现总部。IEC负责有关电气工程和电子工程领域中的国际标准化工作。

IEC的宗旨是，促进电气、电子工程领域中标准化及有关问题的国际合作，增进国家间的相互了解。目前，IEC的工作领域已由单纯研究电气设备、电机的名词术语和功率等问题扩展到电子、电力、微电子及其应用、通信、视听、机器人、信息技术、新型医疗器械和核仪表等电工技术的各个方面。IEC标准已涉及世界市场中35%的产品。

## 三、国际电信联盟（ITU）

国际电信联盟（International Telecommunication Union，简称ITU），成立于1865年5月17日，是由法、德、俄等20个国家在巴黎会议上为了顺利实现国际电报通信而成立的国际组织。

ITU的实质性工作由三大部门承担：国际电信联盟标准化部门、国际电信联盟无线电通信部门和国际电信联盟电信发展部门。其中，电信标准化部门由原来的国际电报电话咨询委员会（CCIR）和标准化工作部门合并而成，主要职责是完成国际电信联盟有关电信标准化的目标，使全世界的电信标准化。ITU目前已制定了2000多项国际标准。

## 四、欧洲标准化委员会（CEN）

欧洲标准化委员会（European Committee for Standardization，法文简称CEN），是以西欧国家为主体、由其国家标准化机构组成的区域标准化机构，成立于1961年。其宗旨是促进成员国之间在标准化活动中密切合作，积极推行国际标准，制定欧洲标准。其制定的欧洲标准（EN）主要是为了消除欧洲贸易伙伴间贸易的技术障碍。其工作的重点是研究、建立和统一重要的基础标准和测试方法标准，并推行以欧洲标准为基础的合格评定（认证制度）。其标准制定通常是以某一成员国的某项标准为蓝本，或委托某一成员国的标准化管理机构负责起草标准的草案，在广泛征求意见的基础上，再以欧盟标准的名义发布，其中大部分是以英国、德国和法国标准为蓝本的。一项欧洲标准（EN）通过后，投赞成票的国家必须在六个月内不作任何修改地作为国家标准发布。欧洲标准化委员会（CEN）受欧盟和欧洲自由贸易联盟的委托，为欧洲立法工作提供标准保障。

欧洲标准化委员会（CEN）与欧洲电工标准化委员会（CENELEC）、欧洲电信标准化学会（ETSI）是相互支持、互为补充的独立机构。欧洲电工标准化委员会（CENELEC）负责电工电子领域的标准化工作，欧洲电信标准化学会（ETSI）负责通信技术与工程领域标准化工作，其他领域的标准化工作则由欧洲标准化委员会（CEN）承担。所有旅游和休闲类的欧洲标准，都是由欧洲标准化委员会（CEN）制定的，并有不少转化为国际标准。

1991 年 6 月，欧洲标准化委员会（CEN）与国际标准化组织（ISO）签订了《维也纳协议》，确立了国际标准化优先原则。因此，欧洲标准化委员会（CEN）的工作内容原则上不涉及国际标准化组织（ISO）承担的项目，以免重复或产生分歧。

## 第二节　国际标准化文件制定程序和类型

### 一、制定程序

按照 ISO 统一的技术工作程序，制定标准分为正常程序和快速程序。

**1. 正常程序**

正常程序大致包括以下七个阶段：

（1）预备阶段：提出预备工作项目（PWI）

TC 和 SC 可将由 P 成员投票多数通过的尚不成熟、不能进入下一阶段处理的预备工作项目纳入工作计划。

（2）提案阶段：提交新的工作项目提案（NP）

可由国家团体、TC 或 SC 秘书处以及其他相关组织提出，并要求一定数量 P 成员同意参加，在经过 TC 或 SC 简单多数投票通过即被接受。

（3）准备阶段：准备工作草案（WD）

工作项目提案被接受后，TC 或 SC 负责组建工作组（WG），由项目负责人和专家共同提出工作草案。工作草案作为第一个委员会草案分发给 TC 或 SC 成员，由理事会执行办公室负责登记。

（4）委员会阶段：提出委员会草案（CD）

第一个委员会草案分发给 TC 或 SC 成员讨论，提出意见和修改后，经 TC 或 SC 的 P 成员投票同意，并且解决所有技术问题后，便可作为征求意见草案分发，并由理事会执行办公室登记。

（5）征求意见阶段：提出征求意见草案（ISO 为 DIS，IEC 为 CDV）

征求意见草案分发给所有成员国投票，当正式成员 2/3 及以上赞成且反对票不超过投票总数的 1/4 时，草案即通过，经修改后成为最终国际标准草案，由理事会执行办公室登记。

（6）批准阶段：提出最终国家标准草案（FDIS）

最终国家标准草案再度分发给所有成员国投票，当正式成员 2/3 及以上赞成且反对票不超过投票总数的 1/4 时通过，即批准其作为国际标准发布。如未获通过，可将文件退回委员会。

（7）出版阶段：印刷发行国际标准

出版标准并公开发行。

**2. 快速程序**

快速程序是为了适应快速变化的科技发展和市场需求，通过简化程序制定标准。一般将较为成熟的标准文件作为制定国际标准的草案，省略了正常程序中的准备阶段乃至委员会阶段，从而加快了标准制定的进程。

## 二、ISO 和 IEC 国际标准化文件类型

ISO 和 IEC 标准化文件类型主要包括国际标准（IS）、技术规范（TS）、可公开提供规范（PAS）、技术报告（TR）、指南（Guide）和国际研讨会协议（IWA）。我国的标准化文件包括标准、标准化指导性技术文件等文件类型（见 GB/T 1.2—2020，3.1）。

**1. 国际标准**

国际标准（IS）为 ISO 最常见的文件形式，是由 TC 各方协商一致制定的文件，其制定程序遵循 ISO/IEC 导则第一部分技术工作程序的相关规定。制定过程的阶段性文件包括工作组草案（WD）、委员会草案（CD）、征求意见草案（DIS）和最终国际标准草案（FDIS）。

**2. 技术规范**

技术规范（Technical Specification，简称 TS）：现阶段由于标准化对象涉及的技术内容仍处在发展阶段或未达成形成标准所需要的协商一致等原因，在委员会阶段通过的，未来有可能形成标准的标准化文件。制定 TS 的原因还包括尚不能立即获得批准成为 ISO/IEC 标准所需要的支持或其他原因。通常，标准化技术委员会在提案阶段提出 TS 新工作项目提案。在实践中，也存在提案阶段提出制定标准的新工作项目提案，但是由于上述原因，在委员会阶段再决定作为 TS 发布的情况（见 GB/T 1.2—2020，3.1.1）。

TS 是 ISO/IEC 委员会内部代表技术协商一致的规范性文件。可在立项阶段正式批

准时由 TC 或 SC 决定制定；也可在文件制定过程中在委员会阶段由于不能获得作为国际标准的必要支持，于是成为技术规范。技术规范每三年进行复审，复审结果包括作为技术规程继续存在三年、进入修订程序、成为国际标准或撤销。技术规范发布六年后升级为国际标准或者撤销。

**3. 可公开提供规范**

可公开提供规范（Publicly Available Specification，简称 PAS）：ISO/IEC 为了满足市场急需，在 ISO 或 IEC 以外的组织或工作组内的专家达成协商一致的、在起草阶段通过的、未来有可能形成技术规范或标准的标准化文件（见 GB/T 1.2—2020，3.1.2）。

**4. 技术报告**

技术报告（Technical Report，简称 TR）：ISO/IEC 发布的包括不同于技术规范或标准的资料，在委员会阶段通过、未来不会形成技术规范或标准的标准化文件。这些资料可能包括，实践中获得的数据、工作数据或标准中特定标准化对象最新技术水平的数据（见 GB/T 1.2—2020，3.1.3）。

**5. 指南**

指南（Guide）：ISO/IEC 中由标准化技术委员会或分委员会之外的机构制定的，为国际标准化活动提供规则、指导或建议的标准化文件。指南用于处理所有 ISO/IEC 标准用户关注的问题（见 GB/T 1.2—2020，3.1.4）。指南由政策制定委员会或者由技术管理局建立并控制其运行的委员会或工作组（WG）制定。在委员会或工作组（WG）内达成共识后，草案分发给 ISO 正式成员进行为期四个月的投票，产生征求意见草案（DIS），草案获得同意票数在少于 1/4 的情况下（不计弃权票）成为指南。

**6. 国际研讨会协议**

国际研讨会协议（International Workshop Agreement，简称 IWA）：为满足市场急需，通过研讨会机制形成的标准化文件。ISO 技术管理局批准任何方面提出举办研讨会的提案，并指定一个 ISO 成员协助提案人。IWA 经研讨会成员协商一致通过（见 GB/T 1.2—2020，3.1.5）。

## 第三节　国际标准化战略、政策与发展趋势

随着经济全球化的不断深入发展，标准化面临着新的发展需求和挑战，国际标准化必须制定标准化战略，以解决当前和未来发展需要面对的重大问题。

## 一、ISO 战略目标

**1. 制定一致接受、多边认同、全球相关的国际标准**

ISO 对国际标准所带来的附加值，通过对全球贸易、跨境基础建设和交易、新技术、新贸易方式、先进的管理、良好合格评定实施的扩散，发挥支撑的作用。

**2. 确保利益相关方的参与**

ISO 通过推广自愿性标准的价值，使对标准有兴趣或被标准影响的利益相关方能充分参与有关的工作和流程，从而达到一定的共识，确保其可提供使用文件在这世界上能被有效地使用和认同。

**3. 提高发展中国家对标准化的认知与能力**

ISO 通过加强发展中国家对国际标准化相关事务的认知和参与，支持并协助发展中国家参与全球市场，促进技术进步，维持可持续发展。

**4. 以开放态度面对合作伙伴，有效制定国际标准**

ISO 鼓励合作精神和兼容性，支持维护国际标准和其他有关文件的及时发行，并对其标准的收集系统进行持续不断和全面的维护。通过开放式途径与国际组织和全球其他从事标准制定的机构进行合作，从而推动国际标准的制定和传播。

**5. 推动自愿性标准在技术法规中的应用**

ISO 最大限度地促进世界各国采用国际标准，使各国政府机构能够认识到在法规中使用和引用国际标准的好处，并证明这样做可支持良好法规规范。

**6. 使国际标准成为合格评定的依据**

ISO 本身并不直接介入任何与 ISO 标准相关的合格评定过程，但会在相关合格评定过程中监督其品牌的使用。

**7. 提供有效的程序和工具用以制定系统和完整的可提供使用文件**

ISO 提供一套明晰、完整且有效率的程序和信息手段，用来支持系统的、全面的、可提供使用文件的制定，以使 ISO 得到成员和技术工作参与者的赞同、理解和有效的贯彻。

## 二、ISO 的标准化政策

**1. 注重对发展中国家的扶持**

建立针对发展中国家事务的工作机构；将“提高发展中国家对标准化的认知与能

力”作为一项重要的战略任务；将“ISO 发展中国家行动计划”作为“道德规范”的重要内容；通过和发达国家“结对”促进发展中国家成为 ISO 的正式成员，帮助发展中国家的专家在技术工作中起主导作用。

**2. 设立世界标准日**

1969 年 9 月，ISO 理事会发布了第 1969/59 号决议，决定将每年的 10 月 14 日定为“世界标准日”，以纪念 1946 年 10 月 14 日由 25 个国家标准化机构的代表在伦敦发起成立的国际标准化组织（ISO）。1970 年 10 月 14 日，在世界范围内举行了第一届世界标准日庆祝活动。从 1986 年的第十七届起，世界标准日每年都有特定的主题，以突出当年标准日的宣传重点。综观 30 多年来的标准日主题，关注的范围和领域很广泛，如卫生安全、环境保护、运输能源、信息数据、全球贸易、消费者权益、居民日常生活、智慧绿色建筑、小微企业、全球气候变化等。2021 年世界标准日主题为“标准促进可持续发展共建更加美好的世界”，2022 年世界标准日主题是“标准是世界通用的语言”。

## 三、国际标准的发展趋势

**1. 各国标准趋同化，国际标准渐成主流**

国际贸易的迅猛发展和经济全球化，大大提高了对国际标准化的迫切需求。发达国家通过参与国际标准活动，谋求国际标准与本国标准的协调一致，以便在国际贸易中取得优势地位。发展中国家则把采用国际标准作为突破贸易壁垒的重要手段，以发展本国经济。在相关方的共同努力下，标准国际趋同步伐必将进一步加快。

**2. 综合标准化与标准综合体建设**

综合标准化是用系统分析方法针对具体的标准化对象及其相关要素所形成的系统进行整体标准化的方法。其主要目的是综合地解决提高产品质量的问题。可以这样说，综合标准化的实质就在于，使那些能够保证产品达到最佳技术水平和质量水平的所有相关要素，保持完整的系统性和最佳关系。综合标准化是以标准化对象的整体最佳效益为目标，对包括设计、工艺、原材料、零部件、半成品、配套制品、技术手段、生产准备、检验方法等综合考虑进行整体标准化。综合标准化的基本特征是系统性、目标性和整体最佳化。综合标准化是国际标准发展的新趋势。

开展综合标准化工作，首先要求针对不同的标准化对象，制定一整套相互协调的标准技术文件，而这一整套经过系统处理、能够保证对象整体最佳效果的标准和标准技术文件即为标准综合体。它是综合标准化的物质基础。标准综合体按其性质可分为两大类：一类是产品标准综合体，它以产品标准作为主要标准化对象，把原料、材料、零部件、半成品及设计文件、工艺文件等相关要素标准协调起来，组成一个产品综合标准化体系；另一类是一般技术性标准综合体，主要是技术文件标准综合体。包括的范围有基础标准、跨专业部门的综合性课题以及对国民经济有重要意义的专门课题等。这是为了保证跨部门的协调统一，针对国民经济的具体情况和部门生产的共性而编制的整套标准。这两类标准综合体中，一般技术规定的标准综合体具有更重要的意义，它是进行跨专业部门协调工作的基础，是开展产品综合标准化的保证条件和依据。这两类标准综合体有机地结合起来，就形成完整而统一的综合标准化体系。

**3. 标准化领域不断扩大，标准化重点转移**

国际标准化从最早的材料工业开始，逐渐扩展到工业、农业、工程建设和交通运输等领域，随着高新技术与信息化的发展，信息技术、生命科学、管理和服务标准化领域也成为国际标准化的重要内容，特别是服务业在很多国家成为国民经济的支柱产业，服务标准化更是成了标准化领域的新热点。

**4. 国际标准数量不断增加，更新速度不断加快**

随着经济全球化的发展和国际标准化的领域不断扩展、作用不断加大，国际标准的数量必然不断增多，为了适应全球的高速运转，更新速度也必然不断加快。

**5. 国际标准与知识产权相结合**

在高新技术领域，知识产权主要包括技术专利等往往与标准结合，从而增强企业的竞争能力。国际标准涉及面广，权威性高，一旦专利纳入国际标准，将使拥有知识产权的企业获取巨大效益。这也是各国努力制定并推行国际标准的重要原因。

**6. 国际标准与联合国可持续发展目标协同发展**

2015 年 9 月 25 日，联合国 193 个成员国通过了《2030 年可持续发展议程》的 17 个可持续发展目标（UN Sustainable Development Goals，简称 SDGs）以及 169 个子目标。这些目标涉及生活中的方方面面，从消除饥饿、减少不平等、确保所有人共享繁荣，到在世界范围内构建可持续发展社区。这些目标致力于联合世界各地的不同力量，在 2030 年前，共同建设一个更加和谐、可持续发展的地球环境。ISO 也将这 17 个可持续发展目标作为衡量标准的价值依据（见表 3–1）。

**表 3–1　ISO 标准对联合国可持续发展目标的贡献率**

| 序号 | 可持续发展目标 | 涉及目标的相关标准 | |
|---|---|---|---|
| | | 数量[1] | 比例（%） |
| 1 | 在世界各地消除一切形式的贫穷 | 362 | 1.50 |
| 2 | 消除饥饿、实现粮食安全、改善营养和促进可持续农业 | 560 | 2.32 |

续表

| 序号 | 可持续发展目标 | 涉及目标的相关标准 | |
|---|---|---|---|
| | | 数量[1] | 比例（%） |
| 3 | 确保健康的生活方式和各年龄段人群的福祉 | 3154 | 13.08 |
| 4 | 确保包容性和公平的优质教育，促进全民享有终身学习机会 | 564 | 2.34 |
| 5 | 实现性别平等，增强妇女和女童的权能 | 199 | 0.83 |
| 6 | 为所有人提供洁净卫生的水资源 | 619 | 2.57 |
| 7 | 普及人人能够负担得起的清洁能源 | 947 | 3.93 |
| 8 | 促进经济增长和人人拥有平等、合宜的工作机会 | 2580 | 10.70 |
| 9 | 促进可持续产业，增强基础设施建设，推动创新 | 13 365 | 55.41 |
| 10 | 减少地域不平等 | 566 | 2.35 |
| 11 | 可持续发展型城市与社区 | 2526 | 10.47 |
| 12 | 完善负责任的消费和生产模式 | 2825 | 11.71 |
| 13 | 立即行动起来，应对气候变化及其影响 | 1223 | 5.07 |
| 14 | 保护海洋、海洋生物资源及动物福祉 | 321 | 1.33 |
| 15 | 保护陆地生物资源和动物福祉 | 1109 | 4.60 |
| 16 | 促进社会和平、公正，并为其建立有效、负责和包容性的组织机构 | 184 | 0.76 |
| 17 | 为实现上述目标而团结协作，建立强有力的伙伴关系 | 2 | 0.01 |

注 1：因一项标准可能同时符合多个可持续发展目标，存在重复统计情况，总数超过标准数量

资料来源：据 ISO 官网的相关资料整理得出

由表 3-1 看出，在 ISO 标准涉及联合国提出的 17 个可持续发展目标中，“促进可持续产业，增强基础设施建设，推动创新”高居首位，其次分别是“确保健康的生活方式和各年龄段人群的福祉”和“完善负责任的消费和生产模式”，最后分别是“促进经济增长和人人拥有平等、合宜的工作机会”和“可持续发展型城市与社区”等。

## 第四节　我国标准国际化概述

长期以来，参与国际标准化活动一直是我国标准化工作与世界标准化接轨的重要形式。我国对国际标准化活动的主动参与，不但提高了我国标准的国际竞争力，而且对促进产业升级和经济贸易发展起到了重要的推动作用。

## 一、标准国际化的意义

了解国际标准化的最新动向。通过积极参与国际和区域标准化组织的技术会议、研讨和论坛活动，开展国际标准化合作与交流，积极跟踪国际标准制定和国际标准化发展的最新动向，获得有关国际标准制定和发展动向的资料和信息。

建立国际标准化领域的广泛联系。通过积极参与国际标准化活动，结识相关行业的国际技术专家，促进国内相关企业和机构参与国际标准化活动的其他组织和机构，建立广泛联系，开阔视野，加强交流和合作，从而促进国内企业和机构的技术发展和管理水平。

积极影响国际标准的制定。通过积极参与国际标准化活动，从而有机会直接参与国际标准的起草工作，并可能担任国际标准起草小组的召集人和领导，从而将国内优势产业的技术创新成果纳入国际标准，提高我国的优势产业和产品的核心竞争力。

巩固和提高我国在国际标准化领域的话语权。积极担任国际和区域标准化组织的官员和成员，积极承担技术委员会（TC）工作，有助于巩固和提高我国在国际标准化领域的话语权。

## 二、我国标准国际化发展进程

目前，我国在标准国际化领域的现状和进展如下。

**1. 参与国际标准化活动的组织机构**

代表我国参与国际标准化组织和区域标准化组织的机构，主要是由国务院授权的国家标准化管理委员会。此外，农业农村部和工信部由于其管理范围的专业性，也在参与国际标准化活动中担任重要角色。

**2. 参与国际标准化活动的政策**

我国的国际标准化活动政策主要有：全面跟踪，早期介入，重点参与；合理转化国际标准；积极培养标准化人才；加强与成员国和权威机构的标准化合作等。我国参与国际标准化活动的政策既要考虑我国现阶段的实际情况，又要符合国际标准化组织推动发展中国家参与国际标准化活动的原则和宗旨。

**3. 参与国际标准化活动的主要方式**

主要包括担任高层领导职务，承担技术组织的工作，参与国际标准的制修订工作等。

大力鼓励企业和社会团体参与国际标准化活动，编译发布了ISO/IEC导则中文版和企业参与国际标准化活动指南，向社会公开国际标准组织国内技术对口单位信息，畅通参与国际标准化活动联系渠道，试行企业和社会团体参与国际标准化活动快速程序。我国还深入参与《ISO战略2030》制定，提出中国建议。中国代表连任ISO、IEC管理机构成员，在ISO、IEC战略、政策和规则制定中作出积极贡献。

**4. 积极建构周边组织合作机制**

2020年，东北亚（中日韩）、中德、中欧、中英、金砖、中国南亚等标准化合作机制持续深化，多次召开双多边合作线上会议，将“分享标准助力疫情防控的经验和成效”作为双多边合作交流的常设议题，推动与相关国家在疫情防控以及各专业领域的交流与合作。推动与巴基斯坦、缅甸、哥斯达黎加和非洲标准化组织等国家和区域标准机构签署标准化合作文件。积极参与太平洋地区标准大会（PASC）、亚太经合组织标准分委会（APEC/SCSC）、泛美标准组织（COPANT）、欧洲标准组织（CEN/CENELEC）、非洲标准组织（ARSO）等区域标准化组织活动，参加世界贸易组织（WTO）、自贸区谈判有关标准协调工作。

**5. 推动国际标准化战略研究**

组织各区域标准化研究中心，对欧洲标准组织（CEN/CENELEC）、太平洋地区标准大会（PASC）、泛美标准组织（COPANT）等区域标准组织，以及澳大利亚、日本、美国、德国、印度等10个重点国家的17份标准化战略进行研究，编写了《主要国际、区域标准组织及部分国家战略汇编》《重点国家标准化战略可借鉴内容》等材料，汲取国际标准化工作成功实践经验，推动标准化国际合作。

**6. 推动专业领域标准合作**

与水利部及联合国工业发展组织合作，推动制定小水电国际标准；与联合国工业发展组织合作，推动在ISO建立实验室设计技术委员会工作等。

**7. 加强标准海外合作示范**

与蒙古国合作建立水泥标准示范区，与巴布亚新几内亚合作建立冶金标准示范项目，在越南、老挝、柬埔寨、缅甸等国合作建设的农业标准化示范区取得良好效果。

**8. 共享信息，共建平台**

标准信息共享交流，不断完善“一带一路”共建国家标准信息平台，形成涵盖45个“一带一路”国家、5个国际和区域标准化组织的标准题录数据库。积极推进与“一带一路”共建国家开展标准信息交换。目前，国家标准化管理委员会已与西班牙、俄罗斯、新加坡等8个国家和地区的标准化机构开展标准信息交换。

《国家标准管理办法（2022 年修订版）》指出：“（第六条）积极推动结合国情采用国际标准。以国际标准为基础起草国家标准的，应当符合有关国际组织的版权政策。鼓励国家标准与相应国际标准的制修订同步，加快适用国际标准的转化运用。”“（第七条）鼓励国际贸易、产能和装备合作领域，以及全球经济治理和可持续发展相关新兴领域的国家标准同步制定外文版。鼓励同步开展国家标准中外文版制定。”

在国际标准化组织的旅游及相关服务标准化技术委员会（ISO/TC 228）中，我国首次出任两个工作组（WG19 和 WG20）的召集人，2022 年发起和主持多项国际旅游标准研制。

## 三、与标准国际化相关的政策文件

近年来，为全面推进我国标准化领域的国际化进程，在我国出台的一些相关政策文件中均提出了标准国际化和国际化标准问题，涉及互联网、农业、中医药、生物、碳排放、知识产权、消费、市场治理、文化等多个行业、部门和领域，反映了国际标准在这些行业、部门和领域内的地位和作用。

**1.《国家创新驱动发展战略纲要》**

2016 年 5 月，中共中央、国务院印发的《国家创新驱动发展战略纲要》中提出，支持我国企业、联盟和社团参与或主导国际标准研制，推动我国优势技术与标准成为国际标准。制定品牌评价国际标准，建立国际互认的品牌评价体系，推动中国优质品牌国际化。

**2.《国家信息化发展战略纲要》**

2016 年 7 月，中共中央办公厅、国务院办公厅印发的《国家信息化发展战略纲要》中提出，参与国际规则制定。积极参与国际网络空间安全规则制定。巩固和发展区域标准化合作机制，积极争取国际标准化组织重要职位。在移动通信、下一代互联网、下一代广播电视网、云计算、大数据、物联网、智能制造、智慧城市、网络安全等关键技术和重要领域，积极参与国际标准制定。鼓励企业、科研机构、社会组织和个人积极融入国际开源社区。

**3.《“健康中国 2030”规划纲要》**

2016 年 10 月，中共中央、国务院印发的《“健康中国 2030”规划纲要》中提出，充分利用国家高层战略对话机制，将卫生纳入大国外交议程。积极参与全球卫生治理，在相关国际标准、规范、指南等的研究、谈判与制定中发挥影响，提升健康领域国际影响力和制度性话语权。

**4.《关于促进移动互联网健康有序发展的意见》**

2017 年 1 月，中共中央办公厅、国务院办公厅印发的《关于促进移动互联网健康有序发展的意见》中提出，在第五代移动通信（5G）、下一代互联网、物联网、网络安全等关键技术和重要领域，积极参与国际标准制定和交流合作。

**5.《关于创新体制机制推进农业绿色发展的意见》**

2017 年 9 月，中共中央办公厅、国务院办公厅印发的《关于创新体制机制推进农业绿色发展的意见》中提出，积极参与国际标准的制定修订，推进农产品认证结果互认。

**6.《推进互联网协议第六版（IPv6）规模部署行动计划》**

2017 年 11 月，中共中央办公厅、国务院办公厅印发的《推进互联网协议第六版（IPv6）规模部署行动计划》中提出，深化国际合作。密切跟踪全球下一代互联网研究、试验、技术、产业和应用情况。加强与国际标准化组织的合作，积极参与下一代互联网相关标准制定，扩大中国标准国际影响力，共同推进国际标准化进程。

**7.《关于完善促进消费体制机制进一步激发居民消费潜力的若干意见》**

2018 年 9 月，中共中央、国务院印发的《关于完善促进消费体制机制进一步激发居民消费潜力的若干意见》中提出，大力开展高端品质认证，推动品牌建设，培育一批能够展示中国产品优质形象的品牌和企业。推动国内优势、特色技术标准成为国际标准。

**8.《关于促进中医药传承创新发展的意见》**

2019 年 10 月，中共中央、国务院印发的《关于促进中医药传承创新发展的意见》中提出，将中医药纳入构建人类命运共同体和“一带一路”国际合作重要内容，实施中医药国际合作专项。推动中医中药国际标准制定，积极参与国际传统医学相关规则制定。

**9.《建设高标准市场体系行动方案》**

2021 年 1 月，中共中央办公厅、国务院办公厅印发的《建设高标准市场体系行动方案》中提出，推动检验检测认证与海外投资、产能合作项目紧密对接，加强国际合格评定人才培养，主动参与认证认可有关国际标准和规则制定。

**10.《知识产权强国建设纲要（2021—2035 年）》**

2021 年 9 月，中共中央、国务院印发的《知识产权强国建设纲要（2021—2035 年）》中提出，推动专利与国际标准制定有效结合。

**11.《关于完整准确全面贯彻新发展理念做好碳达峰碳中和工作的意见》**

2021 年 10 月，中共中央、国务院印发的《关于完整准确全面贯彻新发展理念做好碳达峰碳中和工作的意见》中提出，积极参与相关国际标准制定，加强标准国际衔接。

**12.《关于进一步加强生物多样性保护的意见》**

2021 年 10 月，中共中央办公厅、国务院办公厅印发的《关于进一步加强生物多样性保护的意见》中提出，积极参与全球生物多样性治理。秉持人类命运共同体理念，主动参与全球多边环境治理，加强关键议题交流磋商，推动制定“2020 年后全球生物多样性框架”，切实履行我国参加的生物多样性公约、湿地公约、濒危野生动植物种国际贸易公约等生物多样性相关的国际条约，积极参与生物多样性相关国际标准制定。

**13.《国家标准化发展纲要》**

2021 年 10 月，中共中央、国务院印发的《国家标准化发展纲要》中提出，深化标准化交流合作。履行国际标准组织成员国责任义务，积极参与国际标准化活动的总体要求。积极推进与共建“一带一路”国家在标准领域的对接合作，加强金砖国家、亚太经合组织等标准化对话，深化东北亚、亚太、泛美、欧洲、非洲等区域标准化合作，推进标准信息共享与服务，发展互利共赢的标准化合作伙伴关系。联合国际标准组织成员，推动气候变化、可持续城市和社区、清洁饮水与卫生设施、动植物卫生、绿色金融、数字领域等国际标准制定，分享我国标准化经验，积极参与民生福祉、性别平等、优质教育等国际标准化活动，助力联合国可持续发展目标实现。支持发展中国家提升利用标准化实现可持续发展的能力。

推动国内国际标准化协同发展。统筹推进标准化与科技、产业、金融对外交流合作，促进政策、规则、标准联通。建立政府引导、企业主体、产学研联动的国际标准化工作机制。实施标准国际化跃升工程，推进中国标准与国际标准体系兼容。推动标准制度型开放，保障外商投资企业依法参与标准制定。支持企业、社会团体、科研机构等积极参与各类国际性专业标准组织。支持国际性专业标准组织来华落驻。造就一支熟练掌握国际规则、精通专业技术的职业化人才队伍。

**14.《“十四五”文化发展规划》**

2022 年 8 月，中共中央办公厅、国务院办公厅印发的《“十四五”文化发展规划》中提出，围绕产业链部署创新链，围绕创新链布局产业链，建立健全文化产业技术标准和服务标准，参与国际标准制定。

# 第四章　国家标准化改革

## 第一节 《深化标准化工作改革方案》概要

2015 年 3 月，为解决标准缺失老化滞后、交叉重复矛盾、体系不够合理、推进机制不完善等现实问题，国务院印发了《深化标准化工作改革方案》（国发〔2015〕13 号）。针对以上问题，该方案主要提了六项改革措施：建立高效权威的标准化统筹协调机制，整合精简强制性标准，优化完善推荐性标准，培育发展团体标准，放开搞活企业标准，提高标准国际化水平。

方案还提出了三个实施阶段：第一阶段（2015—2016 年），积极推进改革试点工作；第二阶段（2017—2018 年），稳妥推进向新型标准体系过渡；第三阶段（2019—2020 年），基本建成结构合理、衔接配套、覆盖全面、适应经济社会发展需求的新型标准体系。

为了进一步落实方案，国务院办公厅印发了《贯彻实施〈深化标准化工作改革方案〉行动计划（2015—2016 年）》（国办发〔2015〕67 号）和《贯彻实施〈深化标准化工作改革方案〉重点任务分工（2017—2018 年）》（国办发〔2017〕27 号）。

其中，《行动计划（2015—2016）》主要包括强制性标准清理评估、推荐性标准复审和修订、优化推荐性标准制修订程序、团体标准试点、企业产品和服务标准自我声明公开和监督制度试点、加强标准实施与监督、改进标准化技术委员会管理、修订《全国专业标准化技术委员会管理规定》、提高标准国际化水平、推动中国标准“走出去”、加强信息化建设、加大宣传工作力度、加强标准化工作经费保障、加强标准化法治建设、建立国务院标准化统筹协调机制。截止到 2016 年底，强制性标准清理评估工作基本完成。13 290 项强制性标准和计划进行了整合精简评估，超过 50% 的强制性标准拟废止或转为推荐性标准。推荐性标准集中复审工作取得阶段性成果。近 10 万项推荐性国家标准、行业标准和地方标准开展集中复审，有 30% 左右需要修订完善。团体标准培育发展起步良好。515 个社会团体制定了 814 项团体标准，依靠市场配置标准化资源成效初现。企业标准放开搞活成效显著。全面推行企业产品和服务标准自我声明公开和监督制度，逐步取消备案管理。全国已有 7 万多家企业，公开了 30 多万项标准，企业创新活力得到极大释放。标准制修订管理不断改进。加快标准立项频次、缩短立项周期，从 2016 年开始，国家标准立项频次由平均一年两批增至一年四批，立项周期由平均 8 个月缩短至 3~4 个月。标准国际化水平不断提升。2016 年我国在 ISO、IEC 提交国际标准提案达 160 项，同比增长 113%。国际标准化组织注册的中国专家近 5000 名，我国参与制定国际标准数量首次突破国际标准新增数量的 50%，在高速铁路、家用电器、移动通信等领域已处于国际领跑地位。建立了国务院标准化协调推进部际联席会议制度。国务院分管领导同志担任召集人，质检总局（国家标准化管理委员会）为牵头单位，成员由 39 个部门和单位组成，召开了三次全体会议。

《重点任务分工（2017—2018）》提出了第二阶段的任务：基本建立统一的强制性国家标准体系，加快构建协调配套的推荐性标准体系，发展壮大团体标准，进一步放开搞活企业标准，增强中国标准国际影响力，全面推进军民标准融合，提升标准化科学管理水平，推动公益类标准向社会公开，加快标准化法治建设，推动地方标准化工作改革发展，加强标准化人才队伍建设，强化标准化经费保障。

2019 年国标委印发了《2019 年全国标准化工作要点》（国标委发〔2019〕5 号），要点包括：

（1）深化标准化工作改革，建设更加科学合理的标准体系：

①扎实推进“中国标准 2035”研究；

②持续推进国家标准精简优化；

③改进加强行业标准管理；

④持续强化地方标准管理；

⑤充分激发市场自主制定标准的活力；

⑥扎实推进标准化军民融合。

（2）全面提升标准水平，建设更加先进适用的标准体系：

①着力构建农业农村标准体系；

②完善食品消费品质量安全标准体系；

③加强建设制造业标准体系；

④加快健全现代服务业标准体系；

⑤建立健全社会管理与公共服务标准体系；

⑥加强营商环境标准体系建设；

⑦建立和完善生态文明建设标准体系。

（3）着力强化标准实施与监督，建设更高效能的标准体系：

①多措并举促进标准有效实施；

②健全标准实施信息反馈和评估机制；

③建立标准制定工作的监督机制。

（4）大力推进国际标准化工作，建设更加开放兼容的标准体系：

①深度参与国际标准化治理；

②加快推进国际国内标准一体化进程；

③大力实施标准联通共建“一带一路”行动计划；

④全力办好第83届IEC大会。

（5）提升标准化基础能力水平，建设更加保障有力的标准体系：

①加快完善标准化法配套法规制度；

②提升标准科学化管理水平；

③不断完善标准信息服务；

④加强标准化教育培训和人才队伍建设；

⑤建立标准化统计体系；

⑥强化标准化经费保障。

综上国家标准化改革方案和具体实施方案的最终目标就是要通过三步走，形成政府主导制定和市场自主制定的标准协同发展体系、让标准化成为有效支撑统一市场体系建设的手段和提升质量的“硬约束”。

## 第二节　培育和发展团体标准

2019年，国家标准化管理委员会和民政部依据《中华人民共和国标准化法》制定并发布了《团体标准管理规定》，规定了团体标准的制定、实施和监督。

《团体标准管理规定》，团体标准是依法成立的社会团体为满足市场和创新需要，协调相关市场主体共同制定的标准。所谓社会团体，是指中国公民自愿组成，为实现会员共同意愿，按照其章程开展活动的非营利性社会组织。社会团体应当具备法人条件

（注:《社会团体登记管理条例》规定）。团体标准是国家“建立政府主导制定的标准与市场自主制定的标准协同发展、协调配套的新型标准体系”的重大战略性举措。

**1. 团体标准的制定**

团体标准应以满足市场和创新需要为目标，聚焦新技术、新产业、新业态和新模式，填补标准空白。其技术要求不得低于强制性标准的相关技术要求。其制定程序包括“提案、立项、起草、征求意见、技术审查、批准、编号、发布、复审”。征求意见一般不少于30日；涉及消费者权益的，应当向社会公开征求意见，并对反馈意见进行处理协调；技术审查不少于出席会议代表人数的3/4同意方为通过（不包括起草方单位的专家）。团体标准中涉及专利问题的，应当及时披露相关专利信息，获得专利权人的许可声明。

**2. 团体标准的实施**

由本团体成员约定采用或者按照本团体的规定供社会自愿采用，社会团体自行负责其团体标准的推广与应用。团体标准实施效果良好，且符合国家标准、行业标准或地方标准制定要求的，团体标准发布机构可以申请转化为国家标准、行业标准或地方标准。

**3. 团体标准的监督**

县级以上人民政府标准化行政主管部门、有关行政主管部门依据法定职责，对团体标准的制定进行指导和监督，对团体标准的实施进行监督检查。任何单位或者个人有权对不符合法律法规、强制性标准、国家有关产业政策要求的团体标准进行投诉和举报。社会团体应主动回应影响较大的团体标准相关社会质疑，对于发现确实存在问题的，要及时进行改正。

为了更好地引导具有标准化需求且已具有一定标准化工作基础的团体改进和完善标准化活动，国标委发布了《团体标准化 第1部分：良好行为指南》（GB/T 20004.1—2016）和《团体标准化 第2部分：良好行为评价指南》（GB/T 20004.2—2018）两项国家标准。《团体标准化 第1部分：良好行为指南》主要规定了团体标准制定的一般原则，包括开放、公平、透明、协商一致、促进贸易和交流原则；规定了团体标准化的组织管理，包括功能及组织机构、工作机制、知识产权管理、标准编号与文件管理，以及团体标准的制定程序、编写、推广与应用。《团体标准化 第2部分：良好行为评价指南》规定了团体标准化良好行为评价的基本原则、内容、程序以及评价指标体系。这两个标准是团体标准化工作的指导手册。

在旅游领域，截止到2023年6月，中国旅游协会、中国饭店协会、中国旅游车船协会和中国旅游景区协会四家国字头的团体已经在全国团体标准信息平台进行了注册。其中，景区协会于2019年和2020年发布了两项团体标准:《旅游景区分类》（T/CTAA

0001—2019）和《旅游景区应对重大传染病疫情类突发公共卫生事件的运营指南》（T/CTAA 0003—2020），开启了旅游领域团体标准化的进程。同时有 80 多家地方性旅游社会团体也进行了注册。目前，地方协会和旅游相关协会已经发布团体标准 200 多项。如中国气象服务协会发布了《气象旅游资源评价》（T/CMSA 0001—2017）和《气象旅游资源分类与编码》（T/CMSA 0001—2016）。

## 第三节　鼓励和支持企业标准

企业标准化是企业科学管理的基础，它贯穿于企业生产经营全过程，涉及技术、生产、销售等各个部门和设计、制造、检验、营销等各个环节和所有员工，是促使企业实现科学有序管理的意向惯常性工作。为有序促进企业标准化工作的展开，国标委发布实施了一系列规范企业标准的国家标准（见表 4–1）。

表 4–1　规范企业标准的相关国家标准

| 序号 | 标准编号 | 标准名称 | 性　质 |
|---|---|---|---|
| 1 | GB/T 13017—2018 | 企业标准体系表编制指南 | 推荐性标准 |
| 2 | GB/T 15496—2017 | 企业标准体系 要求 | 推荐性标准 |
| 3 | GB/T 15497—2017 | 企业标准体系 产品实现 | 推荐性标准 |
| 4 | GB/T 15498—2017 | 企业标准体系 基础保障 | 推荐性标准 |
| 5 | GB/T 19273—2017 | 企业标准化工作 评价与改进 | 推荐性标准 |
| 6 | GB/T 35778—2017 | 企业标准化工作 指南 | 推荐性标准 |

### 一、企业标准化工作原则

企业标准化工作一般遵循以下原则。

（1）需求导向：以满足企业发展战略、相关方需求、市场竞争和生产、经营、管理、技术进步等为导向组织开展。

（2）合规性：符合国家有关法律法规、政策和相关标准。

（3）系统性：权衡、协调各方关系，关注企业外部标准化活动并适时调整，优化企业内部标准化规划、计划及标准体系，确保标准化工作协调有序推进。

（4）适用性：标准化工作方针与目标符合企业经营方针、目标，服务于企业发展战略；标准化工作指向清晰、目的明确；标准体系满足需求，标准有效，便于实施。

（5）效能性：以实现企业生产、经营和管理目标为驱动，对企业经营效益，员工工作绩效等，实行可量化、可考核的标准化管理，达到预期效果。

（6）全员参与：围绕企业发展战略和标准化工作方针、目标，健全组织，周密计划，开展标准化宣传、培训，营造领导带头、全员参与的标准化工作氛围，提高自觉执行标准的素养。

（7）持续改进：遵循“策划—实施—检查—处置”的循环管理方法，策划企业标准化工作，运行企业标准体系的实施标准，适时评价企业标准体系和检查的标准适用性，针对问题查找原因，及时采取改进和预防措施，并根据市场与需求变化，对风险和机遇作出反应，提出应对措施予以实施和验证；将改进、预防、应对措施的经验或科技成果制修订成标准，纳入企业标准体系。

## 二、企业标准体系

企业标准化的核心工作是企业标准体系（Enterprise Standard System）的建立。所谓企业标准体系，是指企业已经及拟实施的标准按其内在联系形成的科学的有机整体。描述企业标准体系的模型称为企业标准体系表，一般由标准体系结构图、标准体系明细表等进行说明。企业标准体系结构图是描述企业标准体系结构关系的逻辑框图，包括内外部相关环境以及内部各子体系的相互支撑、相互配合的逻辑关系，可采用功能结构（见图 4-1）、属性结构（见图 4-2）或者序列结构。

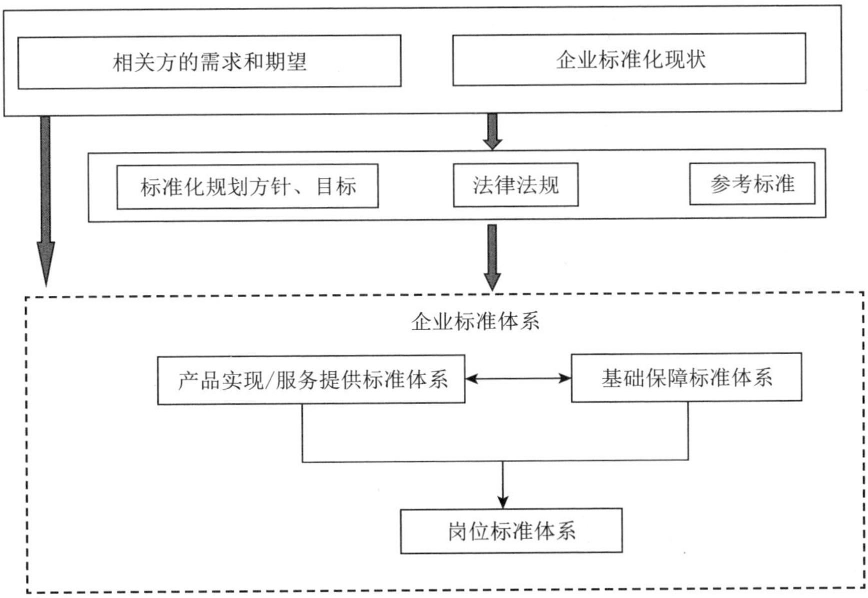


**图 4-1　企业标准体系功能结构**

其中，“相关方的需求和期望”和“企业标准化现状”是企业构建标准体系前应识别和分析的要素，是构建企业标准体系的源。“标准化规划方针、目标”是指企业愿景、价值定位以及与企业战略相匹配的标准体系构建规划，包含企业标准体系构建的远期和近期规划目标，为实现企业业绩体系构建所需的内容、要求及保障。“标准化规划方针、目标”是依据“相关方的需求和期望”与“企业标准化现状”制定的，它和企业适用的“法律法规”“参考标准”共同构成企业标准体系构建所需的上层文件，用于指导构建企业标准体系，不列入企业标准体系。“法律法规”是指企业在生产经营过程中应遵守的法律法规，尤其是涉及人身财产安全、环境保护、职业健康卫生、劳动保护等与标准化紧密相关的法律法规；“参考标准”是指对企业有指导作用的标准，这些标准通常不在企业范围内直接使用，而是经过企业识别和归纳，将其中使用的内容转化在企业标准中。“产品实现 / 服务提供标准体系”和“基础保障标准体系”构成了企业标准体系的两个主体分支，共同服务于企业的业绩。“岗位标准体系”是“产品实现 / 服务提供标准体系”和“基础保障标准体系”在岗位上落地的标准集合，依据“产品实现 / 服务提供标准体系”和“基础保障标准体系”制定，落实“产品实现 / 服务提供标准体系”和“基础保障标准体系”的要求。

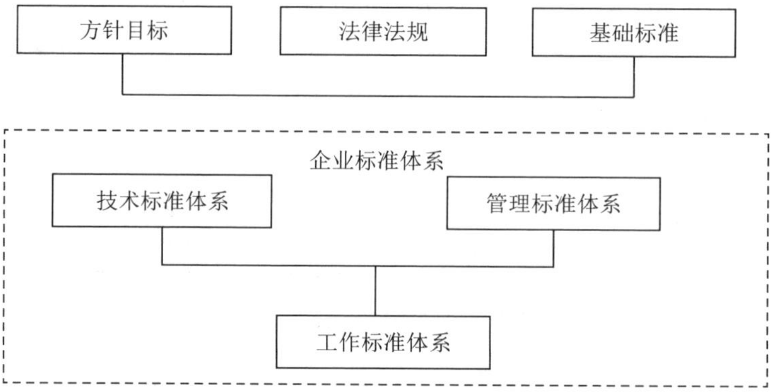


**图 4–2 企业标准体系属性结构**

图 4–2 中，“方针目标”“法律法规”“基础标准”是构建企业标准体系的依据和外部环境，属于上层文件。“方针目标”是指企业标准化方针和目标，提出了企业标准化工作的愿景、价值定位、实施策略和近期阶段性目标等；“法律法规”是指企业在生产经营过程中应遵守的法律法规，尤其是涉及人身财产安全、环境保护、职业健康卫生、劳动保护与标准化紧密相关的法律法规；“基础标准”包括国家标准、行业标准、地方标准、团体标准、国际标准等。为降低成本，提高技术兼容性，企业宜采用公开发布的外部标准。企业采纳的基础标准是本企业一经采用，拟实施或者正在实施的国家、行

业、团体、地方或者国际标准，通常不单独列出，融入各相关子体系中，需要时也可单独列出。“技术标准体系”和“管理标准体系”间的连线表示二者之间的交互制约作用。“工作标准体系”同时实施“技术标准体系”和“管理标准体系”中的相应规定，是技术标准与管理标准共同指导和制约下的下层标准。

序列结构一般用于局部标准体系的构建，可以根据企业的实际情况，按照企业、产品、服务、过程或者项目等的工作序列构造标准体系结构图。

此外，企业还可以通过采用国际标准或者国外先进标准，参与国家标准、行业标准、地方标准和团体标准制修订，参与国内标准化技术委员会活动，参与国际标准化活动等方式参与标准化活动。

截至 2020 年底，“国家标准全文公开系统”平台注册企业共 341 940 家，其中 305 592 家企业通过平台自我声明公开 1 713 107 项标准，涵盖 2 920 229 种产品。

## 第四节　《国家标准化发展纲要》概述

2021 年 10 月，中共中央、国务院印发了《国家标准化发展纲要》(以下简称《纲要》)。《纲要》明确指出“标准是经济活动和社会发展的技术支撑，是国家基础性制度的重要方面，标准化在推进国家治理体系和治理能力现代化中发挥着基础性、引领性作用”，这与 2017 年修订的《中华人民共和国标准化法》中明确将“社会事业等领域”纳入标准化工作范畴一脉相承。到 2025 年，实现标准供给由政府主导向政府与市场并重转变，标准运用由产业与贸易为主向经济社会全域转变，标准化工作由国内驱动向国内国际相互促进转变，标准化发展由数量规模型向质量效益型转变。标准化更加有效推动国家综合竞争力提升，促进经济社会高质量发展，在构建新发展格局中发挥更大作用，加快构建推动高质量发展的标准体系。

《纲要》中与旅游业相关的内容有“推动新型城镇化标准化建设。推进度假休闲、乡村旅游、民宿经济、传统村落保护利用等标准化建设，促进农村一二三产业融合发展。完善城市生态修复与功能完善、更新改造及海绵城市建设等标准。推进城市设计、城市历史文化保护传承与风貌塑造、老旧小区改造等标准化建设，健全街区和公共设施配建标准”。

《纲要》要求，推进自然资源节约集约利用。构建自然资源统一调查、登记、评价、评估、监测等系列标准，研究制定土地、矿产资源等自然资源节约集约开发利用标准，推进能源资源绿色勘查与开发标准化。以自然资源资产清查统计和资产核算为重点，推动自然资源资产管理体系标准化。制定统一的国土空间规划技术标准，完善资源环境承载能力和国土空间开发适宜性评价机制。

《纲要》提出，建立健全碳达峰、碳中和标准。实施碳达峰、碳中和标准化提升工程。持续优化生态系统建设和保护标准。统筹完善应对气候变化标准，制定修订应对气候变化减缓、适应、监测评估等标准。制定山水林田湖草沙多生态系统质量与经营利用标准，加快研究制定水土流失综合防治、生态保护修复、生态系统服务与评价、生态承载力评估、生态资源评价与监测、生物多样性保护及生态效益评估与生态产品价值实现等标准，增加优质生态产品供给，保障生态安全。

《纲要》并就推动标准化与科技创新互动发展、提升产业标准化水平、完善绿色发展标准化保障、加快城乡建设和社会建设标准化进程、提升标准化对外开放水平、推动标准化改革创新、夯实标准化发展基础等作出明确部署。

2022 年 7 月 6 日，为贯彻实施《国家标准化发展纲要》，明确 2023 年底前重点工作，有序推进任务落实，更好发挥标准化在推进国家治理体系和治理能力现代化中的基础性、引领性作用，制定《贯彻实施〈国家标准化发展纲要〉行动计划》。

## 第五节 《行业标准管理办法》（征求意见稿）简介

2023 年 5 月，为进一步规范行业标准管理，根据《中华人民共和国标准化法》等相关规定，市场监管总局组织对《行业标准管理办法》进行了修订，起草了《行业标准管理办法（征求意见稿）》（以下简称《办法》），并面向社会公开征求意见。

根据《办法》第三条规定，行业标准是国务院有关行政主管部门依据其行政管理职责，对没有国家标准、需要在全国某个行业范围内统一的技术要求。行业标准重点制定本行业领域的重要产品、工程技术、服务和行业管理标准。但下列情况不应当制定行业标准：①已有国家标准的；②一般性产品和服务的技术要求；③跨部门、跨行业的技术要求；④用于约束行政主管部门系统内部的工作要求、管理规范等。

在实践中要注意的是，《办法》中还提到以下几点。

（1）禁止在行业标准中规定资质资格、许可认证、审批登记、评比达标、监管主体和职责等要求，利用行业标准实施减损市场主体合法权益，增加市场主体义务，增加政府部门法律法规规定之外权力的行为。

（2）行业标准应当在国务院标准化行政主管部门批准公布的代号及范围内制定。未经批准公布的行业标准代号不得使用。

（3）已有全国专业标准化技术委员会能够满足行业需求的，不再新增专业领域的行业标准化技术委员会。

（4）行业标准一般不涉及专利。

（5）行业标准一般不采用国际标准。确需采用的，应当符合国际标准组织的版权政策，并获得国际标准组织国家成员体同意。以国外标准为基础起草行业标准的，应当符合国外标准发布机构的版权政策。

（6）行业标准发布后实施前，可以选择执行原行业标准或者新行业标准。新修订的行业标准实施后，被代替的行业标准同时废止。

（7）国务院标准化行政主管部门定期组织对行业标准开展监督抽查，通报结果。

（8）国务院有关行政主管部门违反本办法第三条第三款（不应当制定跨部门、跨行业的技术要求的行业标准）、第六条第一款（不得低于强制性国家标准的相关要求）和第二款（禁止在行业标准中规定资质资格、许可认证、审批登记、评比达标、监管主体和职责等要求，利用行业标准实施减损市场主体合法权益，增加市场主体义务，增加政府部门法律法规规定之外权力的行为）、第十条第二款（行业标准应当在国务院标准化行政主管部门批准公布的代号及范围内制定。未经批准公布的行业标准代号不得使用）规定的，以及行业标准制定主体、编号、备案或复审等不符合本办法规定的，国务院标准化行政主管部门要求其说明情况，并限期改正。未按期改正的，由国务院标准化行政主管部门公告废止相关标准。

# 第二编　中外旅游标准化概述

# 第五章　我国旅游业发展与旅游标准化

## 第一节　我国旅游标准化缘起和发展

旅游活动有着悠久的历史，但其在我国真正成为经济产业发展则始于1978年。1978年以后，我国旅游业才从外事接待工作中分离出来，逐渐发展成为一个独立的经济产业。

1981—1985年是我国国际旅游市场高速成长的时期，改革开放使国际旅游在中国得到了全面发展。1986年我国正式将旅游业确立为国民经济体系中的一个支柱产业，将旅游业写进了“七五”计划中，实质性地实现了旅游业由事业型向产业型的转变。进入20世纪90年代以后，国内旅游由最初的“不提倡、不鼓励、不反对”到国内旅游出现“井喷”，国内旅游已经成为旅游业发展的一个重要方面，其意义已经超过了纯经济属性。从1993年我国开始实行大小周末制度，1995年全面推行每周五天工作制，到2000年设立“黄金周”节假日制度安排，旅游已经成为人民群众追求精神享受、提高生活品质的重要生活方式。2009年国务院41号文件将旅游业确定为“国民经济战略性支柱产业”和“人民群众更加满意的现代服务业”。这意味着我国旅游已经进入大众旅游时代，不再以“创汇”为发展动力。旅游标准化工作也随之由涉外接待行业向社会服务业转变。

1987年，我国首次制定并颁布实施了《旅游涉外饭店星级的划分与评定》，并于1993年转化为国家标准。如今，星级标准已成为我国饭店行业的主导标准，对我国饭店市场的规范经营和长远发展产生了深远影响。

1993年12月28日，国家技术监督局批复了旅游行业标准归口管理范围和旅游行业标准代号。旅游行业标准归口管理范围共三大类十八个方面的标准化工作，包括旅游标准化工作导则、各类旅游标志、旅游术语、资源普查规范等综合类标准以及旅游涉外饭店、旅行社、旅游车船、游览参观点等旅游服务组织的服务设施标准及其服务质量标准。

1995 年 1 月 6 日，国家技术监督局批复成立全国旅游标准化技术委员会。

在旅游行业标准化工作不断发展的同时，各级旅游行政管理部门和旅游企业的标准化建设也取得了新的进展。在 1997 年全国旅游行业管理工作会议上，国家旅游局明确提出，有条件的省、自治区、直辖市旅游局应当建立标准化管理机构，建立专门机构有困难的也应当设立标准化管理岗位，负责标准的宣传贯彻，指导企业开展标准化工作。

旅游标准化在开拓旅游行业管理、提高行业服务水平、加快与国际接轨、促进行业发展、确立中国旅游业的产业形象和质量形象等方面，发挥了积极作用，产生了明显的绩效。通过实施标准化带动战略，旅游标准化建设已经取得了明显成果，主要表现在旅游标准化组织逐步建立、旅游标准体系初步建立、旅游标准化工作稳步推进等多个方面。

## 第二节　旅游标准化的意义和作用

标准化建设作为规范产品质量和过程的管理方式，对优化旅游业制度环境、促进旅游区域化合作与发展、提高产品服务质量、促进资源优化组合、保护旅游者和旅游企业的合法权益、增强国际竞争力等方面起着不可替代的作用。

（1）有利于优化制度环境和促进旅游区域合作与发展。标准作为一种通用语言，通过建立一致的规范和统一的服务质量标准，在企业和企业、政府和企业以及游客和企业之间形成有效的沟通桥梁，从而营造良好的制度环境。在旅游服务过程中，由于缺乏服务标准、标准不一致或标准实施缺乏有效的监督机制，服务不规范，评价判断无依据而导致的企业与旅游者争论不休的事件屡屡发生，通过建立通用的旅游标准，形成统一的标准制度，可以优化发展环境。此外，标准化是避免区域旅游障碍的重要形式，通过标准形成通用语言，可以加强区域间的交流与合作，更好地促进区域旅游发展和我国旅游业的协调发展。

（2）有利于提高产品服务质量和促进资源优化组合。旅游资源的有效利用，旅游产品的优化设计，各类旅游企业间的合理搭配，都需要通行的标准予以协调。旅游经营者和管理者在旅游开发合作中以标准化的思维开展工作，注重优化和衔接，有利于区域旅游整体合作的合理、高效。此外，游客的基本生活需求是相同的，在不同地方体验不同旅游风情的同时，其安全、卫生、舒适的基本要求还是一致的。这就要求旅游产品的个性化与服务质量的标准化同存。

（3）有利于保护消费者的合法权益和提升企业效益。旅游标准是游客消费产品质量的保证，通过旅游标准所传递的法则，是旅游者维护权益的依据。一方面，游客对旅游产品的质量很难有个具体的感知，旅游标准给了他们评价的参照和维权的依据；另一方面，通过采用标准化的管理和服务，能提高旅游管理和服务质量，减少浪费，降低企业成本，提高企业效益。同时，管理服务标准化在微观层面上的运用，为整个社会在宏观层面上推行标准化、创造良好的发展环境奠定基础。

（4）有利于企业品牌建设和更好地应对国际服务贸易竞争。一方面，标准是旅游企业建设品牌的重要途径和手段，通过高标准的核心竞争力，来提升企业品牌效应。另一方面，"得标准者得天下"，先制定标准，和国际标准获得一致，就取得了在该行业的"话语权"。因此，推行旅游标准化，加快旅游标准化和国际接轨的步伐，有利于我国的旅游企业在国际上取得话语权，增强旅游企业的国际竞争力。我国旅游标准化和国际接轨还需要加大建设力度。

## 第三节　我国旅游标准化历程和现状

### 一、国家层面的旅游标准化建设

从 1987 年国家旅游局启动《旅游涉外饭店星级的划分与评定（GB/T 14308—1993）》（2003 年第二次修订改名为《旅游饭店星级的划分与评定》）标准化建设开始，中国旅游标准化建设经历了从无到有、从零星制定标准到有完善的标准化体系的发展过程，在提高旅游行业服务质量和管理水平、增强企业竞争力、提升企业知名度、拓展旅游市场等方面取得了显著成效，对我国旅游业的发展起到了不可或缺的促进作用。

从 1978 年改革开放开始，出于对外汇的需求，我国开始大力发展入境旅游，入境旅游者成为我国饭店业的主要客源。由于基础设施建设的不足和我国文化传统对服务业的偏见，我国饭店业的服务设施、服务质量和管理水平低下，一度成为我国旅游业发展的瓶颈。为了提高饭店业服务设施和质量，加快与国际饭店业的接轨，国家旅游局在借鉴国际经验和实践探索的基础上，于 1987 年启动了我国旅游服务行业的第一个国家标准——《旅游涉外饭店星级的划分与评定（GB/T 14308—1993）》的研究和制定，并于

1993 年发布实施，开创了我国旅游服务领域实施标准化管理的先河。

1995 年，经国家标准化管理委员会批复，国家旅游局成立旅游标准化专业机构——全国旅游标准化技术委员会（编号 SAC/TC 210，简称“全国旅游标委会”），主要负责旅游领域的国家标准编制和修订工作，对口国际标准化组织旅游及相关服务技术委员会（ISO/TC 228）。全国旅游标委会由国家标准化管理委员会委托国家旅游局负责领导和管理，委员由旅游行政管理人员、旅游专家及旅游企业的专业人员组成。

1998 年，国务院在“三定”方案①中赋予国家旅游局“拟定各类旅游景区景点、度假区及旅游住宿、旅行社、旅游车船和特种旅游项目的设施标准和服务标准并组织实施”②、“制定旅游从业人员的职业资格标准和等级标准并指导实施”③的职能。国家旅游局设置质量标准处，专职负责全国旅游标准化的具体工作，同时承担全国旅游标委会秘书处的工作。

1999 年，国家旅游局起草制定了《全国旅游标准化技术委员会章程》和《全国旅游标准化技术委员会秘书处工作细则》。

2000 年，我国颁布施行了《旅游标准化工作管理暂行办法》（以下简称《办法》）。该办法对旅游标准化工作的宗旨、范围、任务、管理和旅游标准的制定、审查、发布、实施、监督等方面进行了具体的规定。该办法的颁布实施，加快推动了旅游标准化工作的开展，并将旅游标准化工作作为旅游行业管理的重要手段。同年，我国发布了《旅游业标准体系表》（以下简称《体系表》），构筑了以旅游业六要素为基础的二维旅游标准体系框架，为旅游业的进一步发展提供了科学、规范的技术支撑，是旅游标准化工作发展里程碑的重要依据。《办法》和《体系表》的颁布，对全面提高旅游服务质量和管理水平，实现旅游业科学管理，起到了积极的促进作用。

2003 年，第三届全国旅游标委会换届时，增设了旅游住宿、旅行社、旅游车船、旅游餐饮、旅游商品、旅游娱乐、旅游产品开发、旅游信息八个专家委员会。实行旅游标准立项年度计划申报制度，对建立旅游标准项目库和与国家标准化管理委员会年度立项计划工作的衔接具有积极的意义。

2005 年，国家旅游局起草制定了《全国旅游标准化 2006—2010 年发展规划》，提出了此后五年全国旅游标准化发展的指导思想、主要目标、任务和措施，目的是推动我国旅游标准化工作不断深入，进一步提高服务质量和产业竞争力，保护消费者权益，促

① 所谓“三定”方案，也就是“三定”规定，即规定单位的职能配置、内设机构和人员编制（含领导职数）。

② 国家旅游局质量规范与管理司职责。

③ 国家旅游局人事劳动教育司职责。

进我国旅游业加快发展，为实现旅游强国的宏伟目标提供强有力的技术支撑。

2009 年，国家旅游局编制了《全国旅游标准化发展规划（2009—2015）》，提出建立适应我国旅游业发展的旅游标准化管理体制和工作机制，并提出建立、健全旅游业基础标准、旅游业要素系统标准、旅游业支持系统标准和旅游业工作标准四大体系，建立旅游标准动态化优化、组织协同、宣传推广、监管评估四大运行机制，形成旅游标准自主创新和领域拓宽、管理体制与机制创新、旅游品牌培育和提升、理论研究和体系构建四个创新突破，实现旅游行业规范度和旅游标准领域覆盖率、旅游产品和服务管理水平、旅游产业素质和地位、旅游强国建设能力和国际竞争力四个有效提升等目标，这些目标既是提升旅游业的有效手段，也是旅游标准化发展的重难点。为了更好地促进《全国旅游标准化发展规划（2009—2015）》的实施，国家旅游局同年发布了《全国旅游业标准体系表 2009》，调整了 2000 版体系表的二元结构，使旅游标准覆盖率更全面、完善，并颁布实施了《全国旅游标准化工作管理办法》。

由于旅游业向更泛化的国民休闲业发展，2009 年 11 月，经国家标准化管理委员会批复，成立了全国休闲标准化技术委员会（编号 SAC/TC 498，英文名称 National Technical Committee on Leisure of Standardization Administration of China），主要负责传统特色休闲方式开发与保护、现代休闲创意与服务、主体休闲俱乐部服务、休闲节庆活动、休闲咨询服务等领域国家标准的制修订工作，并发布了《全国休闲标准化技术委员会章程》、《休闲标准体系》和《全国休闲标准化技术委员会 2009—2014 年工作计划》。

2009 年 12 月，国家标准化管理委员会和国家旅游局在北京共同签署了《国家旅游局和国家标准化管理委员会关于推动旅游标准化工作的战略合作协议》，以标准化为手段进一步推进旅游业的发展。协议主要包括四个方面的内容：国家标准化管理委员会和国家旅游局共同组建“旅游标准化工作协调推进委员会”，研究、协调、推动旅游标准化工作的有关事宜；国家标准化管理委员会将把旅游业作为服务业标准化的重要领域，为旅游标准化工作提供政策、技术支持和业务指导；国家旅游局将全力支持服务业标准体系建设，在旅游行业更好地宣传贯彻相关服务业标准；双方在联合制定旅游标准化发展政策文件、推进旅游标准体系完善、建立旅游标准化人才培训制度、支持地方开展旅游标准化试点、推动旅游标准化工作国际化和加强旅游标准化工作资金保障等重点领域深入合作。

2010 年，为进一步促进全国旅游标准化工作的开展，国家旅游局在全国范围内全面推进旅游标准化试点工作，并颁布了《全面推进旅游标准化试点工作实施细则》。2011 年，旅游标准化试点工作已经在全国各省重点旅游城市展开，进一步促进了旅游标准化工作的普及。

2018 年 3 月，国家旅游局撤销，成立文化和旅游部。由科技教育司负责组织协调文化和旅游行业信息化、标准化工作。全国旅游标委会秘书处设在文化和旅游部直属公益一类事业单位旅游质量监督管理所。

截止到 2023 年 6 月，我国已经发布正在实施的旅游类国家标准 35 项，休闲国家标准 19 项，旅游业相关国家标准 22 项，旅游业行业标准 77 项（见表 5–1）。

**表 5–1　已发布的旅游业国家标准和行业标准**

| 旅游业国家标准 | | |
|---|---|---|
| 1 | GB/T 14308—2010 | 旅游饭店星级的划分与评定 |
| 2 | GB/T 15731—2015 | 内河旅游船星级的划分与评定 |
| 3 | GB/T 15971—2010 | 导游服务规范 |
| 4 | GB/T 16766—2017 | 旅游业基础术语 |
| 5 | GB/T 16767—2010 | 游乐园（场）服务质量 |
| 6 | GB/T 17775—2003 | 旅游景区质量等级的划分与评定 |
| 7 | GB/T 18971—2003 | 旅游规划通则 |
| 8 | GB/T 18972—2017 | 旅游资源分类、调查与评价 |
| 9 | GB/T 26353—2010 | 旅游娱乐场所基础设施管理及服务规范 |
| 10 | GB/T 26354—2010 | 旅游信息咨询中心设置与服务规范 |
| 11 | GB/T 26355—2010 | 旅游景区服务指南 |
| 12 | GB/T 26356—2010 | 旅游购物场所服务质量要求 |
| 13 | GB/T 26357—2010 | 旅游饭店管理信息系统建设规范 |
| 14 | GB/T 26359—2010 | 旅游客车设施与服务规范 |
| 15 | GB/T 26360—2010 | 旅游电子商务网站建设技术规范 |
| 16 | GB/T 26361—2010 | 旅游餐馆设施与服务等级划分 |
| 17 | GB/T 26362—2010 | 国家生态旅游示范区建设与运营规范 |
| 18 | GB/T 26363—2010 | 民族民俗文化旅游示范区认定 |
| 19 | GB/T 26365—2010 | 游览船服务质量要求 |
| 20 | GB/T 30225—2013 | 旅游景区数字化应用规范 |
| 21 | GB/T 31380—2015 | 旅行社等级的划分与评定 |
| 22 | GB/T 31381—2015 | 城市旅游集散中心等级划分与评定 |
| 23 | GB/T 31382—2015 | 城市旅游公共信息导向系统设置原则与要求 |
| 24 | GB/T 31383—2015 | 旅游景区游客中心设置与服务规范 |
| 25 | GB/T 31384—2015 | 旅游景区公共信息导向系统设置规范 |
| 26 | GB/T 31385—2015 | 旅行社服务通则 |

续表

| | | |
|---|---|---|
| 27 | GB/T 31386—2015 | 旅行社出境旅游服务规范 |
| 28 | GB/T 32942—2016 | 旅行社产品通用规范 |
| 29 | GB/T 32943—2016 | 旅行社服务网点服务要求 |
| 30 | GB/T 34313—2017 | 导游等级划分与评定 |
| 31 | GB/T 38547—2020 | 旅游度假租赁公寓 基本要求 |
| 32 | GB/T 41011—2021 | 旅游景区可持续发展指南 |
| 33 | GB/T 41648—2022 | 旅游民宿基本要求与等级划分 |
| 34 | GB/T 18973—2022 | 旅游厕所质量要求与评定 |
| 35 | GB/T 26358—2022 | 旅游度假区等级划分 |
| **休闲国家标准** | | |
| 1 | GB/T 28101—2011 | 城市公共休闲服务与管理 基础术语 |
| 2 | GB/T 28102—2011 | 城市公共休闲服务与管理导则 |
| 3 | GB/T 28003—2011 | 城市中央休闲区服务质量规范 |
| 4 | GB/T 28927—2012 | 度假社区服务质量规范 |
| 5 | GB/T 28928—2012 | 社区休闲服务质量导则 |
| 6 | GB/T 28929—2012 | 休闲农庄服务质量规范 |
| 7 | GB/T 31171—2014 | 城市公共休闲空间分类与要求 |
| 8 | GB/T 31172—2014 | 城乡休闲服务一体化导则 |
| 9 | GB/T 31173—2014 | 国民休闲教育导引 |
| 10 | GB/T 31174—2014 | 国民休闲满意度调查与评价 |
| 11 | GB/T 31175—2014 | 休闲基础术语 |
| 12 | GB/T 31176—2014 | 休闲咨询服务规范 |
| 13 | GB/T 31710.1—2015 | 休闲露营地建设与服务规范 第 1 部分：导则 |
| | GB/T 31710.2—2015 | 休闲露营地建设与服务规范 第 2 部分：自驾车露营地 |
| | GB/T 31710.3—2015 | 休闲露营地建设与服务规范 第 3 部分：帐篷露营地 |
| | GB/T 31710.4—2015 | 休闲露营地建设与服务规范 第 4 部分：青少年营地 |
| | GB/T 31710.5—2022 | 休闲露营地建设与服务规范 第 5 部分：露营公园 |
| 14 | GB/T 32941.1—2016 | 实景演出服务规范 第 1 部分：导则 |
| | GB/T 32941.2—2016 | 实景演出服务规范 第 2 部分：演出管理 |
| | GB/T 32941.3—2016 | 实景演出服务规范 第 3 部分：服务质量 |
| 15 | GB/T 34409—2017 | 休闲主体功能区服务质量规范 |
| 16 | GB/T 35614—2017 | 海洋牧场休闲服务规范 |
| 17 | GB/T 36736—2018 | 花卉休闲区建设与服务规范 |

续表

| | | |
|---|---|---|
| 18 | GB/T 36737—2018 | 休闲绿道服务规范 |
| 19 | GB/T 36740—2018 | 商贸休闲区服务规范 |
| **旅游业相关国家标准（括号内为归口管理单位）** | | |
| 1 | GB/T 10001.2—2021 | 公共信息图形符号 第 2 部分：旅游休闲符号（图形符号标委会） |
| 2 | GB/T 15566.8—2007 | 公共信息导向系统 设置原则与要求 第 8 部分：宾馆和饭店（图形符号标委会） |
| 3 | GB 26529—2011 | 宗教活动场所和旅游场所燃香安全规范［文化和旅游部（文化）］ |
| 4 | GB/Z 41297—2022 | 基于 M2M 技术的旅游信息服务总体技术要求（通信标委会） |
| 5 | GB/T 41396—2022 | 数字城市景区旅游一卡通 应用技术要求（智能建筑标委会） |
| 6 | GB/T 41097—2021 | 非公路用旅游观光车辆使用管理（索道与游乐设施标委会） |
| 7 | GB/T 39869—2021 | 品牌评价 旅游目的地（品牌评价标委会） |
| 8 | GB/T 39000—2020 | 乡村民宿服务质量规范（中国标准化研究院） |
| 9 | GB/T 39034—2020 | 非公路用旅游观光车辆风险评价方法（索道与游乐设施标委会） |
| 10 | GB/T 38433—2019 | 非公路用旅游观光列车通用技术条件（索道与游乐设施标委会） |
| 11 | GB/T 37694—2019 | 面向景区游客旅游服务管理的物联网系统技术要求（信息技术标委会） |
| 12 | GB/T 36738—2018 | 工业旅游景区服务指南（服务标委会） |
| 13 | GB/T 35560—2017 | 老年旅游服务规范 景区（服务标委会） |
| 14 | GB/T 33989—2017 | 电子商务交易产品信息描述 旅游服务（电子业务标委会） |
| 15 | GB/T 30240.3—2017 | 公共服务领域英文译写规范 第 3 部分：旅游（语言文字标委会） |
| 16 | GB/T 33538—2017 | 海岛及滨海型城市旅游设施基本要求（服务标委会） |
| 17 | GB/T 31706—2015 | 山岳型旅游景区清洁服务规范（服务标委会） |
| 18 | GB/T 31284—2014 | 品牌价值评价 旅游业（品牌评价标委会） |
| 19 | GB/T 21268—2014 | 非公路用旅游观光车通用技术条件（索道与游乐设施标委会） |
| 20 | GB/T 15566.9—2012 | 公共信息导向系统 设置原则与要求 第 9 部分：旅游景区（图形符号标委会） |
| 21 | GB/T 22800—2009 | 星级旅游饭店用纺织品（中国纺织工业联合会） |
| 22 | GB/T 20416—2006 | 自然保护区生态旅游规划技术规程（国家林业和草原局） |
| **旅游业行业标准** | | |
| 1 | LB/T 001—1995 | 旅游饭店用公共信息图形符号 |
| 2 | LB/T 002—1995 | 旅游汽车服务质量 |
| 3 | LB/T 003—1996 | 星级饭店客房客用品质量与配备要求 |
| 4 | LB/T 004—2013 | 旅行社国内旅游服务规范 |
| 5 | LB/T 006—2006 | 星级饭店访查规范 |
| 6 | LB/T 007—2015 | 绿色旅游饭店 |
| 7 | LB/T 009—2011 | 旅行社入境旅游服务规范 |

续表

| | | |
|---|---|---|
| 8 | LB/T 014—2011 | 旅游景区讲解服务规范 |
| 9 | LB/T 015—2011 | 绿色旅游景区 |
| 10 | LB/T 016—2017 | 温泉旅游企业星级划分与评定 |
| 11 | LB/T 017—2011 | 国际邮轮口岸旅游服务规范 |
| 12 | LB/T 018—2011 | 旅游饭店节能减排指引 |
| 13 | LB/T 019—2013 | 旅游目的地信息分类与描述 |
| 14 | LB/T 020—2013 | 饭店智能化建设与服务指南 |
| 15 | LB/T 021—2013 | 旅游企业信息化服务指南 |
| 16 | LB/T 022—2013 | 城市旅游公共服务基本要求 |
| 17 | LB/T 023—2013 | 旅游企业标准体系指南 |
| 18 | LB/T 024—2013 | 旅游特色街区服务质量要求 |
| 19 | LB/T 025—2013 | 风景旅游道路及其游憩服务设施要求 |
| 20 | LB/T 026—2013 | 旅游企业标准化工作指南 |
| 21 | LB/T 027—2013 | 旅游企业标准实施评价指南 |
| 22 | LB/T 028—2013 | 旅行社安全规范 |
| 23 | LB/T 030—2014 | 旅行社产品第三方网络交易平台经营和服务要求 |
| 24 | LB/T 031—2014 | 旅游类专业学生饭店实习规范 |
| 25 | LB/T 032—2014 | 旅游类专业学生旅行社实习规范 |
| 26 | LB/T 033—2014 | 旅游类专业学生景区实习规范 |
| 27 | LB/T 034—2014 | 景区最大承载量核定工作导则 |
| 28 | LB/T 035—2014 | 绿道旅游设施与服务规范 |
| 29 | LB/T 036—2014 | 自行车骑行游服务规范 |
| 30 | LB/T 037—2014 | 旅游滑雪场质量等级划分 |
| 31 | LB/T 038—2014 | 国家商务旅游示范区建设与管理规范 |
| 32 | LB/T 039—2015 | 导游领队引导文明旅游规范 |
| 33 | LB/T 040—2015 | 旅行社行前说明服务规范 |
| 34 | LB/T 041—2015 | 旅游发展规划实施评估导则 |
| 35 | LB/T 042—2015 | 国家温泉旅游名镇 |
| 36 | LB/T 043—2015 | 高尔夫管理服务规范 |
| 37 | LB/T 044—2015 | 自驾游管理服务规范 |
| 38 | LB/T 045—2015 | 旅游演艺服务与管理规范 |
| 39 | LB/T 046—2015 | 温泉旅游服务质量规范 |
| 40 | LB/T 047—2015 | 旅游休闲示范城市 |

续表

| | | |
|---|---|---|
| 41 | LB/T 048—2016 | 国家绿色旅游示范基地（建议废止） |
| 42 | LB/T 049—2016 | 国家蓝色旅游示范基地（建议废止） |
| 43 | LB/T 050—2016 | 国家人文旅游示范基地（建议废止） |
| 44 | LB/T 051—2016 | 国家康养旅游示范基地 |
| 45 | LB/T 052—2016 | 旅行社老年旅游服务规范 |
| 46 | LB/T 053—2016 | 港澳青少年内地游学接待服务规范 |
| 47 | LB/T 054—2016 | 研学旅行服务规范 |
| 48 | LB/T 055—2017 | 红色旅游经典景区服务规范 |
| 49 | LB/T 056—2016 | 旅游电子商务企业基本信息规范 |
| 50 | LB/T 057—2016 | 旅游电子商务旅游产品和服务基本规范 |
| 51 | LB/T 058—2016 | 旅游电子商务电子合同基本信息规范 |
| 52 | LB/T 059—2016 | 会议服务机构经营与服务规范 |
| 53 | LB/T 060—2017 | 城市旅游服务中心规范 |
| 54 | LB/T 061—2017 | 自驾游目的地基础设施与公共服务指南 |
| 55 | LB/T 062—2017 | 旅游产品在线交易基本信息描述和要求 |
| 56 | LB/T 063—2017 | 旅游经营者处理投诉规范 |
| 57 | LB/T 064—2017 | 文化主题旅游饭店基本要求与评价 |
| 58 | LB/T 065—2019 | 旅游民宿基本要求与评价 |
| 59 | LB/T 066—2017 | 精品旅游饭店 |
| 60 | LB/T 067—2017 | 国家工业旅游示范基地规范与评价 |
| 61 | LB/T 068—2017 | 景区游客高峰时段应对规范 |
| 62 | LB/T 069—2017 | 旅行社在线经营与服务规范 |
| 63 | LB/T 070—2017 | 温泉旅游泉质等级划分 |
| 64 | LB/T 071—2019 | 可持续无下水道旅游厕所基本要求 |
| 65 | LB/T 072—2019 | 包价旅游产品说明书编制规范 |
| 66 | LB/T 073—2019 | 旅行社旅游产品质量优化要求 |
| 67 | LB/T 074—2019 | 文明旅游示范区要求与评价 |
| 68 | LB/T 075—2019 | 文明旅游示范单位要求与评价 |
| 69 | LB/T 076—2019 | 旅游规划设计单位资质等级划分与评定条件（已经废止） |
| 70 | LB/T 077—2019 | 自驾游目的地等级划分 |
| 71 | LB/T 078—2019 | 自驾车旅居车营地质量等级划分 |
| 72 | LB/T 079—2020 | 旅游基础信息资源规范 |
| 73 | LB/T 080—2020 | 旅游信息资源交换系统设计规范 |

续表

| | | |
|---|---|---|
| 74 | LB/T 081—2020 | 温泉旅游水质卫生要求及管理规范 |
| 75 | LB/T 082—2021 | 旅游休闲街区等级划分 |
| 76 | LB/T 083—2021 | 滑雪旅游度假地等级划分 |
| 77 | LB/T 084—2022 | 出境旅游领队服务规范 |

注：表中不注明归口单位的，旅游业国家标准和旅游业行业标准归口单位均为全国旅游标委会，休闲国家标准归口单位为休闲标委会

资料来源：国家标准化管理委员会官网（截至 2023 年 6 月）

## 二、地方层面的旅游标准化建设

1999 年 7 月 10 日，江苏省南京市发布地方标准《中国南京夫子庙秦淮风光带综合服务通用要求（DB32/T 292.1—1999）》和《中国南京夫子庙秦淮风光带综合服务 服务质量标准 服务质量管理规范和岗位作业规范 编制指南（DB 32/T 292.2—1999）》，标志着我国地方旅游标准化建设的起步。

2003 年，全国第一个省（市）级服务标准化技术委员会——上海市服务标准化技术委员会成立，同年 9 月 25 日山西发布《山西省绵山风景名胜区旅游服务规范（DB 14/T 115—2003）》，12 月 31 日上海市发布《农家乐旅游服务质量等级划分 DB 31/T 299—2003》，镇江市发布《镇江市旅游景区游览服务质量规范（试行）》。这些标准的发布标志着我国地方旅游标准化建设全面发展。

值得一提的是，2003 年沪、浙、苏三省市区域旅游标准一体化工作正式启动，开展旅游标准化建设合作，形成旅游标准化建设例会制度，并于 2007 年发布了首个上海、浙江、江苏区域标准《旅游景区（点）道路交通指引标志设置规范》。这是我国地方旅游标准化建设和旅游业区域联合发展的重大举措，有效地推进了我国旅游业的区域合作发展，并且通过统一标识，极大地节省了人力资本投入，增加了旅游收入。

2008 年，国家旅游局汇编了《旅游业地方标准（一）》，全书共收录了地方旅游类标准 47 项，标准化对象主要包含了民俗旅游村、旅行社等级、农家乐、餐馆等级、旅游购物点、景区建设以及一些专项标准如滑雪、温泉、漂流等。从规范内容来看，主要涉及等级的评定、服务质量要求以及设施安全等。这说明我国地方旅游业已经开始根据自身的特色制定符合自身需求的旅游标准了。

地方标准化建设比较有成效的是浙江、江苏、广东、上海、北京等经济比较发达的省和直辖市。截至 2023 年 6 月，浙江省共发布了 25 个省级的地方标准，上海市发布了

32个地方标准，北京发布了31个地方标准（见表5-2）。

表5-2　北京、上海、浙江已发布的旅游地方标准

| 省（直辖市） | 标准编号 | 标准名称 |
|---|---|---|
| 北　京 | DB 11/T 138—2002 | 旅游餐馆星级的划分及评定（已废止） |
| | DB 11/T 187—2010 | 旅游星级饭店服务质量要求（已废止） |
| | DB 11/T 334.2—2020 | 公共场所中文标识英文译写规范 第2部分：文化旅游 |
| | DB 11/T 350—2006 | 乡村民俗旅游村等级划分与评定 |
| | DB 11/T 351—2014 | 乡村民俗旅游户等级划分与评定 |
| | DB 11/T 357—2006 | 住宿业服务质量标准与评定 |
| | DB 11/T 393—2006 | 旅行社等级划分与评定 |
| | DB 11/T 473—2022 | 旅游景区服务质量要求 |
| | DB 11/T 652.1—2018 | 乡村旅游特色业态基本要求及评定 第1部分：通则 |
| | DB 11/T 665—2009 | 工业旅游景点服务质量标准 |
| | DB 11/T 744—2010 | “一日游”服务质量要求 |
| | DB 11/T 665—2021 | 工业旅游区（点）服务基本要求 |
| | DB 11/T 1015—2013 | 科教旅游示范单位服务质量与评定 |
| | DB 11/T 1016—2013 | 登山旅游步道设置与服务规范 |
| | DB 11/T 1216—2015 | 旅游饭店温泉设施与服务规范 |
| | DB 11/T 1242—2015 | “北京礼物”旅游商品店设施与服务要求及评定 |
| | DB 11/T 1294—2015 | 汽车旅游营地等级划分与评定（已废止） |
| | DB 11/T 1322.37—2018 | 安全生产等级评定技术规范 第37部分：旅游客运企业 |
| | DB 11/T 1322.49—2018 | 安全生产等级评定技术规范 第49部分：星级饭店 |
| | DB 11/T 1322.50—2018 | 安全生产等级评定技术规范 第50部分：A级旅游景区 |
| | DB 11/T 1322.58—2018 | 安全生产等级评定技术规范 第58部分：社会旅馆 |
| | DB 11/T 1322.59—2018 | 安全生产等级评定技术规范 第59部分：乡村旅游经营单位 |
| | DB 11/T 1410—2017 | 宾馆饭店单位综合能源消耗限额 |
| | DB 11/T 1465—2017 | 旅游特色小镇设施与服务规范 |
| | DB 11/T 1489—2017 | 中医药文化旅游基地设施与服务要求 |
| | DB 11/T 1738—2020 | 胡同游服务规范 |
| | DB 11/T 1752—2020 | 乡村民宿服务要求及评定 |
| | DB 11/T 1830—2021 | 休闲农业园区等级划分与评定 |
| | DB 11/T 1868—2021 | 旅馆业人证核验技术要求 |
| | DB 11/T 1925—2021 | 旅行社地接服务规范 |
| | DB 11/T 3021—2019 | 京津冀旅游直通车服务规范（与天津、河北共同制定） |

续表

| 省（直辖市） | 标准编号 | 标准名称 |
|---|---|---|
| 上　海 | DB 31/T 299—2003 | 农家乐旅游服务质量等级划分 |
| | DB 31/T 367—2006 | 游览船服务质量要求 |
| | DB 31/T 378—2018 | 旅馆服务质量要求 |
| | DB 31/T 392—2018 | 工业旅游景点服务质量要求 |
| | DB 31/T 393—2007 | 旅游景区（点）道路交通指引标志设置规范（与浙江、江苏共同制定） |
| | DB 31/T 440.1—2009 | 旅游信息数据交换规范 第 1 部分：旅行社、旅馆、旅游网络企业数据元目录（已废止） |
| | DB 31/T 440.2—2009 | 旅游信息数据交换规范 第 2 部分：旅行社、旅馆、旅游网络企业数据交换要求（已废止） |
| | DB 31/T 412—2008 | 旅游特色街（区）服务质量要求（已废止） |
| | DB 31/T 463—2009 | 世博人家服务质量要求 |
| | DB 31/T 477—2018 | 旅行社服务质量要求及等级划分 |
| | DB 31/T 490—2018 | 旅游集散中心服务质量要求 |
| | DB 31/T 491—2020 | 旅游咨询服务中心（点）服务质量要求 |
| | DB 31/ 540.9—2015 | 重点单位消防安全管理要求 第 9 部分：宾馆饭店 |
| | DB 31/T 551—2011 | 星级饭店建筑合理用能指南 |
| | DB 31/T 564.1—2011 | 老年旅游服务规范 第 1 部分：旅行社（已废止） |
| | DB 31/T 773—2019 | 房车旅游服务区 基本要求 |
| | DB 31/T 755—2018 | 体育旅游休闲基地服务质量要求及等级划分 |
| | DB 31/T 864—2014 | 景区旅游休闲基础设施规划导则（已废止） |
| | DB 31/T 925—2015 | 景区旅游休闲服务设施规划导则 |
| | DB 31/T 949.1—2015 | 文化旅游空间服务质量要求 第 1 部分：商业体（已废止） |
| | DB 31/T 949.2—2016 | 文化旅游空间服务质量要求 第 2 部分：文化创意产业园区 |
| | DB 31/T 1029—2016 | 旅游节庆活动服务质量要求 |
| | DB 31/T 1030—2016 | 房车旅游线路服务规范 |
| | DB 31/T 1032—2016 | 城市旅游休闲区规划与管理导引（已废止） |
| | DB 31/T 1033.1—2016 | 邮轮旅游服务规范 第 1 部分：旅行社 |
| | DB 31/T 1073—2017 | 特色乡村旅游园区（村）服务质量导则 |
| | DB 31/T 1111—2018 | 采摘体验基地旅游服务规范 |
| | DB 31/T 1126—2019 | 红色旅游基地服务质量要求 |
| | DB 31/T 1135—2019 | 健康旅游服务基地建设运营管理规范 |
| | DB 31/T 1203—2019 | 旅游志愿者服务规程 |
| | DB 31/T 1326—2021 | 研学旅行服务规范 |
| | DB 31/T 1336—2021 | 旅游景区游客体验和社会美誉度评价规范 |

续表

| 省（直辖市） | 标准编号 | 标准名称 |
| --- | --- | --- |
| 浙　江 | DB 33/T 288—2000 | 家庭旅馆 |
| | DB 33/T 319—2001 | 海盐南北湖风景区旅游服务质量通则（已废止） |
| | DB 33/T 326—2001 | 绿色饭店（已废止） |
| | DB 33/T 475—2004 | 漂流旅游安全和服务规范（已废止） |
| | DB 33/T 500—2004 | 餐馆星级的划分与评定 |
| | DB 33/T 527—2016 | 购物场所旅游服务规范 |
| | DB 33/T 589—2005 | 乡村旅游点服务质量等级划分与评定 |
| | DB 33/T 634—2007 | 生态旅游区建设与服务规范 |
| | DB 33/T 657—2007 | 旅游景区（点）道路交通指引标志设置规范（与上海、江苏共同制定） |
| | DB 33/T 669—2007 | 农家乐经营户（点）旅游服务质量星级划分与评定 |
| | DB 33/T 718—2008 | 旅游咨询服务中心等级划分与评定 |
| | DB 33/T 719—2021 | 品质旅行社评价规范 |
| | DB 33/T 768.9—2009 | 安全技术防范系统建设技术规范 第 9 部分：旅馆业 |
| | DB 33/T 810—2010 | 旅游集散中心等级划分与评定 |
| | DB 33/T 828.2—2011 | 社会单位消防安全标准化建设指南 第 2 部分：宾馆饭店 |
| | DB 33/T 871—2012 | 特色文化主题饭店基本要求与评定 |
| | DB 33/T 911—2019 | 房车旅游服务区基本要求 |
| | DB 33/T 915—2018 | 采摘体验基地旅游服务规范 |
| | DB 33/T 2048—2017 | 民宿基本要求与评价 |
| | DB 33/T 2133—2018 | 旅行社窗口服务规范 |
| | DB 33/T 2218—2019 | 品质饭店评价规范 |
| | DB 33/T 2262—2020 | 旅游志愿者服务规范 |
| | DB 33/T 2286—2020 | 康养旅游服务规范 |
| | DB 33/T 2317—2021 | 饭店低碳评价规范 |
| | DB 33/T 2534—2022 | 森林生态廊道规划设计导则 |

资料来源：根据北京、上海、浙江三省（直辖市）旅游网站公布的地方标准整理而来

从我们统计的各地标准制定情况发现，全国目前为止制定最多的地方标准是乡村旅游，包括农家乐、民俗村等特色业态，经谷歌和百度搜索“农家乐”“乡村旅游”“民俗旅游”等关键词，共搜索到此类标准达 50 项之多，仅北京就有 3 项。这与我国通过旅游发展带动农村经济发展的政策导向有很大关系，也有力地促进了我国乡村旅游的发展。但无法得知是不是所有这些标准的制定、宣贯、实施、监督都很好地进行并取得不错的效果。我们曾经对《北京乡村旅游特色业态》中的采摘进行过暗访，发现很多发展

采摘的农户根本不知道这项标准的存在，也不知道这项标准到底对他们的发展有多大作用。可见，我国地方标准的制定、宣贯和实施还很大程度上停留在政府行政指令上，缺乏实践和市场调研基础。

### 三、企业层面的旅游标准化建设

企业标准是指企业制定并在企业内部应用的标准，一般在技术上高于上层标准，是企业的核心竞争之一。欧美发达国家是企业首先自行制定企业内部标准，很多企业标准转化为国家标准甚至国际标准。与西方国家的标准化方向相反，我国因为是政府主导的标准化发展模式，首先建设的是国标，企业标准化建设并未得到重视，这也与我国旅游企业“弱、小”、没有话语权有关系。除了一些景区零星地制定了服务规范外，其他旅游企业特别是旅行社基本没有任何标准，有的只是一些条例和规章制度。但规章制度的制约性功能无法代替标准化的引导功能，我国旅游企业标准化建设是我国旅游标准化建设中的薄弱环节。

## 第四节　我国旅游标准化发展现状及存在的问题

### 一、发展现状

从 2001 年底加入世贸组织（WTO）起，我国开始逐步放开对旅游业各个行业的管制，如何通过旅游标准化规范和引导旅游业的发展，促使旅游业在中国产业转型中逐步与世界同轨，迄今为止，仍是我国标准化建设需要研究的重要问题。

中国旅游标准中最成熟也是实施最成功的旅游标准便是《旅游饭店星级的划分与评定》。该标准于 1987 年研究制定，1993 年第一次实施时，饭店星级是不设退出机制的，1997 年修订版中提高了服务要求，2003 年版星级评定改为每 5 年复核一次，2006 年星级饭店访查制度实施。从标准的制定、宣贯、实施、监督以及每 5 年左右一次的修订，极大地促进了我国饭店业基础设施的建设和服务质量的提升。《星级饭店客房客用品质量与配备要求（LB/T 003—1996）》和《星级饭店访查规范（LB/T 006—2006）》两个工作标准，也获得了良好的实施效果。但《星级饭店客房客用品质量与配备要求（LB/T 003—1996）》没有得到及时修订，相关内容已经合并到修订后的《旅游饭店星级的划分与评定》中。随着饭店业的发展，除了星级饭店，其他的饭店业态也随之发展壮大，如经济型饭店、商务型饭店、度假型饭店、精品饭店、民居客栈等，如果仅仅只用星级标准，可能没法全部覆盖，但我们却没有或者很少有相关方面的标准进行规范和指导。

## 二、问题分析

我国旅游标准化建设中存在的主要问题如下。

首先，市场化程度低，政府行政色彩强——政府指到哪儿，标准就打到哪儿。这样标准化建设就有一定的盲目性。由于政府主导模式下的旅游标准化建设，一些主管部门将标准作为法规和管理条例来推行，模糊了标准与法规之间的区别，只是将“标准”作为一种行业管理的手段，忽视了“标准”为行业服务、规范术语、引导和提升服务质量以及在对外旅游服务贸易中增进国家间的相互交流与理解的多重作用。

其次，在标准的编制、宣贯和实施的过程中，只是政府与企业的双方博弈，政府是旅游标准的发布方，企业是旅游服务的接受方，缺少其他相关利益方的参与，尤其缺少民间组织和旅游服务的需求方消费者的参与。往往“标准”只体现了政府行业管理的意志，较少顾及其他相关利益方的利益。而且，在贯标和认证工作中，重视挂牌颁证，过程监督和定期复核则重视不够，特别是缺乏普通消费者的参与监督，导致了虽有认证，但游客满意度不高的现实状况。

再次，标准的编写和制定缺乏深入的专项调研基础，部门之间缺乏互相协调的工作机制，出现同一或相似名称多个标准并存的现象，如有关绿色饭店的标准就曾有国家旅游局发布的行业标准《绿色旅游饭店》（LB/T 007—2006），又有由全国饮食服务业标准化技术委员会归口的《绿色饭店等级评定规定》（SB/T 10356—2002），还有商务部归口的国家标准《绿色饭店》（GB/T 21084—2007），让饭店企业与消费者无所适从。

最后，与欧洲国家相比，虽然我国旅游标准化体系完善，已发布和制定的旅游标准数量较多，但除了饭店星级标准和景区等级标准外，其他大多数标准在国内影响很小，国际影响就更不用说了。而且，我国在采用国际标准方面也比较落后，迄今为止没有吸收和采纳任何国际标准。由于旅游标准与国外相互交流少，术语和服务质量规范和国际接轨少，与国际标准的一致性程度低，在一定程度上影响了我国旅游目的地的国际形象和旅游企业“走出去”战略的实施。还有国家对旅游标准化建设研究较少，专业人才少。迄今为止，旅游标准化研究未被列入科研部门的科研课题指导目录中，也没有国家级的旅游标准化研究基地和培训中心。旅游标准化专业人才的缺失，导致部分标准的制定质量达不到要求，或者制定的标准无法实施。

# 第五节 我国旅游标准化体系建设

## 一、标准体系的概念和内容

标准体系是“一定范围内的标准按其内在联系形成的科学的有机整体”（GB/T 13016—2018《标准体系构建原则和要求》）。具体地说，标准体系是“根据使用目的，系统性设计的所需标准的合理组成方案和建立的标准资源的集合，主要包括标准体系框架、标准体系表和标准实体”。一般情况下，标准体系包括以下几个方面。

（1）标准体系是为特定使用目的系统性所建立的所需标准的集合，系统性是标准体系的一个重要特征，标准体系的标准集合里既包括适用的现行标准，也包括规划需制定的标准项目。因此，标准体系是一个为满足使用目的的系统性标准资源体系。标准体系是使用目的所需要的系统性的标准集合，使用目的可以是规范秩序、提高效率、保证质量、减少浪费、避免风险、畅通流动、保护生态、保护健康等，标准化对象是国家、行业的产品、过程、服务、管理等，标准体系所需的标准包括适用的现行需求标准和需制定的需求标准项目，这些标准构成了标准体系的本质内容，即标准资源。

（2）标准体系中的标准是按合理关系进行分类的，标准体系的分类关系用标准体系框架表达，是标准体系的组成部分。标准体系中的标准是按照标准合理的分类属性关系进行的分类集中排列的，分类的合理性主要出自对标准不同的使用属性或管理属性的正确应用。标准体系框架为标准的分类提供了工具，并要避免标准之间的重复和交叉现象的产生。

（3）标准体系通过构建关系模型来表达、描述标准体系的目标、边界、范围、环境、结构关系并反映标准化发展规划方向和方针，标准体系模型也是一种用于策划、实施、检查和改进标准体系的方法或工具。标准体系表就是一种标准体系模型，是对标准体系框架的标准分类关系进行标准层面的逐项具体展开和表述，也是标准体系的组成部分，通常包括标准体系结构图、标准明细表，还可以包含标准统计表和编制说明。

## 二、标准体系表的意义和作用

构建标准体系表是运用系统论指导标准化工作的一种方法，是开展标准体系建设的基础和前提，也是编制标准制修订规划和计划的依据。研究编制标准体系是标准化工作的一项重要基础性工作，为标准化发展提供目标和蓝图，主要作用有：

（1）展示标准化领域职能范围内各行业、专业标准应用的全貌，明确工作的方向和目标，有利于从全局考虑制定标准化工作规划和工作部署；

（2）各标准子体系的建立，有利于各行业间的平衡和协调，相互借鉴和融合，推动行业标准化工作的开展；

（3）在标准体系表的编制过程中，可以了解到国内外相同或相关标准的现状，有利于寻找差距，加快科学技术进步，提高标准的技术水平，为采用国际标准和国外先进标准创造条件；

（4）可以依此厘清基础性、通用性及个性标准的性质，根据需要和层次包容关系安排标准制修订的计划，全面推进标准制修订工作。

## 三、标准体系的编制原则

旅游标准体系是由旅游业内具有一定内在联系的一系列旅游标准构成的一个有机整体。

**1. 全面性和目标性**

标准框架体系是一个统一的整体，应覆盖旅游业全行业的各个系统运作，保证系统控制管理规范化进行，同时体现当今旅游业发展的最新理念和最新业态。这些标准之间协调一致，互相配套，构成一个完整全面的体系结构，基本能够反映旅游行业的现有结构和特点。标准体系一般是由组织或机构为了特定目的编制的，因此，从标准体系架构的设计到标准对象选择确定都是围绕特定目标建设的。这使标准体系就有很强的目标性，聚焦了目标用途密切的相关标准，形成了针对目标问题解决所需的标准知识平台，可为目标问题的解决提供针对性的专业知识服务，形成目标问题解决的专业性和有效性能力。

**2. 有效性和规则性**

标准体系是由标准组成的，标准内容主要来自科学研究、生产实践、市场运行、企业管理，经过有效性筛选、提炼、整理，并经过试验验证有效后，才能转化为标准内容。因此，标准体系是有效性的知识体系，并有很好的信任度和可用性。标准内容的有效性也得益于标准化组织公开透明、公平平等、协商一致等原则，这些原则使各参加方有充分表达利益诉求的机会，同时在面对纠正错误和合理协调利益时，能以对公正环境的信任理性妥协，体现了标准对真理和公理（公认的道理）追求的精神。标准体系使其相应管理机构组织成员共同参与和充分讨论，这个标准体系赋予组织实现其特定目的的意志，使标准体系不只是一个有效知识体系，同时也是一个规则体系。规则性给标准体系的使用赋予了较强的支持背景，使它能受到各相关利益的重视和广泛的使用。

**3. 系统性和层次性**

体系框架应突出系统优化思想，层级定位清晰。恰当的层级划分，明确各个层级的分工和任务，是科学有效管理的前提。旅游标准体系应按层级分解，由上而下，一个大范围的标准体系表涵盖若干小范围的标准体系表，结构合理、层次清晰，并具有一定的可扩展空间。通过体系标准的层级结构、合理组合和衔接配套，提高标准系统的组织程度，发挥其综合效应。

**4. 适应性和可扩充性**

体系框架应是一个开放的和发展的有机整体：既立足当前国情，又关注长远发展；既符合当时的科技经济发展现状，又要适当与国际旅游标准接轨。因此，标准体系在满足当前国家法规、标准的基础上，应具备一定的超前性和引导性。标准体系及其子体系、层级应留有一定的可扩余地，保证体系内部秩序流畅通顺。特别是旅游行业不断有新业态出现，我们应该在标准体系中体现新业态的发展变化。

## 四、我国历次《旅游标准体系表》的简要回顾

### （一）《旅游业标准体系表 2000》

2000 年，国家旅游局颁布了《旅游标准化工作管理暂行办法》，其中对旅游标准化工作的宗旨、范围、任务、管理和旅游标准的制定、审查、发布、实施、监督等方面进行了具体的规定。该办法的颁布实施，加快推动了旅游标准化工作的开展，有助于将旅游标准化工作作为旅游行业管理的重要手段。同年，发布了首个《旅游业标准体系表》，构筑了以旅游业食、住、行、游、购、娱六要素为基础的二维旅游标准体系框架，为旅游业的进一步发展提供了科学、规范的技术支撑，是旅游标准化工作发展的重要里程碑。《旅游标准化工作管理暂行办法》和《旅游业标准体系表》的颁布对全面提高旅游服务质量和管理水平，实现旅游业科学管理，起到了积极的促进作用。

第一个国家旅游标准——饭店星级评定标准获得良好的实施效果之后，国家旅游局又尝试编制相关的旅游标准，并取得了不错的实施效果。于是国家旅游局开始进行标准化体系研究，试图用旅游标准引导旅游业的健康可持续发展。在这个背景下，根据《旅游行业标准归口管理范围》所确定的框架，国家旅游局参考 1999 年底全国旅游标准化技术委员会工作会议提出的制定体系表的主要建议，制定了《旅游业标准体系表 2000》（以下简称《体系表 2000》）。按照两种体系对旅游标准进行分类和编排，在此基础上

构建旅游业标准体系的框架：按照标准的一般划分，分成基础标准、设施标准、服务标准、产品标准和方法标准五大类；按照旅游业构成要素划分，分成食、住、行、游、购、娱六个大类，并且增加一大类综合类，共七类。《体系表 2000》为二维式开放体系，在框架确定后，可以根据需要及时修改和补充，并向国家质量技术监督检验检疫局进行备案。

《体系表 2000》作为国务院“三定”方案和国家质量监督检验检疫总局《旅游行业标准归口管理范围》的具体实施，是旅游标准化工作开展的基础，也是旅游业标准立项工作的依据。在协调与其他部门的工作中，有关管理交叉关系的协调问题，将《体系表 2000》作为解释的重要依据。《体系表 2020》也是与世界旅游组织和国际标准化组织进行旅游标准化工作交流的最基础资料。

此外，《体系表 2000》作为我国旅游标准化建设探索的成果，在旅游标准化建设史上具有里程碑的意义。建设旅游标准体系，一方面，为全国旅游标准化工作奠定基础、规划蓝图、确定标准化工作的主要范围和重点领域，加快推进旅游标准化工作，规范市场秩序，优化竞争环境，增强旅游竞争力，提高旅游服务质量和公共服务水平；另一方面，旅游标准体系作为编制旅游业国家标准、行业标准制修订规划和年度计划的依据，指导旅游业地方标准、企业标准的制修订工作，推进采用国际标准工作和开展标准化科研工作，提高标准化工作的质量和水平。

作为第一个旅游标准体系，《体系表 2000》也存在着一些问题：二维式标准体系表的扩充性有待提高，特别是产品标准，显得单薄，产品标准制定和研究上有待突破；部分标准主体对象无法定义，如果一个标准的实施主体对象不明确，标准制定后难以实施；此外，旅游类标准一般为推荐性标准，因此标准应以引导性标准为主，限制性标准的实施力度难以保障，特别是涉及跨行业、需要多部门共同协调的标准，实施起来具有较大的难度。

### （二）《旅游业标准体系表 2009》

2009 年，国家旅游局编制了《全国旅游标准化发展规划（2009—2015）》，提出要建立适应我国旅游业发展的旅游标准化管理体制和工作机制，并提出建立、健全旅游业基础标准、旅游业要素系统标准、旅游业支持系统标准和旅游业工作标准四大体系，建立旅游标准动态化优化、组织协同、宣传推广、监管评估四大运行机制，形成旅游标准自主创新和领域拓宽、管理体制与机制创新、旅游品牌培育和提升、理论研究和体系构建四个创新突破，实现旅游行业规范度和旅游标准领域覆盖率、旅游产品和服务管理水平、旅游产业素质和地位、旅游强国建设能力和国际竞争力四个有效提升等目标，这些目标既是提升旅游业的有效手段，也是旅游标准化发展的重难点。为了更好地促进《全国旅游标准化发展规划（2009—2015）》的实施，国家旅游局同年发布了《全国旅游业标准体系表2009》，调整了2000版体系表的二元结构，使旅游标准更完善、覆盖更全面，并颁布实施了《全国旅游标准化工作管理办法》。

国务院2007年发布的《国务院关于加快发展服务业的若干意见》（国发〔2007〕7号）提到“加快推进服务业标准化，建立健全服务业标准体系，扩大服务标准覆盖范围，抓紧制定和修订物流……旅游……餐饮等行业服务标准”的要求，为此，国家旅游局在深入调研、借鉴国际和国内其他行业先进经验的基础上，对2000版旅游业标准体系表进行了全面修订。相较于2000版体系表，2009版体系表体系更完善，分类更清晰，特别是对旅游产品进行扩充，涵盖了很多新型业态。

### （三）《旅游业标准体系表2015》

2015版体系表是为适应我国旅游业新形势、新职能、新问题、新任务的需要，以及国家标准化体系的发展趋势制定的。标准的实施分为强制性手段和自愿性措施两类方法。2015版体系表也遵循这一分类法，使一些旅游标准能够为技术法规打下基础。随着《旅游法》的颁布实施，《旅游法》中的一些专业技术要求，可以通过在实施过程中增加司法解释和实施细则、引用相关旅游标准等手段进行补充，使之成为“技术法规”。

2015版与以前两个版本最大的不同之处在于，是按照标准实施的两类方法，即强制性和自愿性来进行分类的，其目的是催生旅游标准向“技术法规”或“技术法规”条款的转化，尤其是涉及游客安全、生态环境和遗产保护的相关标准。这个分类原则成为2015版的一个基本特点。具体地说，与以前版本的差异主要表现在以下几个方面。

（1）区分自愿性标准与可能转化为技术法规的标准。

（2）区分基础性标准（术语、图形符号等）与非基础性标准。

（3）不再以生产要素作为分类标准，而是以业态、产品（服务）供应商类型、功能类别作为分类依据。

（4）对于信息通信技术（ICT）在旅游业的应用和融合，如智慧旅游、旅游电子商务等标准单独分成一类。

（5）新版标准体系表中对于各旅游产品术语不再单独作标准，而是出现在旅游业基础术语以及旅游业态的标准中，鼓励产品开发的市场主体进行创新。

（6）旅游业的发展带动了与此相关的旅游开发规划和咨询行业，由于旅游规划对于旅游发展十分重要，引导和规范旅游开发规划和咨询市场发展具有深远意义，因此新增旅游规划和咨询类别，主要面向各类旅游规划设计公司、旅游管理咨询公司的用户。

（7）新增旅游目的地这一类别是为了将不收门票的“景区（或旅游吸引物）”从收门票的“旅游景区”中独立出来，着眼于旅游公共服务和管理，主要用户和责任主体是当地旅游相关管理部门。

（8）考虑到信息通信技术的迅猛发展，以及与旅游业全方位的深度融合，单列“旅游信息技术标准”，其中“旅游统计、信息采集”是指在现行统计框架外，通过旅游信息技术得到行业和市场数据，旨在引导和规范利用信息技术进行旅游统计和数据采集。

（9）技术法规标准是指可以通过《旅游法》等相关的法律法规的赋权，成为强制执行的标准。如《旅游法》第四十五条，“景区接待旅游者不得超过景区主管部门核定的最大承载量……”但没有给出最大承载量的测度方法，需要有具体测度的技术标准配合实施。对于生态环境和遗产进行旅游开发也有相应的法律法规进行规制，相当于旅游开发中的负面清单，即将相关的法律法规细化成可操作的技术法规标准。此外，旅游安全标准中的旅游项目安全标准是按旅游项目制定的一系列标准，如漂流旅游项目安全规范、潜水旅游项目安全规范、水上高风险旅游项目安全规范、空中高风险旅游项目安全规范、陆上高风险旅游项目安全规范等。在“旅游资源与环境保护”项下，有目前旅游业相关国家标准中唯一的强制性标准——《宗教活动场所和旅游场所燃香安全规范》（GB 26529—2011），但归口是在全国服务标准化技术委员会（SAC/TC 264）。

## 五、《旅游业标准体系表 2020》

2020 版的修编，是在成立文化和旅游部，大力推进文旅融合和后疫情时代旅游业面临重大变局的大背景下进行的。因此，本次修编充分吸收以前各版，尤其在 2015 版框架的基础上，增加了文旅融合的相关标准，以及适应后疫情时代旅游业需要的相关标准，使其更加符合未来旅游业新常态的发展需要。

### （一）2020 版标准体系结构调整的一般原则

标准体系作为标准的系统集成，应该具有布局合理、领域完整、结构清晰、体系完善、功能协调的特征。主要体现在系统性、协调性、完整性和开放性四个方面。

系统性，是指本领域范围内的所有现行标准符合“结构清晰、功能明确、布局合理、满足所属领域对标准的总体配置需求”的要求。

协调性，是指本领域范围内的所有现行标准符合“各功能模块配合得当、各司其职，不存在交叉、重叠、矛盾、不协调不配套等现象”的要求。

完整性，是指本领域范围内的所有现行标准符合“当前需要的功能模块（或标准）都已齐备”的要求。

开放性，是指本领域范围内的所有现行标准符合“具有兼容性和扩容性，为未来留出发展空间和余地，不断吸收新业态、新技术，满足新需求”的要求。

此外，为了体现标准的功能性和实用性，提高转化率和使用率，2020 版标准体系结构应该充分考虑到是否便于用户使用。

《旅游业标准体系表 2020》是由全国旅游标准化技术委员会（SAC/TC 210）主持编写的，是为 TC 210 在 2020—2025 年期间制定和修订标准所用。因此，没有将团体标准和企业标准列入其中。同时，从外部引用的主要是归口在全国休闲标准化技术委员会（SAC/TC 498）的休闲标准，这是因为休闲与旅游、度假存在着亦此亦彼的密切关系，很难完全区分开。更主要是，休闲没有行业主管部门，也没有行业标准，制定的都是国家标准，将其纳入旅游标准化体系既可以充实国家标准的数量，也可以协调旅游、度假与休闲标准之间的关系，这也是发挥标准体系本应具有的规划和协调的双重作用。

此外，建议以后新的标准立项，尽可能将用户所需的标准内容，集成在同一个标准中，如其中涉及的领域不同，内容过于庞杂，可以采取在一个标准下划分若干部分的分类方法来处理。如 GB/T×××× 旅游住宿业设施与服务质量，可以分成若干部分，第 1 部分住宿业类型与总体要求、第 2 部分旅游星级饭店、第 3 部分度假饭店、第 4 部分商务会议饭店、第 5 部分精品饭店、第 6 部分经济型饭店、第 7 部分家庭旅馆、第 8 部分社会旅馆、第 9 部分乡村饭店、第 10 部分汽车旅馆……这样既便于查询使用，提高标准的使用率，也节省了标准的编号资源，尤其是国家标准的编号资源非常稀缺，采用分部分标准可以在只占用一个编号资源的条件下，尽可能地将某一领域内的共性标准和个性标准集成在一个标准之内。

**（二）《旅游业标准体系表 2020》及其说明**

截至 2020 年 11 月，TC 210 共制（修）订了国家标准 33 项，行业标准 74 项。TC 498 制（修）订了国家标准 19 项，共有两个部分标准。还有 3 项相关标准分别是归口在全国图形符号标准化技术委员会（TC 59）和全国服务标准化技术委员会（TC 264）的旅游标准（见表 5-1），其中有一项是目前旅游标准中唯一的强制性标准。在 74 项行业标准中，编制组建议废除其中的 3 项标准：《国家绿色旅游示范基地》（LB/T 048—2016）、《国家蓝色旅游示范基地》（LB/T 049—2016）、《国家人文旅游示范基地》（LB/T 050—2016），主要因为这三项标准的标准化内容和对象，或过于宽泛或与现有的相关标准重叠，且从标准类型上看，这三项标准属于指导创建相应示范基地的工作标准，而这些拟创的示范区与现在已有的相关示范区重复或重叠。此外，2021 年 12 月 23

日，中华人民共和国文化和旅游部令第 8 号，为进一步推进“放管服”改革，决定废止《旅游规划设计单位资质等级认定管理办法》。鉴于此，《旅游规划设计单位等级划分与评定条件》（LB/T 076—2019）应该也随之废止。因此，选定的列入《旅游业标准体系表 2020》的旅游行业标准共 70 项。当然，2020 年以后发布的制修订标准未列入（见表 5-1）。

《2020 年版旅游业标准各子体系表中标准明细表》见表 5-3，《旅游业标准体系表 2020》的体系结构框架见图 5-1，各子系统结构框架见图 5-1（1）至（7）。新版的体系表基本是在 2015 版的基础上修改而成的。与 2015 版相比最显著的变化如下。

在自愿性标准模块中，增加了旅游管理的工作标准子体系，主要用于指导地方各级政府部门理解、响应文化和旅游部的各项创建工作。这样既强化了政府的引导作用，又转变了政府管理行业的工作方式和手段，以标准化技术文件代替过去的红头文件和行政命令、增加了旅游市场监督监测子系统，以达到用标准化手段来规范旅游市场管理的目的。

在技术法规标准模块中，确定了安全、环保和卫生三项标准分类，建议对现有的相关标准按照技术法规标准的要求修订相关条款，以便相关的法律法规和管理条例引用。

**表 5-3 2020 年版旅游业标准各子体系表中标准明细表**

**表 5-3（1） 旅游基础（JC 101~103）标准明细表**

| 序号 | 标准体系编号 | 子体系名称 | 标准名称 | 引用标准编号 | 归口部门 | 已（宜）定级别 | 实施日期 | 备注 |
|---|---|---|---|---|---|---|---|---|
| 1 | JC 101 | 指南、指引、导则 | 旅游资源分类、调查与评价 | | TC 210 | 国家标准 | 2018 | |
| 2 | | | 旅游规划通则 | | TC 210 | 国家标准 | 2003 | 待修订 |
| 3 | | | 旅游发展规划实施评估导则 | | TC 210 | 行业标准 | 2015 | |
| 4 | | | 旅游企业标准体系指南 | | TC 210 | 行业标准 | 2011 | 待修订 |
| 5 | | | 旅游企业标准化工作指南 | | TC 210 | 行业标准 | 2013 | |
| 6 | | | 旅游企业标准实施评价指南 | | TC 210 | 行业标准 | 2013 | |
| 7 | JC 102 | 术语、代号、缩略语 | 旅游业基础术语 | | TC 210 | 国家标准 | 2017 | |
| 8 | | | 休闲基础术语 | GB/T 31175 | TC 498 | 国家标准 | 2014 | |
| 9 | | | 城市公共休闲服务与管理 基础术语 | GB/T 28101 | TC 498 | 国家标准 | 2011 | |
| 10 | JC 103 | 图形、标识、符号 | 公共信息图形符号 第 2 部分：旅游休闲符号 | GB/T 10001.2 | TC 59 | 国家标准 | 2021 | |
| 11 | | | 公共信息导向系统 设置原则与要求 第 8 部分：宾馆和饭店 | GB/T 15566.8 | TC 59 | 国家标准 | 2007 | |
| 12 | | | 旅游饭店用公共信息图形符号 | | TC 210 | 行业标准 | 1995 | 待修订 |

**表 5-3（2） 旅游业态（YT 201~209）标准明细表**

| 序号 | 标准体系编号 | 子体系名称 | 标准名称 | 引用标准编号 | 归口部门 | 已（宜）定级别 | 实施日期 | 备注 |
|---|---|---|---|---|---|---|---|---|
| 1 | YT 201 | 旅游住宿 | 旅游饭店星级的划分与评定 | | TC 210 | 国家标准 | 2010 | |
| 2 | | | 旅游度假租赁公寓 基本要求 | | TC 210 | 国家标准 | 2020 | |
| 3 | | | 星级饭店客房客用品质量与配备要求 | | TC 210 | 行业标准 | 1995 | 待修订 |
| 4 | | | 星级饭店访查规范 | | TC 210 | 行业标准 | 2006 | |
| 5 | | | 绿色旅游饭店 | | TC 210 | 行业标准 | 2015 | |
| 6 | | | 旅游民宿基本要求与评价 | | TC 210 | 行业标准 | 2019 | |

续表

| 序号 | 标准体系编号 | 子体系名称 | 标准名称 | 引用标准编号 | 归口部门 | 已（宜）定级别 | 实施日期 | 备注 |
|---|---|---|---|---|---|---|---|---|
| 7 | YT 201 | 旅游住宿 | 精品旅游饭店 | | TC 210 | 行业标准 | 2017 | |
| 8 | | | 文化主题旅游饭店基本要求与评价 | | TC 210 | 行业标准 | 2017 | |
| 9 | | | 度假饭店 | | TC 210 | 行业标准 | | 待制定 |
| 10 | | | 商务会议饭店 | | TC 210 | 行业标准 | | 待制定 |
| 11 | | | 经济型饭店 | | TC 210 | 行业标准 | | 待制定 |
| 12 | | | 家庭旅馆（社会旅馆） | | TC 210 | 行业标准 | | 待制定 |
| 13 | | | 乡村饭店 | | TC 210 | 行业标准 | | 待制定 |
| 14 | | | 汽车旅馆 | | TC 210 | 行业标准 | | 待制定 |
| 15 | YT 202 | 旅行社 | 导游服务规范 | | TC 210 | 国家标准 | 2010 | |
| 16 | | | 旅行社等级的划分与评定 | | TC 210 | 国家标准 | 2015 | |
| 17 | | | 旅行社服务通则 | | TC 210 | 国家标准 | 2015 | |
| 18 | | | 旅行社出境旅游服务规范 | | TC 210 | 国家标准 | 2016 | |
| 19 | | | 旅行社产品通用规范 | | TC 210 | 国家标准 | 2016 | |
| 20 | | | 旅行社服务网点服务要求 | | TC 210 | 国家标准 | 2016 | |
| 21 | | | 导游等级划分与评定 | | TC 210 | 国家标准 | 2017 | |
| 22 | | | 旅行社国内旅游服务规范 | | TC 210 | 行业标准 | 2013 | |
| 23 | | | 旅行社入境旅游服务规范 | | TC 210 | 行业标准 | 2011 | |
| 24 | | | 旅行社产品第三方网络交易平台经营和服务要求 | | TC 210 | 行业标准 | 2014 | |
| 25 | | | 导游领队引导文明旅游规范 | | TC 210 | 行业标准 | 2015 | |
| 26 | | | 旅行社行前说明服务规范 | | TC 210 | 行业标准 | 2015 | |
| 27 | | | 旅行社老年旅游服务规范 | | TC 210 | 行业标准 | 2016 | |
| 28 | | | 旅行社在线经营与服务规范 | | TC 210 | 行业标准 | 2017 | |

续表

| 序号 | 标准体系编号 | 子体系名称 | 标准名称 | 引用标准编号 | 归口部门 | 已（宜）定级别 | 实施日期 | 备注 |
|---|---|---|---|---|---|---|---|---|
| 29 | YT 202 | 旅行社 | 包价旅游产品说明书编制规范 | | TC 210 | 行业标准 | 2019 | |
| 30 | | | 旅行社旅游产品质量优化要求 | | TC 210 | 行业标准 | 2019 | |
| 31 | YT 203 | 旅游交通 | 内河旅游船星级的划分与评定 | | TC 210 | 国家标准 | 2015 | 待修订 |
| 32 | | | 旅游客车设施与服务规范 | | TC 210 | 国家标准 | 2010 | |
| 33 | | | 游览船服务质量要求 | | TC 210 | 国家标准 | 2010 | |
| 34 | | | 旅游汽车服务质量 | | TC 210 | 行业标准 | 1995 | 待修订 |
| 35 | | | 自驾游管理服务规范 | | TC 210 | 行业标准 | 2015 | |
| 36 | | | 国际邮轮口岸旅游服务规范 | | TC 210 | 行业标准 | 2011 | |
| 37 | | | 风景旅游道路及其游憩服务设施要求 | | TC 210 | 行业标准 | 2013 | |
| 38 | | | 自行车骑行游服务规范 | | TC 210 | 行业标准 | 2014 | |
| 39 | | | 绿道旅游设施与服务规范 | | TC 210 | 行业标准 | 2017 | |
| 40 | | | 自驾车旅居车营地质量等级划分 | | TC 210 | 行业标准 | 2019 | |
| 41 | | | 休闲绿道服务规范 | GB/T 36737 | TC 498 | 国家标准 | 2018 | |
| 42 | YT 204 | 旅游景区 | 旅游景区服务指南 | | TC 210 | 国家标准 | 2010 | |
| 43 | | | 旅游景区游客中心设置与服务规范 | | TC 210 | 国家标准 | 2015 | |
| 44 | | | 旅游景区公共信息导向系统设置规范 | | TC 210 | 国家标准 | 2015 | |
| 45 | | | 绿色旅游景区 | | TC 210 | 行业标准 | 2011 | |
| 46 | | | 旅游景区讲解服务规范 | | TC 210 | 行业标准 | 2011 | |
| 47 | | | 景区游客高峰时段应对规范 | | TC 210 | 行业标准 | 2011 | |
| 48 | | | 红色旅游经典景区服务规范 | | TC 210 | 行业标准 | 2016 | |
| 49 | | | 文化遗址公园服务原则与要求 | | TC 210 | 行业标准 | | 待制定 |

续表

| 序号 | 标准体系编号 | 子体系名称 | 标准名称 | 引用标准编号 | 归口部门 | 已（宜）定级别 | 实施日期 | 备注 |
|---|---|---|---|---|---|---|---|---|
| 50 | YT 205 | 休闲旅游度假 | 温泉旅游企业星级划分与评定 | | TC 210 | 行业标准 | 2017 | |
| 51 | | | 温泉旅游泉质等级划分 | | TC 210 | 行业标准 | 2017 | |
| 52 | | | 温泉旅游服务质量规范 | | TC 210 | 行业标准 | 2015 | |
| 53 | | | 高尔夫管理服务规范 | | TC 210 | 行业标准 | 2015 | |
| 54 | | | 旅游滑雪场质量等级划分 | | TC 210 | 行业标准 | 2014 | |
| 55 | | | 旅游特色街区服务质量要求 | | TC 210 | 行业标准 | 2013 | |
| 56 | | | 国家康养旅游示范基地 | | TC 210 | 行业标准 | 2016 | |
| 57 | | | 国民休闲教育导引 | GB/T 31173 | TC 498 | 国家标准 | 2014 | |
| 58 | | | 度假社区服务质量规范 | GB/T 28927 | TC 498 | 国家标准 | 2012 | |
| 59 | | | 社区休闲服务质量导则 | GB/T 28928 | TC 498 | 国家标准 | 2012 | |
| 60 | | | 休闲农庄服务质量规范 | GB/T 28929 | TC 498 | 国家标准 | 2012 | |
| 61 | | | 休闲咨询服务规范 | GB/T 31176 | TC 498 | 国家标准 | 2014 | |
| 62 | | | 国民休闲满意度调查与评价 | GB/T 31174 | TC 498 | 国家标准 | 2014 | |
| 63 | | | 休闲主体功能区服务质量规范 | GB/T 34409 | TC 498 | 国家标准 | 2017 | |
| 64 | | | 海洋牧场休闲服务规范 | GB/T 35614 | TC 498 | 国家标准 | 2017 | |
| 65 | | | 花卉休闲区建设与服务规范 | GB/T 36736 | TC 498 | 国家标准 | 2018 | |
| 66 | | | 休闲露营地建设与服务规范 第 1 部分：导则 | GB/T 31710.1 | TC 498 | 国家标准 | 2015 | |
| | | | 休闲露营地建设与服务规范 第 2 部分：自驾车露营地 | GB/T 31710.2 | TC 498 | 国家标准 | 2015 | |
| | | | 休闲露营地建设与服务规范 第 3 部分：帐篷露营地 | GB/T 31710.3 | TC 498 | 国家标准 | 2015 | |
| | | | 休闲露营地建设与服务规范 第 4 部分：青少年营地 | GB/T 31710.4 | TC 498 | 国家标准 | 2015 | |
| 67 | | | 休闲露营地建设与服务规范 第 5 部分：露营公园 | GB/T 31710.5 | TC 498 | 国家标准 | 2022 | |
| 68 | | | 游乐园（场）服务质量 | GB/T 16767 | TC 210 | 国家标准 | 2010 | |

续表

| 序号 | 标准体系编号 | 子体系名称 | 标准名称 | 引用标准编号 | 归口部门 | 已（宜）定级别 | 实施日期 | 备注 |
|---|---|---|---|---|---|---|---|---|
| 69 | YT 205 | 休闲旅游度假 | 滨海旅游原则与要求 | | | 国家标准 | | 待制定 |
| 70 | | | 体验型潜水原则与要求 | | | 国家标准 | | 待制定 |
| 71 | YT 206 | 旅游餐饮娱乐 | 旅游餐馆设施与服务等级划分 | | TC 210 | 国家标准 | 2010 | |
| 72 | | | 旅游娱乐场所基础设施管理及服务规范 | | TC 210 | 国家标准 | 2010 | |
| 73 | YT 207 | 商务旅游购物 | 旅游购物场所服务质量要求 | | TC 210 | 国家标准 | 2010 | |
| 74 | | | 国家商务旅游示范区建设与管理规范 | | TC 210 | 行业标准 | 2014 | |
| 75 | | | 会议服务机构经营与服务规范 | | TC 210 | 行业标准 | 2016 | |
| 76 | | | 商贸休闲区服务规范 | | TC 498 | 国家标准 | 2018 | |
| 77 | YT 208 | 旅游演艺 | 旅游演艺 原则与要求 | | TC 210 | 国家标准 | | 待制定 |
| 78 | | | 旅游演艺服务与管理规范 | | TC 210 | 行业标准 | 2015 | |
| 79 | | | 实景演出服务规范 第 1 部分：导则 | GB/T 32941.1 | TC 498 | 国家标准 | 2016 | |
| | | | 实景演出服务规范 第 2 部分：演出管理 | GB/T 32941.2 | TC 498 | 国家标准 | 2016 | |
| | | | 实景演出服务规范 第 3 部分：服务质量 | GB/T 32941.3 | TC 498 | 国家标准 | 2016 | |
| 80 | YT 209 | 旅游教育研学 | 港澳青少年内地游学接待服务规范 | | TC 210 | 行业标准 | 2016 | |
| 81 | | | 研学旅行服务规范 | | TC 210 | 行业标准 | 2016 | |
| 82 | | | 旅游类专业学生饭店实习规范 | | TC 210 | 行业标准 | 2016 | |
| 83 | | | 旅游类专业学生旅行社实习规范 | | TC 210 | 行业标准 | 2016 | |
| 84 | | | 旅游类专业学生景区实习规范 | | TC 210 | 行业标准 | 2016 | |

表 5-3（3） 旅游目的地（MD 301~303）标准明细表

| 序号 | 标准体系编号 | 子体系名称 | 标准名称 | 引用标准编号 | 归口部门 | 已（宜）定级别 | 实施日期 | 备注 |
|---|---|---|---|---|---|---|---|---|
| 1 | MD 301 | 旅游城市 | 城市旅游集散中心等级划分与评定 | | TC 210 | 国家标准 | 2015 | |
| 2 | | | 城市旅游公共信息导向系统设置原则与要求 | | TC 210 | 国家标准 | 2015 | |
| 3 | | | 旅游目的地信息分类与描述 | | TC 210 | 行业标准 | 2013 | |
| 4 | | | 城市旅游公共服务基本要求 | | TC 210 | 行业标准 | 2013 | |
| 5 | | | 旅游休闲示范城市 | | TC 210 | 行业标准 | 2015 | |
| 6 | | | 城市旅游服务中心规范 | | TC 210 | 行业标准 | 2017 | |
| 7 | | | 城市公共休闲服务与管理导则 | GB/T 28102 | TC 498 | 国家标准 | 2011 | |
| 8 | | | 城市中央休闲区服务质量规范 | GB/T 28003 | TC 498 | 国家标准 | 2011 | |
| 9 | | | 城市公共休闲空间分类与要求 | GB/T 31171 | TC 498 | 国家标准 | 2014 | |
| 10 | | | 城乡休闲服务一体化导则 | GB/T 31172 | TC 498 | 国家标准 | 2014 | |
| 11 | MD 302 | 旅游乡镇 | 国家温泉旅游名镇 | | TC 210 | 行业标准 | 2015 | |
| 12 | | | 乡村旅游主题小镇 | | TC 210 | 行业标准 | | 待制定 |
| 13 | MD 303 | 公共设施和服务 | 旅游信息咨询中心设置与服务规范 | | TC 210 | 国家标准 | 2010 | |
| 14 | | | 旅游厕所质量等级的划分与评定 | | TC 210 | 国家标准 | 2017 | |
| 15 | | | 可持续无下水道旅游厕所基本要求 | | TC 210 | 行业标准 | 2019 | |
| 16 | | | 自驾游目的地基础设施与公共服务指南 | | TC 210 | 行业标准 | 2019 | |
| 17 | | | 自驾游目的地等级划分 | | TC 210 | 行业标准 | 2019 | |

表 5-3（4） 旅游信息化和电子商务（XD 401~402）标准明细表

| 序号 | 标准体系编号 | 子体系名称 | 标准名称 | 引用标准编号 | 归口部门 | 已（宜）定级别 | 实施日期 | 备注 |
|---|---|---|---|---|---|---|---|---|
| 1 | XD 401 | 旅游信息化 | 旅游企业信息化服务指南 | | TC 210 | 行业标准 | 2013 | |
| 2 | | | 旅游饭店管理信息系统建设规范 | | TC 210 | 国家标准 | 2010 | |
| 3 | | | 旅游景区数字化应用规范 | | TC 210 | 国家标准 | 2013 | |
| 4 | | | 饭店智能化建设与服务指南 | | TC 210 | 行业标准 | 2013 | |
| 5 | | | 旅游基础信息资源规范 | | TC 210 | 行业标准 | 2020 | |
| 6 | | | 旅游信息资源交换系统设计规范 | | TC 210 | 行业标准 | 2020 | |
| 7 | XD 402 | 旅游电子商务 | 旅游电子商务网站建设技术规范 | | TC 210 | 国家标准 | 2010 | |
| 8 | | | 旅游电子商务企业基本信息规范 | | TC 210 | 行业标准 | 2016 | |
| 9 | | | 旅游电子商务旅游产品和服务基本规范 | | TC 210 | 行业标准 | 2016 | |

表 5-3（5） 旅游市场监督监测（DC 501~502）标准明细表

| 序号 | 标准体系编号 | 子体系名称 | 标准名称 | 引用标准编号 | 归口部门 | 已（宜）定级别 | 实施日期 | 备注 |
|---|---|---|---|---|---|---|---|---|
| 1 | DC 501 | 旅游市场监督 | 旅游电子商务电子合同基本信息规范 | | TC 210 | 行业标准 | 2016 | |
| 2 | | | 旅游产品在线交易基本信息描述和要求 | | TC 210 | 行业标准 | 2017 | |
| 3 | | | 旅游经营者处理投诉规范 | | TC 210 | 行业标准 | 2017 | |
| 4 | DC 502 | 旅游市场监测 | 旅游业统计原则与要求 | | TC 210 | 行业标准 | | 待制定 |
| 5 | | | 旅游业景气指数编制指南 | | TC 210 | 行业标准 | | 待制定 |
| 6 | | | 旅游业价格指数编制指南 | | TC 210 | 行业标准 | | 待制定 |
| 7 | | | 游客满意度调查指南 | | TC 210 | 行业标准 | | 待制定 |
| 8 | | | 旅游高质量发展评价指南 | | TC 210 | 行业标准 | | 待制定 |

表 5–3（6） 旅游管理工作标准（GZ 601~602）明细表

| 序号 | 标准体系编号 | 子体系名称 | 标准名称 | 引用标准编号 | 归口部门 | 已（宜）定级别 | 实施日期 | 备注 |
|---|---|---|---|---|---|---|---|---|
| 1 | GZ 601 | 评审认定 | 旅游景区质量等级的划分与评定 | | TC 210 | 国家标准 | 2003 | 待修订 |
| 2 | | | 旅游度假区等级划分 | | TC 210 | 国家标准 | 2010 | 待修订 |
| 3 | | | 国家生态旅游示范区建设与运营规范 | | TC 210 | 国家标准 | 2010 | |
| 4 | | | 民族民俗文化旅游示范区认定 | | TC 210 | 国家标准 | 2010 | |
| 5 | | | 国家工业旅游示范基地规范与评价 | | TC 210 | 行业标准 | 2017 | |
| 6 | | | 国家农业旅游示范基地规范与评价 | | TC 210 | 行业标准 | | 待制定 |
| 7 | | | 文明旅游示范区要求与评价 | | TC 210 | 行业标准 | 2019 | |
| 8 | | | 文明旅游示范单位要求与评价 | | TC 210 | 行业标准 | 2019 | |
| 9 | GZ 602 | 验收认定 | 国家文化公园认定与评价 | | TC 210 | 国家标准 | | 待制定 |
| 10 | | | 国家全域旅游示范区验收认定 | | TC 210 | 行业标准 | | 待制定 |
| 11 | | | 全国旅游标准化试点验收认定 | | TC 210 | 行业标准 | | 待制定 |
| 12 | | | 国家文化遗址公园认定与评价 | | TC 210 | 国家标准 | | 待制定 |
| 13 | | | 全国非物质文化遗产旅游示范区认定与评价 | | TC 210 | 行业标准 | | 待制定 |

表 5–3（7） 技术法规标准明细表

| 序号 | 标准体系编号 | 子体系名称 | 标准名称 | 引用标准编号 | 归口部门 | 已（宜）定级别 | 实施日期 | 备注 |
|---|---|---|---|---|---|---|---|---|
| 1 | AQ 101 | 安全标准 | 宗教活动场所和旅游场所燃香安全规范 | GB 26529 | TC 264 | 国家标准 | 2011 | 强制性 |
| 2 | | | 游乐园（场）服务质量 | | TC 210 | 国家标准 | 2010 | 待修订 |
| 3 | | | 旅行社安全规范 | | TC 210 | 行业标准 | 2014 | 待修订 |
| 4 | HB 101 | 环保标准 | 旅游饭店节能减排指引 | | TC 210 | 行业标准 | 2011 | 待修订 |
| 5 | | | 景区最大承载量核定工作导则 | | TC 210 | 行业标准 | 2014 | 待修订 |
| 6 | WS 101 | 卫生标准 | 温泉旅游水质卫生要求及管理规范 | | TC 210 | 行业标准 | 2020 | |
| 7 | | | 旅游接待业 人员社交距离 卫生要求和管理规范 | | TC 210 | 国家标准 | | 待制定 |

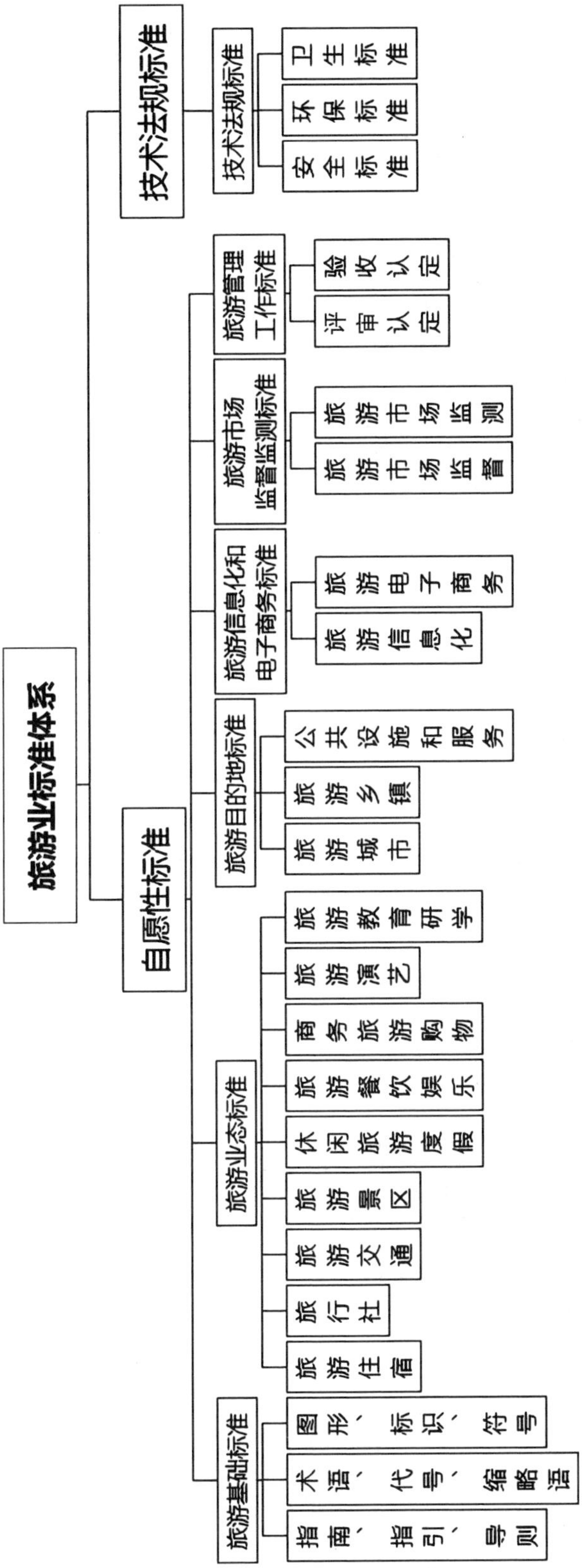


图 5-1 《旅游业标准体系表 2020》结构框架图

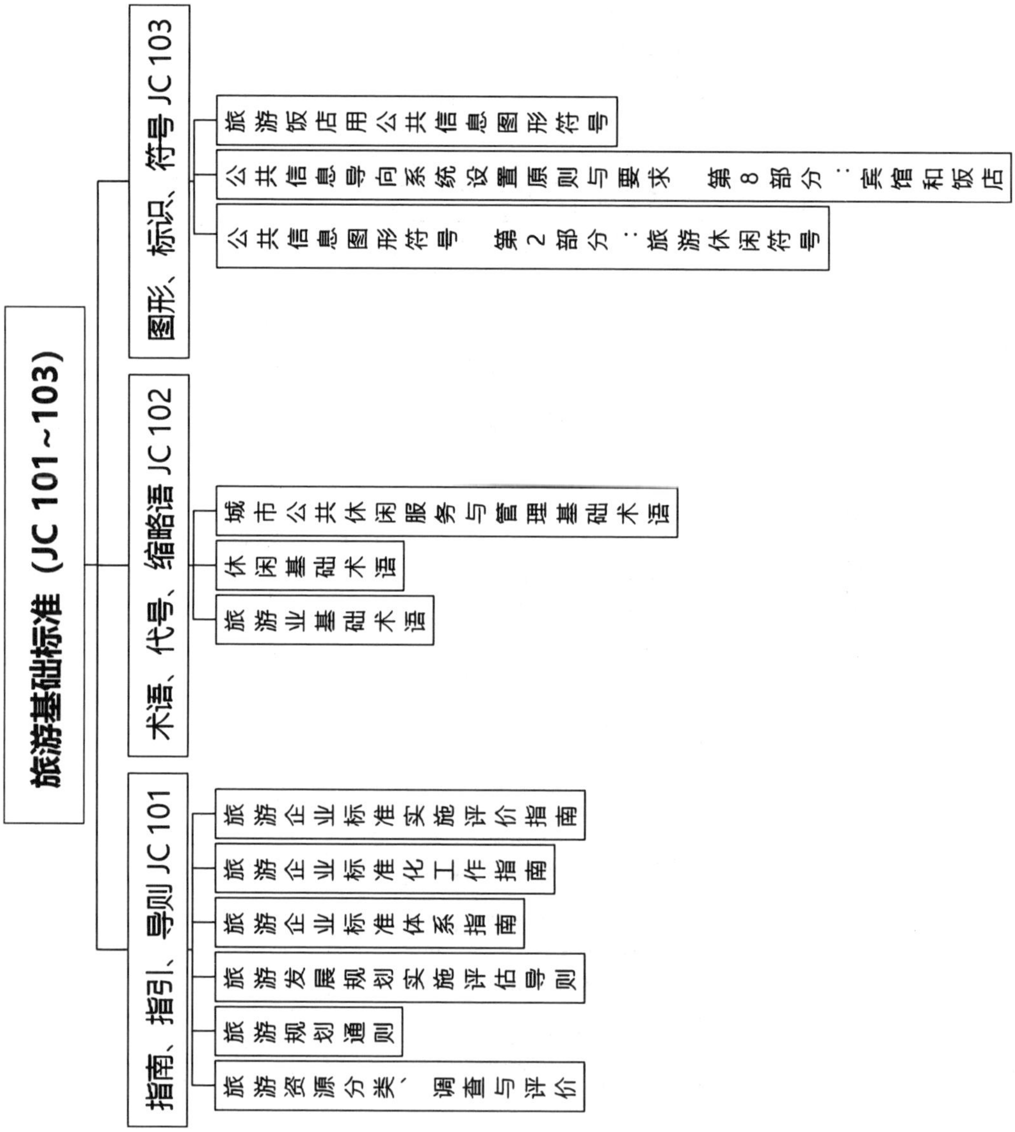


图 5-1（1）《旅游业标准体系表 2020》子系统结构框架图

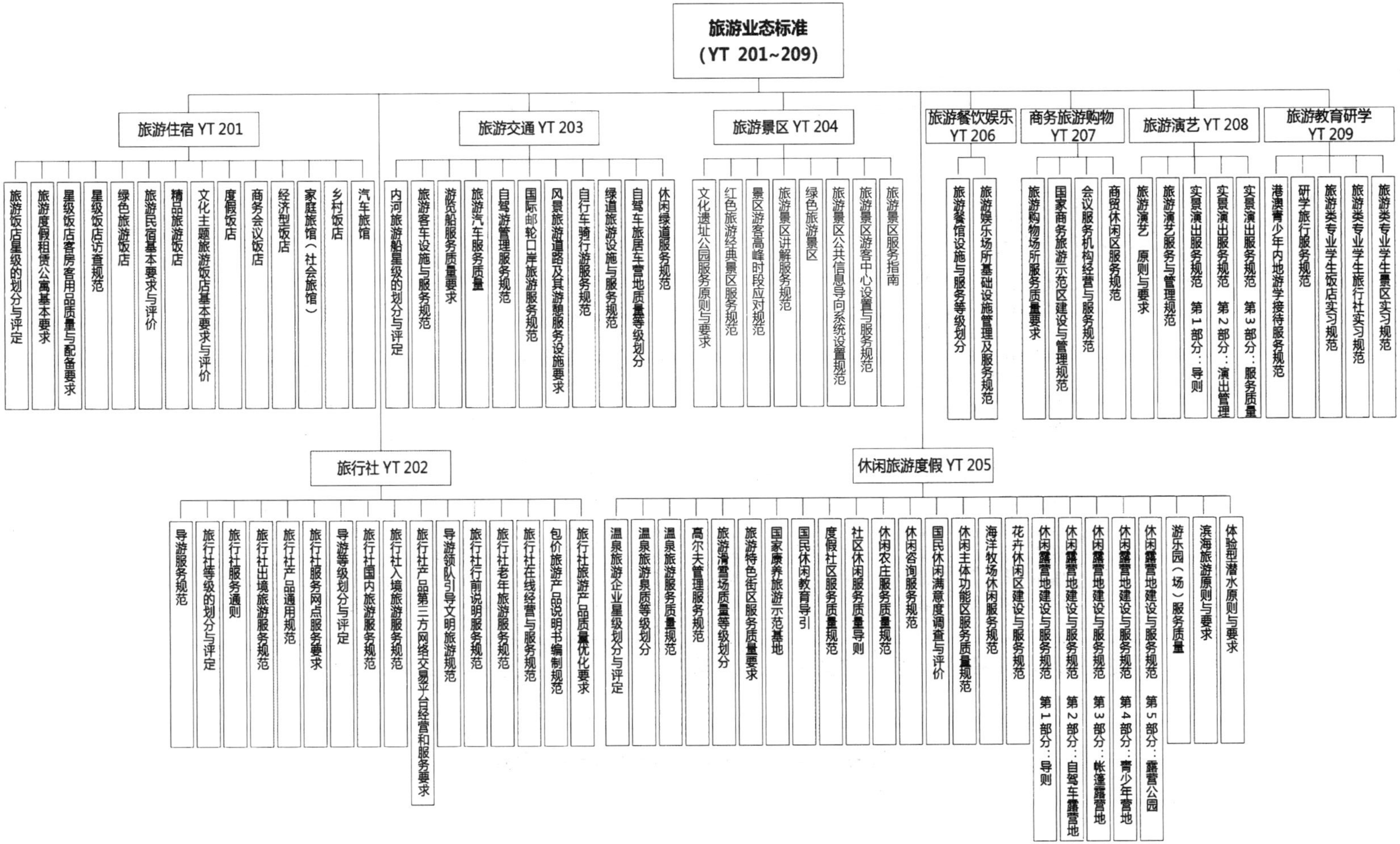


图 5-1（2）《旅游业标准体系表 2020》子系统结构框架图

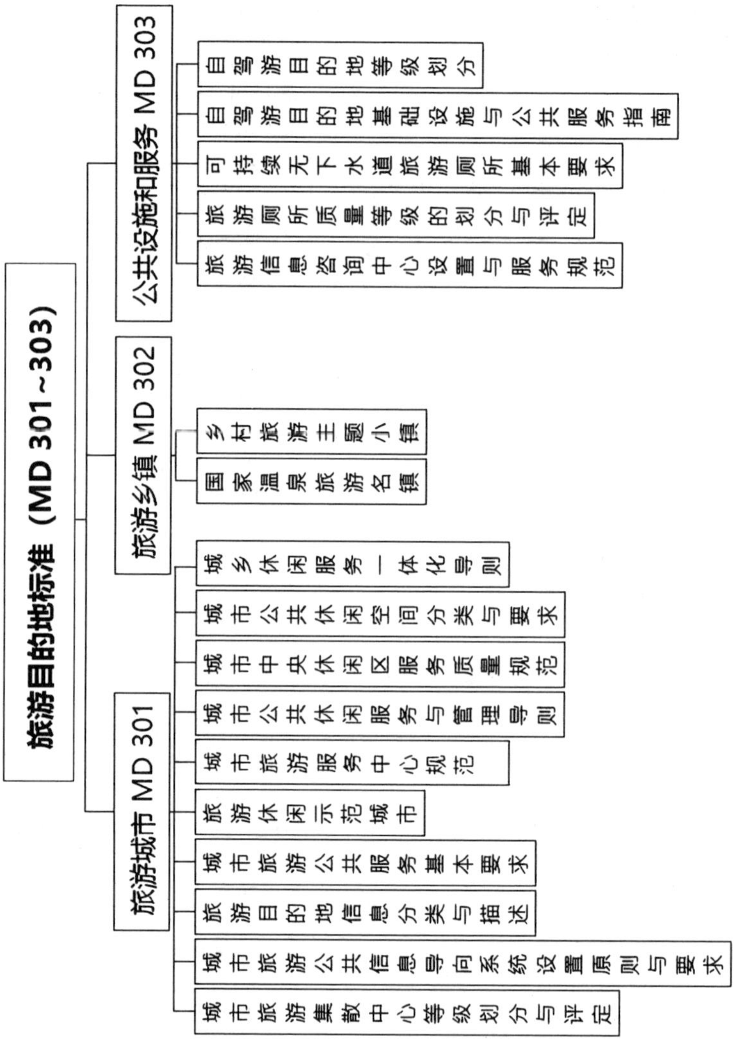


图 5-1（3）《旅游业标准体系表 2020》子系统结构框架图

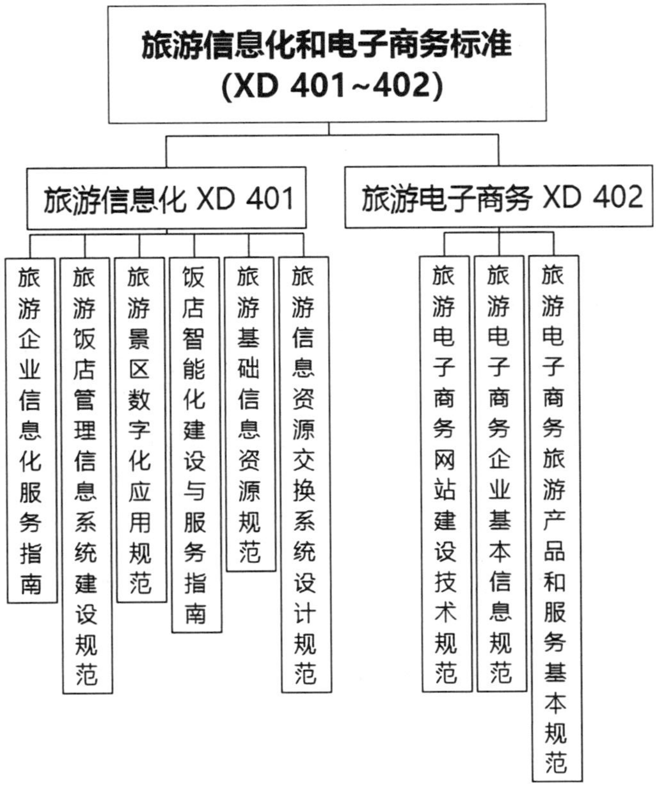


图 5-1（4）《旅游业标准体系表 2020》子系统结构框架图

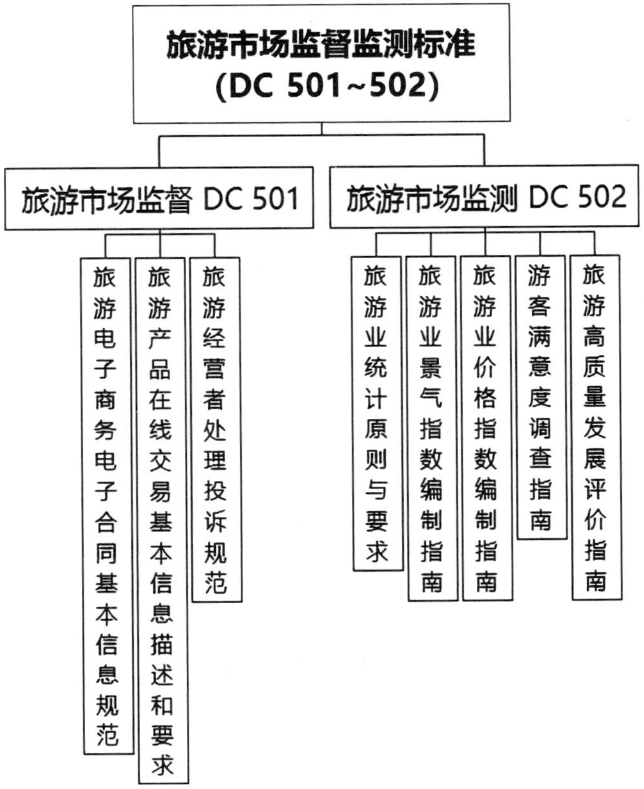


图 5-1（5）《旅游业标准体系表 2020》子系统结构框架图

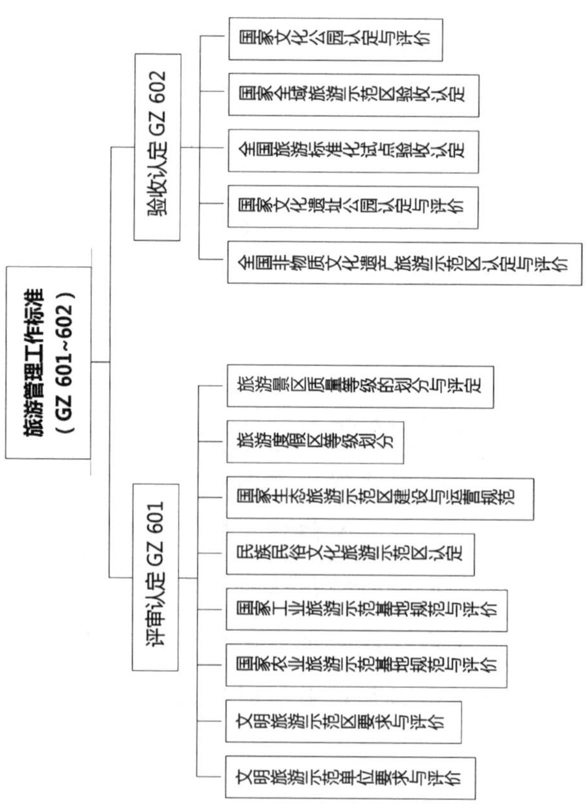


图 5-1（6）《旅游业标准体系表 2020》子系统结构框架图

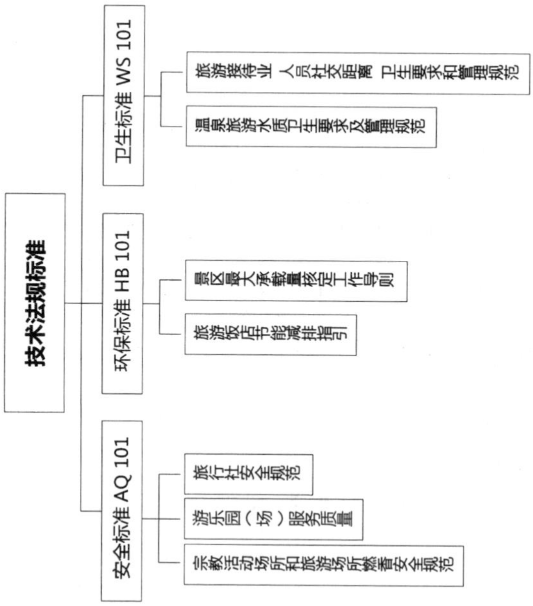


图 5-1（7）《旅游业标准体系表 2020》子系统结构框架图

# 第六章　国际旅游标准化现状

国际上标准化运动起源于20世纪初叶的欧洲，最早始于电子领域。1906年，世界上最早的国际标准化机构——国际电工委员会（IEC）成立。其他技术领域的工作原先由成立于1926年的国家标准化协会的国际联盟（International Federation of the National Standardizing Associations，简称ISA）承担，重点在于机械工程方面。ISA的工作由于第二次世界大战于1942年终止。1946年，来自25个国家的代表在伦敦召开会议，决定成立一个以促进国家间的合作和工业标准的统一的新的国际组织。于是，1947年2月23日国际标准化组织（International Organization for Standardization，简称ISO）宣告成立，总部设在瑞士日内瓦，并于1951年发布了第一个标准——《工业长度测量用标准参考温度》。国际上标准化运动由工业产品、农产品、交通运输等领域扩展到信息产业和服务业。

国际标准化组织（ISO）属于非政府性标准化专门机构，采取政府监管、授权机构负责、专业机构起草、全社会征求意见的标准化工作运行机制。其财政经费主要来自成员团体的会费（约占70%）和每年标准及其他出版物的发行收入（约占30%）。[①] 其标准制定程序一般有六个阶段：申请阶段，预备阶段，委员会阶段，审查阶段，批准阶段，发布阶段。

旅游标准化则出现在20世纪80年代以后，是标准化家族中年轻的成员。目前，国外的旅游标准化机构可分为全球、区域和国家三个层面。

## 第一节　全球性组织

全球旅游标准机构主要有国际标准化组织（ISO）于2005年成立的"旅游及其相关服务"（Tourism and Related Services）技术委员会ISO/TC 228，共设有两个秘书处，

① 根据http：//www.iso.org/资料整理而来。

分别设在西班牙标准化和认证协会（Spanish Standardization and Certification Association，简称 AENOR），以及突尼斯国家标准化和工业产权研究所（National Institute for Standardization and Industrial Property，简称 INNORPI）。截止到 2022 年 12 月，共有正式会员 63 个，观察员 41 个，下设 12 个工作组，其中有些工作组目前正处于筹建改组或召集人换届中，WG19 和 WG20 的召集人都是现任中国贸促会商业行业委员会秘书长姚歆，这是我国首次出任 TC 228 的工作组召集人。截至 2022 年 12 月，ISO/TC 228 在研的国际标准共 17 项，其中，由中国牵头的在研项目共 5 项，包括 2021 年立项的 ISO 9468、ISO 14785 和 ISO 25639-1，以及两项 PWI。虽然我国已于 2001 年 4 月加入国际标准化组织（ISO），但一直到 2018 年 3 月，才成为 TC 228 正式会员（见表 6-1）。

**表 6-1　ISO/TC 228 工作组名称**

| 工作组编码 | 工作组名称 | 召集人 | 成立日期 |
|---|---|---|---|
| ISO/TC 228/CAG | 首席咨询组（Chair Advisory Group） | M.OTERO 先生 | 2016-04-08 |
| ISO/TC 228/WG1 | 潜水服务（Diving Services） | M.Denison 先生 | 2006-03-16 |
| ISO/TC 228/WG3 | 旅游信息和咨询服务（Tourist Information and Reception Services at Tourist Information Offices） | — | 2015-02-06 |
| ISO/TC 228/WG7 | 探险旅游（Adventure tourism） | L.Persi 先生 | 2017-05-10 |
| ISO/TC 228/WG8 | 游艇码头（Yacht Harbors） | — | 2018-07-18 |
| ISO/TC 228/WG11 | 光船租赁服务（Bare Boat Charter Services） | S.Carruthers 先生 | 2006-07-27 |
| ISO/TC 228/WG13 | 可持续旅游（Sustainable Tourism） | A.Garrido 先生 | 2008-04-29 |
| ISO/TC 228/WG14 | 无障碍旅游（Accessible Tourism） | M.Diotallevi 女士 | 2008-08-04 |
| ISO/TC 228/WG15 | 住宿业（Accomodation） | — | 2008-08-04 |
| ISO/TC 228/WG16 | 餐馆业（Restaurants） | H.Ghaderi 女士 | 2009-04-06 |
| ISO/TC 228/WG17 | 旅游者（Tourist Visits） | M.C.C.Gómez 女士 | 2011-01-14 |
| ISO/TC 228/WG19 | 在线旅行商（Online Travel Agencies，简称 OTA） | 姚歆先生 | 2021-12-15 |
| ISO/TC 228/WG20 | 展览和会议（Exhibition and Convention） | 姚歆先生 | 2022-02-10 |

资料来源：ISO/TC 228 官网（https：//www.iso.org/committee/375396.html）

**表 6-2　ISO/TC 228 已发布、在编制的旅游标准化文件**

| 序号 | 标准编号 | 标准名称（英文） | 中文参考译名 |
|---|---|---|---|
| 1 | ISO/FDIS 3021（最终国际标准版草案） | Adventure tourism—Hiking and trekking activities— Requirements and recommendations | 探险旅游 远足和徒步活动 要求和建议 |
| 2 | ISO 3163（编制中） | Adventure tourism—Vocabulary | 探险旅游 词汇 |

续表

| 序号 | 标准编号 | 标准名称（英文） | 中文参考译名 |
|---|---|---|---|
| 3 | ISO/DIS 5103<br>（国际标准草案） | Tourism and related services— Dry stack boat storage— Minimum requirements for operations and service provision | 旅游和相关服务 干船存放 操作和服务提供的最低要求 |
| 4 | ISO/PAS 5643：2021<br>（可公开提供规范） | Tourism and related services — Requirements and guidelines to reduce the spread of Covid-19 in the tourism industry | 旅游和相关服务 减少新冠病毒肺炎在旅游业传播的要求和准则 |
| 5 | ISO/AWI 8804-1<br>（批准的工作项目） | Requirements for the training of Scientific Divers—Part 1：Scientific Diver | 科考潜水员培训要求 第 1 部分：科考潜水员 |
| 6 | ISO/AWI 8804-2<br>（批准的工作项目） | Requirements for the training of Scientific Divers—Part 2：Advanced Scientific Diver | 科考潜水员培训要求 第 2 部分：高级科考潜水员 |
| 7 | ISO/AWI 8804-3<br>（批准的工作项目） | Requirements for the training of Scientific Divers—Part 3：Scientific Diving Project Leader | 科考潜水员培训要求 第 3 部分：科考潜水项目负责人 |
| 8 | ISO/WD 9468<br>（工作组草案） | Tourism and related services— Online travel agency（OTA）— Guidelines for online accommodation booking platform services | 旅游和相关服务 在线旅行社（OTA）在线住宿预订平台服务指南 |
| 9 | ISO 11107：2009<br>（现行有效） | Recreational diving services—Requirements for training programmes on enriched air nitrox（EAN）diving | 休闲潜水服务 高氧潜水（EAN）培训项目的要求 |
| 10 | ISO 11121：2009<br>（已被更替） | Recreational diving services— Requirements for introductory training programmes to scuba diving | 休闲潜水服务 水肺潜水入门培训方案的要求 |
| 11 | ISO 11121：2017<br>（现行有效） | Requirements for introductory programmes to scuba diving | 水肺潜水入门课程的要求 |
| 12 | ISO/CD 11956<br>（委员会草案） | Adventure tourism—Cyclotourism—Requirements and recommendations | 探险旅游 环线旅游 要求和建议 |
| 13 | ISO 13009：2015<br>（现行有效） | Tourism and related services—Requirements and recommendations for beach operation | 旅游和相关服务 海滩作业的要求和建议 |
| 14 | ISO 13289：2011<br>（现行有效） | Recreational diving services— Requirements for the conduct of snorkelling excursions | 休闲潜水服务 潜水观光游览的要求 |
| 15 | ISO 13293：2012<br>（现行有效） | Recreational diving services— Requirements for gas blender training programmes | 休闲潜水服务 富氧气体培训要求 |
| 16 | ISO 13687：2014<br>（已被更替） | Tourism and related services— Yacht harbours—Minimum requirements | 旅游和相关服务 游艇码头最低要求 |
| 17 | ISO 13687-1：2017<br>（现行有效） | Tourism and related services— Yacht harbours—Part 1：Minimum requirements for basic service level harbours | 旅游和相关服务 游艇码头 第 1 部分：基本服务水平最低要求 |
| 18 | ISO 13687-2：2017<br>（已被更替） | Tourism and related services— Yacht harbours—Part 2：Minimum requirements for intermediate service level harbours | 旅游和相关服务 游艇码头 第 2 部分：中等服务水平最低要求 |

续表

| 序号 | 标准编号 | 标准名称（英文） | 中文参考译名 |
|---|---|---|---|
| 19 | ISO 13687-3：2017<br>（现行有效） | Tourism and related services—Yacht harbours—Part 3：Minimum requirements for high service level harbours | 旅游和相关服务 游艇码头 第 3 部分：高等服务水平最低要求 |
| 20 | ISO 13810：2015<br>（已被更替） | Tourism services—Industrial tourism—Service provision | 旅游服务 工业旅游 服务供应商 |
| 21 | ISO 13810：2022<br>（现行有效） | Tourism and related services—Visits to industrial，natural，cultural and historical sites—Requirements and recommendations | 旅游和相关服务 游览工业、自然、文化和历史遗迹 要求和建议 |
| 22 | ISO/TS 13811：2015<br>（技术规范） | Tourism and related services—Guidelines on developing environmental specifications for accommodation establishments | 旅游和相关服务 住宿设施环境规范指南 |
| 23 | ISO 13970：2011<br>（现行有效） | Recreational diving services—Requirements for the training of recreational snorkelling guides | 休闲潜水服务 休闲浮潜导游培训要求 |
| 24 | ISO 14785：2014<br>（现行有效） | Tourist information offices—Tourist information and reception services—Requirements | 旅游信息中心 旅游信息和接待服务要求 |
| 25 | ISO/WD 14785.2<br>（工作组草案） | Tourism and related services—Tourist information and reception online and onsite services | 旅游和相关服务 线上和线下旅游信息和接待服务 |
| 26 | ISO/TR 14823-2：2019<br>（技术报告） | Intelligent transport systems—Graphic data dictionary—Part 2：Examples | 智能交通系统 图形数据字典 第 2 部分：示例 |
| 27 | ISO/WD 16520<br>（工作组草案） | Tourism and related services—Restaurants—Vocabulary | 旅游和相关服务 餐厅 词汇 |
| 28 | ISO 17679：2016<br>（现行有效） | Tourism and related services—Wellness spa—Service requirements | 旅游和相关服务 健康水疗服务要求 |
| 29 | ISO 17680：2015<br>（现行有效） | Tourism and related services—Thalassotherapy—Service requirements | 旅游和相关服务 海洋疗法服务要求 |
| 30 | ISO/AWI 18060<br>（批准的工作项目） | Sustainable Tourism—Indicators for organizations—requirements and guidance for use | 可持续旅游 组织指标 使用要求和指南 |
| 31 | ISO 18065：2015<br>（现行有效） | Tourism and related services—Tourist services for public use provided by Natural Protected Areas Authorities—Requirements | 旅游和相关服务 自然保护区公共旅游服务 要求 |
| 32 | ISO 18513：2003<br>（已被更替） | Tourism services—Hotels and other types of tourism accommodation—Vocabulary | 旅游服务 饭店和其他类型的旅游住宿 术语 |
| 33 | ISO 18513：2021<br>（现行有效） | Tourism services—Hotels and other types of tourism accommodation—Vocabulary | 旅游服务 饭店和其他类型的旅游住宿 术语 |
| 34 | ISO/DIS 18561-2<br>（国际标准草案） | Intelligent transport systems—Urban mobility applications via nomadic device for green transport management—Part 2：Functional requirements and specifications for trip and modal choice application | 智能交通系统 绿色交通管理用移动设备的城市移动应用 第 2 部分：出行和模式选择应用的功能要求和规范 |

续表

| 序号 | 标准编号 | 标准名称（英文） | 中文参考译名 |
|---|---|---|---|
| 35 | ISO 20410：2017（现行有效） | Tourism and related services— Bareboat charter—Minimum service and equipment requirements | 旅游和相关服务 光船租赁 最低服务及设备要求 |
| 36 | ISO 20611：2018（现行有效） | Adventure tourism—Good practices for sustainability—Requirements and recommendations | 探险旅游 可持续发展的良好实践 要求和建议 |
| 37 | ISO 21101：2014（现行有效） | Adventure tourism—Safety management systems— Requirements | 探险旅游 安全管理系统 要求 |
| 38 | ISO/TR 21102：2013（技术报告，已被更替） | Adventure tourism—Leaders—Personnel competence | 探险 领队 个人能力 |
| 39 | ISO 21102：2020（现行有效） | Adventure tourism—Leaders— Personnel competence | 探险旅游 领队 个人能力 |
| 40 | ISO 21103：2014（现行有效） | Adventure tourism—Information for participants | 探险旅游 参与者信息 |
| 41 | ISO 21401：2018（现行有效） | Tourism and related services— Sustainability management system for accommodation establishments—Requirements | 旅游和相关服务 住宿设施的可持续性管理系统 要求 |
| 42 | ISO 21406：2020（现行有效） | Tourism and related services— Yacht harbours—Essential requirements for luxury harbours | 旅游和相关服务 游艇码头 豪华码头基本要求 |
| 43 | ISO 21416：2019（现行有效） | Recreational diving services— Requirements and guidance on environmentally sustainable practices in recreational diving | 休闲潜水服务 休闲潜水可持续操作的要求和指南 |
| 44 | ISO 21417：2019（现行有效） | Recreational diving services— Requirements for training on environmental awareness for recreational divers | 休闲潜水服务 休闲潜水人员环境意识培训的要求 |
| 45 | ISO 21426：2018（现行有效） | Tourism and related services— Medical spas—Service requirements | 旅游和相关服务 医疗水疗服务要求 |
| 46 | ISO 21620：2021（现行有效） | Tourism and related services — Heritage hotels — Equipment and service requirements | 旅游和相关服务 遗址酒店 设备和服务要求 |
| 47 | ISO 21621：2021（现行有效） | Tourism and related services— Traditional restaurants—Visual aspects，decoration and services | 旅游和相关服务 传统餐厅 视觉、装饰和服务 |
| 48 | ISO 21902：2021（现行有效） | Tourism and related services— Accessible tourism for all— Requirements and recommendations | 旅游和相关服务 全民无障碍旅游 要求和建议 |
| 49 | ISO 22483：2020（现行有效） | Tourism and related services— Hotels— Service requirements | 旅游和相关服务 饭店 服务要求 |
| 50 | ISO 22525：2020（现行有效） | Tourism and related services— Medical tourism—Service requirements | 旅游和相关服务 医疗旅游服务要求 |

续表

| 序号 | 标准编号 | 标准名称（英文） | 中文参考译名 |
|---|---|---|---|
| 51 | ISO 22876：2021<br>（现行有效） | Tourism and related services— Bareboat charter— Supplementary charter services and experiences | 旅游和相关服务 光船租赁 附属租赁服务和经验 |
| 52 | ISO 23405：2022<br>（现行有效） | Tourism and related services— Sustainable tourism— Principles，vocabulary and model | 旅游和相关服务 可持续旅游 原则，词汇和模型 |
| 53 | ISO/DIS 23795-2<br>（国际标准草案） | Intelligent transport systems（ITS）— Extracting trip data using nomadic and mobile devices for estimating $CO_2$ emissions— Part 2：Information provision for eco-friendly driving behaviour | 智能运输系统（ITS）使用移动和移动设备提取出行数据以估算 $CO_2$ 排放 第 2 部分：环保驾驶行为的信息规定 |
| 54 | ISO 24801-1：2007<br>（已被更替） | Recreational diving services— Safety related minimum requirements for the training of recreational scuba divers— Part 1：Level 1 — Supervised diver | 休闲潜水服务 休闲水肺潜水员安全相关培训的最低要求 第 1 部分：1 级 潜水监督员 |
| 55 | ISO 24801-1：2014<br>（现行有效） | Recreational diving services— Requirements for the training of recreational scuba divers— Part 1：Level 1 — Supervised diver | 休闲潜水服务 休闲水肺潜水员培训要求 第 1 部分：1 级 潜水监督员 |
| 56 | ISO 24801 2：2007<br>（已被更替） | Recreational diving services— Safety related minimum requirements for the training of recreational scuba divers— Part 2：Level 2 — Autonomous diver | 休闲潜水服务 休闲水肺潜水员安全相关培训最低要求 第 2 部分：2 级 自助潜水员 |
| 57 | ISO 24801-2：2014<br>（现行有效） | Recreational diving services— Requirements for the training of recreational scuba divers— Part 2：Level 2 — Autonomous diver | 休闲潜水服务 休闲水肺潜水员培训要求 第 2 部分：2 级 自助潜水员 |
| 58 | ISO 24801-3：2007<br>（已被更替） | Recreational diving services— Safety related minimum requirements for the training of recreational scuba divers— Part 3：Level 3 — Dive leader | 休闲潜水服务 休闲水肺潜水员安全相关培训最低要求 第 3 部分：3 级 潜水领航员 |
| 59 | ISO 24801-3：2014<br>（现行有效） | Recreational diving services— Requirements for the training of recreational scuba divers— Part 3：Level 3 — Dive leader | 休闲潜水服务 休闲水肺潜水员培训要求 第 3 部分：3 级 潜水领航员 |
| 60 | ISO 24802-1：2007<br>（已被更替） | Recreational diving services— Safety related minimum requirements for the training of scuba instructors— Part 1：Level 1 | 休闲潜水服务 水肺教练安全相关培训最低要求 第 1 部分：1 级 |
| 61 | ISO 24802-1：2014<br>（现行有效） | Recreational diving services— Requirements for the training of scuba instructors— Part 1：Level 1 | 休闲潜水服务 水肺教练培训要求 第 1 部分：1 级 |
| 62 | ISO 24802-2：2007<br>（已被更替） | Recreational diving services— Safety related minimum requirements for the training of scuba instructors— Part 2：Level 2 | 休闲潜水服务 水肺教练安全相关培训最低要求 第 2 部分：2 级 |
| 63 | ISO 24802-2：2014<br>（现行有效） | Recreational diving services— Requirements for the training of scuba instructors— Part 2：Level 2 | 休闲潜水服务 水肺教练培训要求 第 2 部分：2 级 |

续表

| 序号 | 标准编号 | 标准名称（英文） | 中文参考译名 |
| --- | --- | --- | --- |
| 64 | ISO 24803：2007（已被更替） | Recreational diving services—Requirements for recreational scuba diving service providers | 休闲潜水服务 休闲水肺潜水服务供应商的要求 |
| 65 | ISO 24803：2017（现行有效） | Recreational diving services—Requirements for recreational diving providers | 休闲潜水服务 休闲潜水服务供应商的要求 |
| 66 | ISO/AWI 24063（批准的工作项目） | Requirements for rebreather diver training—Non-decompression diving | 换气式潜水员培训要求 无减压潜水 |
| 67 | ISO/WD 24642（工作组草案） | Recreational diving services—Requirements for rebreather diver training—Decompression diving to 45 m | 休闲潜水服务 呼吸器潜水员培训要求 减压潜水至水下 45 米 |
| 68 | ISO 24804：2022（现行有效） | Recreational diving services— Requirements for rebreather diver training—No-decompression diving | 休闲潜水服务 呼吸器潜水员培训要求 无减压潜水 |
| 69 | ISO 24805：2022（现行有效） | Recreational diving services— Requirements for rebreather diver training—Decompression diving to 45 m | 休闲潜水服务 呼吸器潜水员培训要求 减压潜水至水下 45 米 |
| 70 | ISO/DIS 24806（国际标准草案） | Recreational diving services— Requirements for rebreather diver training—Decompression diving to 60 m | 休闲潜水服务 呼吸器潜水员培训要求 减压潜水至水下 60 米 |
| 71 | ISO/DIS 24807（国际标准草案） | Recreational diving services— Requirements for rebreather diver training—Decompression diving to 100 m | 休闲潜水服务 呼吸器潜水员培训要求 减压潜水至水下 100 米 |
| 72 | ISO 25639-1：2008（现行有效） | Exhibitions，shows，fairs and conventions—Part 1：Vocabulary | 展览和会议 第 1 部分：词汇 |
| 73 | ISO/AWI 25639-1（批准的工作项目） | Exhibitions，shows，fairs and conventions—Part 1：Vocabulary | 展览和会议 第 1 部分：词汇 |
| 74 | ISO 25639-2：2008（现行有效） | Exhibitions，shows，fairs and conventions—Part 2：Measurement procedures for statistical purposes | 展览和会议 第 2 部分：统计测量程序 |

资料来源：https：//www.iso.org/committee/375396/x/catalogue/p/1/u/0/w/0/d/0（查询日期 2022 年 12 月，有改动）

一般来说，国际标准组织（ISO）标准的制定过程分为五个步骤：经过工作组草案（Work Draft，简称 WD），委员会草案（Committee Draft，CD），国际标准草案（Draft International Standard，DIS），最终国际标准版草案（Final Draft International Standard，FDIS），经过成员国投票后该标准就可以正式发布国际标准版（International Standard，IS）。ISO 标准化文件类型主要包括国际标准（IS）、指南（Guide）、技术规范（TS）、可公开提供规范（PAS）、技术报告（TR）和国际研讨会协议（IWA）。

此外，国际标准化组织中和旅游相关的还有 TC 83 运动和休闲设备标准化委员会（Sports and Recreational Equipment），下分设 3 个分委员会（Sub Committee）：冰雪运动设备（TC 83/SC 4）、冰球设备和设施（TC 83/SC 5）和武术（TC 83/SC 6），以及 6 个工作组。截止到 2022 年 10 月，针对各种体育设施和休闲运动设备安全问题共制定和发布了 94 项相关标准，以及正在制定待发布的 29 项标准，主要包括运动和休闲设备设施的安全要求、测试方法和使用方法等。

通过对 ISO/TC 228 所制定的标准进行分析，发现有如下特点：①标准化目的很明确，主要有统一术语，保障旅游者安全和卫生，规范信息发布等；②标准化对象具体而明确，要么供应商，要么教练员，要么导游和领队，这样标准实施的对象就非常明确，实施和监督的可操作性强，能真正收到实效。

## 第二节　区域性组织

区域层面则只有欧盟官方认可的三大标准化机构之一的欧洲标准化委员会（European Committee for Standardization，简称 CEN）。该委员会 1996 年设立旅游服务（Tourism Services）标准化委员会（CEN/TC 329），秘书处设在德国标准化委员会（Deutsches Institut für Normung，简称 DIN），下设 2 个工作小组（见表 6–3）。与 ISO/TC 228 一样，各类标准由各工作组秘书处负责组织研究制订。

欧洲旅游服务标准化委员会（CEN/TC 329）是国际旅游标准化领域中的主力军，拥有众多旅游目的地和许多国际一流的标准制定机构，1991 年 6 月 CEN 与 ISO 在维也纳签订的《ISO 与 CEN 技术合作协议》（*The Agreement on Technical Cooperation between ISO and CEN*），即《维也纳协议》（*Vienna Agreement*）更是赋予欧洲特殊的主导地位。许多欧洲标准都被转化为国际标准。欧洲从 20 世纪 90 年代开始服务标准化基础研究，也为欧盟领导世界旅游标准化工作奠定了坚实基础。欧盟委员会高度重视利用标准增加包括旅游在内的跨国服务贸易的安全性和透明性，不但积极支持欧洲标准化机构长期开展服务标准化的开拓性研讨，还资助民间咨询机构开展服务标准化现状、服务标准编制机制创新、服务标准战略等专题研究，并在民间机构的研究基础上，委托 CEN/CENELEC/ETSI 制订服务标准项目计划。

表 6–3　CEN/TC 329 工作组名称和秘书处

| 工作组（Working Group） | 工作组名称 |
| --- | --- |
| CEN/TC 329/WG 3 | 休闲潜水服务（Recreational Diving Services） |
| CEN/TC 329/WG 6 | 游客沟通服务（Customer Communication for Tourism Services） |

资料来源：CEN 官网（https：//standards.cen.eu/dyn/www/f?p=204:29:0::::FSP_ORG_ID，FSP_LANG_ID:6310，25&cs=155D293280BEDE1B5E32BB51F9C418EA2#1）

截止到 2023 年 6 月，CEN/TC 329 共发布的现行有效标准 21 项，其中 13 项标准还成为 ISO 标准，6 项在编标准和 6 项已废止标准（见表 6–4）。

表 6–4　CEN/TC 329 已发布的旅游标准名称

| 序号 | 标准编号 | 标准名称（英文） | 中文参考译名 |
| --- | --- | --- | --- |
| 1 | CWA 5643–1：2021 | Tourism and related services—Requirements and guidelines to reduce the spread of Covid-19 in the tourism industry | 旅游业和相关服务 减少新冠病毒肺炎在旅游业传播的要求和指南 |
| 2 | CWA 5643–2：2021 | Tourism and related services—Requirements and guidelines to reduce the spread of Covid-19 in the tourism industry—European visual identity | 旅游业和相关服务 减少新冠病毒肺炎在旅游业传播的要求和指南 欧洲视觉识别 |
| 3 | EN ISO 11121：2017 | Recreational diving services—Requirements for introductory programmes to scuba diving | 休闲潜水服务 水肺潜水入门培训项目要求 |
| 4 | EN ISO/13293：2012 | Recreational diving services— Requirements for gas blender training programmes | 休闲潜水服务 高氧气体培训要求 |
| 5 | EN 13809：2003 | Tourism services—Travel agencies and tour operators—Terminology | 旅游业务 旅游代理商和旅游运营商 术语 |
| 6 | EN 14804：2005 | Language study tour providers—Requirements | 语言游学旅游供应商 要求 |
| 7 | EN 15565：2008 | Tourism services—Requirements for the provision of professional tourist guide training and qualification programmes | 旅游服务 专业导游培训供应商资格课程要求 |
| 8 | CWA 15992：2009 | Harmonization of date interchange in tourism | 旅游数据交换的协调 |
| 9 | CEN/TR 17370：2019 | Public transport—Operating raw data and statistics exchange | 公共交通 运营原始数据和统计交换 |
| 10 | EN 17478：2020 | Transport services—Customer communications for passenger transport services—A universal design approach | 交通服务 客运服务客户沟通一种通用的设计方法 |
| 11 | EN ISO 18513：2021 | Tourism services—Hotels and other types of tourism accommodation—Terminology | 旅游服务 饭店和其他类型旅游住宿 术语 |
| 12 | EN ISO 21416：2019 | Recreational diving services— Requirements and guidance on environmentally sustainable practices in recreational diving | 休闲潜水服务 休闲潜水可持续操作的要求和指南 |

续表

| 序号 | 标准编号 | 标准名称（英文） | 中文参考译名 |
| --- | --- | --- | --- |
| 13 | EN ISO 21417：2019 | Recreational diving services— Requirements for training on environmental awareness for recreational divers | 休闲潜水服务 休闲潜水人员环境意识培训要求 |
| 14 | EN ISO 24801-1：2014 | Recreational diving services— Requirements for the training of recreational scuba divers— Part 1：Level 1 — Supervised diver | 休闲潜水服务 休闲水肺潜水员培训要求 第 1 部分：1 级 潜水监督员 |
| 15 | EN ISO 24801-2：2014 | Recreational diving services— Requirements for the training of recreational scuba divers— Part 2：Level 2 — Autonomous diver | 休闲潜水服务 休闲水肺潜水员培训的要求 第 2 部分：2 级 自助潜水员 |
| 16 | EN ISO 24801-3：2014 | Recreational diving services— Requirements for the training of recreational scuba divers— Part 3：Level 3 — Dive leader | 休闲潜水服务 休闲水肺潜水员培训要求 第 3 部分：3 级 潜水领航员 |
| 17 | EN ISO 24802-1：2014 | Recreational diving services— Safety related minimum requirements for the training of scuba instructors— Part 1：Level 1 | 休闲潜水服务 水肺教练安全相关培训最低要求 第 1 部分：1 级 |
| 18 | EN ISO 24802-2：2014 | Requirements for the training of scuba instructors— Part 2：Level 2 | 水肺教练培训要求 第 2 部分：2 级 |
| 19 | EN ISO 24803：2017 | Requirements for recreational diving providers | 休闲潜水服务供应商的要求 |
| 20 | EN ISO 24804：2022 | Recreational diving services — Requirements for rebreather diver training — No-decompression diving | 休闲潜水服务 呼吸器潜水员培训要求 无减压潜水 |
| 21 | EN ISO 24805：2022 | Recreational diving services— Requirements for rebreather diver training — Decompression diving to 45 m | 休闲潜水服务 呼吸器潜水员培训要求 减压潜水至水下 45 米 |
| 22 | prEN ISO 24806（在编） | Recreational diving services— Requirements for rebreather diver training—Decompression diving to 60 m | 休闲潜水服务 呼吸器潜水员培训要求 减压潜水至水下 60 米 |
| 23 | prEN ISO 24807（在编） | Recreational diving services — Requirements for rebreather diver training—Decompression diving to 100 m | 休闲潜水服务 呼吸器潜水员培训要求 减压潜水至水下 100 米 |
| 24 | prEN ISO 24808（在编） | Recreational diving services — Requirements for rebreather instructor training | 休闲潜水服务 呼吸器教练培训要求 |
| 25 | prEN ISO 8804-1（在编） | Requirements for the training of Scientific Divers—Part 1：Scientific Diver | 科考潜水员培训要求 第 1 部分：科考潜水员 |
| 26 | prEN ISO 8804-2（在编） | Requirements for the training of Scientific Divers—Part 2：Advanced Scientific Diver | 科考潜水员培训要求 第 2 部分：高级科考潜水员 |
| 27 | prEN ISO 8804-3（在编） | Requirements for the training of Scientific Divers — Part 3：Scientific Diving Project Leader | 科考潜水员培训要求 第 3 部分：科考潜水项目负责人 |
| 28 | EN 14153-1：2003（已废止） | Recreational diving services— Safety related minimum requirements for the training of recreational scuba divers— Part 1：Level 1 — Supervised Diver | 休闲潜水服务 休闲水肺潜水员安全相关的培训最低要求 第 1 部分：1 级 潜水监督员 |

续表

| 序号 | 标准编号 | 标准名称（英文） | 中文参考译名 |
|---|---|---|---|
| 29 | EN 14153-2：2003（已废止） | Recreational diving services—Safety related minimum requirements for the training of recreational scuba divers — Part 2：Level 2—Autonomous Diver | 休闲潜水服务 休闲水肺潜水员安全相关培训最低要求 第 2 部分：2 级 自助潜水员 |
| 30 | EN 14153-3：2003（已废止） | Recreational diving services—Safety related minimum requirements for the training of recreational scuba divers — Part 3：Level 3—Dive Leader | 休闲潜水服务 休闲水肺潜水员培训要求 第 3 部分：3 级 潜水领航员 |
| 31 | EN 14413-1：2004（已废止） | Recreational diving services—Safety related minimum requirements for the training of scuba instructors— Part 1：Level 1 | 休闲潜水服务 水肺教练安全相关培训最低要求 第 1 部分：1 级 |
| 32 | EN 14413-2：2004（已废止） | Recreational diving services—safety related minimum requirements for the training of scuba instructors—Part 2：Level 2 | 休闲潜水服务 水肺教练安全相关培训最低要求 第 2 部分：2 级 |
| 33 | EN 14467：2004（已废止） | Recreational diving services— Requirements for recreational scuba diving service providers | 休闲潜水服务 休闲水肺潜水供应商的要求 |

资料来源：CEN/TC 329—Published standards（http：//www.cen.eu/cen/Sectors/TechnicalCommitteesWorkshops/CENTechnicalCommittees/Pages/Standards.aspx?param=6310&title=CEN/TC%20329）

欧洲标准化委员会（CEN）作为非政府组织，其标准经费一般由企业出资，因此其标准制立项和制定都有一套严格的审批程序（见图 6-1）。

**图 6-1　欧洲标准制定程序**①

① 刘春青 . 欧盟标准化政策与欧洲统一大市场（2）[J]. 世界标准化与质量管理，2001（3）：28.

## 第三节　各国旅游标准化组织

全球入境旅游目的地前三位分别是法国、美国和西班牙，德国是全球出境人数最多的国家，英国则是欧洲出境旅游花费最多的国家。而西班牙、德国、英国和法国也是旅游标准化工作走在前列的欧洲国家，四国都是 ISO/TC 228 的正式会员。西班牙和德国对于欧洲旅游标准的贡献较大，德国标准化协会（DIN）负责组织研究编制了旅游代理商和旅游运营商术语标准，西班牙标准化和认证协会（AENOR）则负责组织研究编制了饭店和其他类型旅游住宿业术语标准（此标准已转化为国际标准）（见表 6–5）。

**表 6–5　部分欧洲国家发布的旅游和休闲标准**

| 序号 | 标准编号 | 各标准英（法）文名 | 中文参考译名 |
|---|---|---|---|
| 1 | UNE-ISO/PAS 5643：2021 | Tourism and related services— Requirements and guidelines to reduce the spread of Covid-19 in the tourism industry | 旅游和相关服务 减少新冠病毒肺炎在旅游业传播的要求和指南 |
| 2 | UNE-ISO 11107：2010 | Recreational diving services— Requirements for training programmes on enriched air nitrox（EAN）diving | 休闲潜水服务 高氧潜水（EAN）潜水培训项目的要求 |
| 3 | UNE-EN ISO 11121：2017 | Recreational diving services— Requirements for introductory programmes to scuba diving | 休闲潜水服务 水肺潜水入门培训项目要求 |
| 4 | UNE-ISO 13009：2016 | Tourism and related services—Requirements and recommendations for beach operation | 旅游和相关服务 海滩作业的要求和建议 |
| 5 | UNE-EN ISO 13293：2013 | Recreational diving services— Requirements for gas blender training programmes | 休闲潜水服务 高氧气体培训要求 |
| 6 | UNE-ISO 13687–1：2018 | Tourism and related services—Yacht harbours—Part 1：Mínimum requirements for basic service level harbours | 旅游和相关服务 游艇码头 第 1 部分：基本服务水平最低要求 |
| 7 | UNE-ISO 13687–2：2018 | Tourism and related services—Yacht harbours—Part 2：Mínimum requirements for intermediate service level harbours | 旅游和相关服务 游艇码头 第 2 部分：中等服务水平最低要求 |
| 8 | UNE-ISO 13687–3：2018 | Tourism and related services— Yacht harbours—Part 3：Mínimum requirements for high service level harbours | 旅游和相关服务 游艇码头 第 3 部分：高等服务水平最低要求 |
| 9 | UNE-EN 13809：2003 | Tourism services—Travel agencies and tour operators—Terminology | 旅游服务 旅游代理商和旅游运营商 术语 |
| 10 | UNE-ISO 13810：2016 | Tourism services—Industrial tourism Service provision | 旅游服务 工业旅游 服务供应商 |

续表

| 序号 | 标准编号 | 各标准英（法）文名 | 中文参考译名 |
|---|---|---|---|
| 11 | UNE-EN 14153-1：2004（已废止） | Recreational diving services—Safety related minimum requirements for the training of recreational scuba divers— Part 1：Level 1—Supervised Diver | 休闲潜水服务 休闲水肺潜水员培训的安全相关最低要求 第1部分：1级 潜水监督员 |
| 12 | UNE-EN 14153-2：2004（已废止） | Recreational diving services—Safety related minimum requirements for the training of recreational scuba divers—Part 2：Level 2—Autonomous Diver | 休闲潜水服务 休闲水肺潜水员培训的有关安全最低要求 第2部分：2级 自助潜水员 |
| 13 | UNE-ISO 14785：2015 | Tourist information offices—Tourist information and reception services—Requirements | 旅游信息中心 旅游信息和接待服务 要求 |
| 14 | UNE-EN 14804：2006 | Language study tour providers Requirements | 语言游学旅游供应商 要求 |
| 15 | UNE-EN ISO 14819-1：2013 | Intelligent transport systems—Traffic and travel information messages via traffic message coding—Part 1：Coding protocol for Radio Data System—Traffic Message Channel（RDS-TMC）using ALERT-C | 智能交通系统 通过交通信息编码的交通和旅行信息 第1部分：无线电数据系统编码协议 ALERT-C 的交通信息通道（RDS-TMC） |
| 16 | UNE-EN ISO 14819-2：2013 | Intelligent transport systems—Traffic and travel information messages via traffic message coding—Part 2：Event and information codes for Radio Data System—Traffic Message Channel（RDS-TMC）using ALERT-C | 智能交通系统 通过交通信息编码的交通和旅行信息 第2部分：无线电数据系统事件和信息代码 ALERT-C的交通信息通道（RDS-TMC） |
| 17 | UNE-EN ISO 14819-3：2013（已废止） | Intelligent transport systems—Traffic and travel information messages via traffic message coding—Part 3：Location referencing for radio data system—Traffic message channel（RDS-TMC）using ALERT-C | 智能交通系统 通过交通信息编码的交通和旅行信息 第3部分：无线电数据系统位置描述 ALERT-C 的交通信息通道（RDS-TMC） |
| 18 | UNE-EN ISO 14819-6：2006 | Traffic and traveller information（TTI）—TTI messages via traffic message coding—Part 6：Encryption and conditional access for the radio data system—Traffic message channel ALERT-C coding | 智能交通系统 通过交通信息编码的交通和旅行信息 第6部分：无线电数据系统的加密和访问条件 ALERT-C的交通信息通道（RDS-TMC） |
| 19 | UNE-EN 15565：2008 | Tourism services—Requirements for the provision of professional tourist guide training and qualification programmes | 旅游服务 专业导游培训供应商资格课程要求 |
| 20 | UNE 167013：2017 | Hospitality—Catering services—Service provision requirements | 接待业 餐饮服务 服务供给要求 |
| 21 | UNE 167014：2014 | Hospitality—Food safety requirements and procedures for central kitchens of production and distribution in cook and chill line | 接待业 烹饪和冷藏线生产和配送中心厨房的食品安全要求和程序 |
| 22 | UNE 178501：2018 | Management system of smart tourist destinations—Requirements | 智慧旅游目的地管理系统 要求 |

续表

| 序号 | 标准编号 | 各标准英（法）文名 | 中文参考译名 |
|---|---|---|---|
| 23 | UNE 178502：2018 | Indicators and tools of smart tourist destinations | 智慧旅游目的地的指标和工具 |
| 24 | UNE 178503：2019 | Smart tourism destinations Semantics applied to tourism | 智慧旅游目的地：语义学在旅游中的应用 |
| 25 | UNE 178504：2019 | Digital smart hotel connected to smart tourism destination or smart city platforms—Requirements and recommendations | 连接智慧旅游目的地或智慧城市平台的数字智能酒店 要求和建议 |
| 26 | UNE 178505：2022 | Framework for the creation of tourist destination websites | 旅游目的地网站框架创建 |
| 27 | UNE 178506：2022 | Methodology for the search engine optimization（SEO）positioning of tourist destination websites | 旅游目的地网站搜索引擎优化（SEO）定位方法 |
| 28 | UNE 178507：2022 | Tourist destinations—Applications of Wi-Fi connection on beaches | 旅游目的地 海滩 Wi-Fi 连接应用 |
| 29 | UNE 178508：2022 | Tourist destination applications（apps）model for mobile devices | 移动设备的旅游目的地应用程序模型 |
| 30 | UNE 178509：2023 | Current scenario and model for the collection, exploitation and analysis of tourist data | 收集、开发和分析旅游数据的当前情景和模型 |
| 31 | UNE-ISO 18065：2016 | Tourism and related services—Tourist services for public use provided by natural protected areas authorities—Requirements | 旅游和相关服务 自然保护区公共旅游服务 要求 |
| 32 | UNE 182001：2008/1M：2010（已废止） | Hotels and tourist apartments Service requirements | 酒店和旅游公寓：服务要求 |
| 33 | UNE-CEN ISO/TS 18234-1：2013 | Intelligent transport systems—Traffic and travel information via transport protocol experts group，generation 1（TPEG1）binary data format—Part 1：Introduction，numbering and versions（TPEG1-INV） | 智能交通系统 通过运输协议专家组交通和旅行信息 第 1 代（TPEG1）二进制数据格式 第 1 部分：导则、编号和版本（TPEG1-INV） |
| 34 | UNE-CEN ISO/TS 18234-2：2013 | Intelligent transport systems—Traffic and travel information via transport protocol experts group generation 1（TPEG1）binary data format—Part 2：Syntax，semantics and framing structure（TPEG1-SSF） | 智能交通系统 通过运输协议专家组交通和旅行信息 第 1 代（TPEG1）二进制数据格式 第 2 部分：语法、语义和帧结构（TPEG1-SSF） |
| 35 | UNE-CEN ISO/TS 18234-3：2013 | Intelligent transport systems—Traffic and travel information via transport protocol experts group generation 1（TPEG1）binary data format—Part 3：Service and network information（TPEG1-SNI） | 智能交通系统 通过运输协议专家组交通和旅行信息 第 1 代（TPEG1）二进制数据格式 第 3 部分：服务和网络信息（TPEG1-SNI） |
| 36 | UNE-CEN ISO/TS 18234-4：2006 | Traffic and travel information（TTI）—TTI via transport protocol expert group（TPEG）data-streams—Part 4：Road traffic message（RTM）application | 交通和旅行信息（TTI）TTI 通过运输协议专家组（TPEG）数据流 第 4 部分：道路交通信息（RTM）应用 |

续表

| 序号 | 标准编号 | 各标准英（法）文名 | 中文参考译名 |
|---|---|---|---|
| 37 | UNE-CEN ISO/TS 18234-5：2006 | Traffic and travel information（TTI）—TTI via transport protocol expert group（TPEG）data-streams—Part 5：Public Transport Information（PTI）application | 交通和旅行信息（TTI）TTI 通过运输协议专家组（TPEG）数据流 第 5 部分：公共交通信息（PTI）应用 |
| 38 | UNE-CEN ISO/TS 18234-6：2006 | Traffic and travel information（TTI）—TTI via transport protocol expert group（TPEG）data-streams—Part 6：Location referencing applications | 交通和旅行信息（TTI）TTI 通过运输协议专家组（TPEG）数据流 第 6 部分：位置应用程序 |
| 39 | UNE-CEN ISO/TS 18234-7：2013 | Intelligent transport systems—Traffic and travel information via transport protocol experts group generation 1（TPEG1）binary data format—Part 7：Parking information（TPEG1-PKI） | 智能交通系统 通过运输协议专家组交通和旅行信息 第 1 代（TPEG1）二进制数据格式 第 7 部分：停车场信息（TPEG1-PKI） |
| 40 | UNE-CEN ISO/TS 18234-9：2013 | Intelligent transport systems—Traffic and travel information via transport protocol experts group generation 1（TPEG1）binary data format—Part 9：Traffic event compact（TPEG1-TEC） | 智能交通系统 通过运输协议专家组交通和旅行信息 第 1 代（TPEG1）二进制数据格式 第 9 部分：交通事件集（TPEG1-TEC） |
| 41 | UNE-CEN ISO/TS 18234-10：2013 | Intelligent transport systems—Traffic and travel information via transport protocol experts group generation 1（TPEG1）binary data format—Part 10：Conditional access information（TPEG1-CAI） | 智能交通系统 通过运输协议专家组交通和旅行信息 第 1 代（TPEG1）二进制数据格式 第 10 部分：条件访问信息（TPEG1-CAI） |
| 42 | UNE-CEN ISO/TS 18234-11：2013 | Intelligent transport systems—Traffic and Travel Information（TTI）via transport protocol experts group generation 1（TPEG1）binary data format—Part 11：Location referencing container（TPEG1-LRC） | 智能交通系统 通过运输协议专家组交通和旅行信息 第 1 代（TPEG1）二进制数据格式 第 11 部分：定位参照箱（TPEG1-LRC） |
| 43 | UNE 183001：2009 | Rural accommodation Service requirements | 乡村住宿 服务要求 |
| 44 | UNE 184001：2007 | Touring camps and holiday cities Service requirements | 旅游营地和度假城市 服务需求 |
| 45 | UNE 185001：2009 | Time-sharing tourism services Service provision requirements | 分时旅游服务 服务条款的要求 |
| 46 | UNE-EN ISO 18513：2004 | Tourism services—Hotels and other types of tourism accommodation—Terminology | 旅游服务 饭店和其他类型旅游住宿 术语 |
| 47 | UNE 187001：2011（已废止） | Beaches—Service provision requirements | 海滩 服务供给要求 |
| 48 | UNE 187004：2008 | Congress palaces—Service provision requirements | 大会会场 服务供应要求 |
| 49 | UNE 187005：2009 | Convention bureau—Service provision requirements | 会议局 服务供应要求 |
| 50 | UNE 187007：2010 | Tourist Board—Requirements for the internal management and service requirements | 旅游局 内部管理要求和服务要求 |

续表

| 序号 | 标准编号 | 各标准英（法）文名 | 中文参考译名 |
|---|---|---|---|
| 51 | UNE 188001：2011 | Golf courses—Services requirements | 高尔夫球场 服务要求 |
| 52 | UNE 188002：2006 | Ski and mountain stations—Services requirements | 山地滑雪 服务要求 |
| 53 | UNE 188004：2015（已废止） | Tourism services on nautical sport facilities | 航海运动设施的旅游服务 |
| 54 | UNE 188005：2009 | Night leisure—Service provision requirements for leisure businesses | 夜间休闲：休闲业服务供应的要求 |
| 55 | UNE 189001：2011 | Intermediation tourism services— Service requirements | 旅游中介服务：服务要求 |
| 56 | UNE 189002：2012 | Hostess and staff service reception and support organization | 服务接待和支持组织 |
| 57 | UNE-ISO 21101：2015 | Adventure tourism—Safety management systems—Requirements | 探险旅游 安全管理系统 要求 |
| 58 | UNE-ISO/TR 21102：2015 IN | Adventure tourism—Leaders— Personnel competence | 探险旅游 领队 个人能力 |
| 59 | UNE-ISO 21103：2015 | Adventure tourism—Information for participants | 探险旅游 参与者信息 |
| 60 | UNE-ISO 21401：2019 | Tourism and related services—Sustainability management system for accommodation establishments—Requirements | 旅游和相关服务 住宿设施的可持续性管理系统 要求 |
| 61 | UNE-EN ISO 21416：2020 | Recreational diving services—Requirements and guidance on environmentally sustainable practices in recreational diving | 休闲潜水服务 休闲潜水可持续操作的要求和指南 |
| 62 | UNE-EN ISO 21417：2020 | Recreational diving services—Requirements for training on environmental awareness for recreational divers | 旅游和相关服务 休闲潜水人员环境意识培训要求 |
| 63 | UNE-ISO 21426：2019 | Tourism and related services—Medical spas—Service requirements | 旅游和相关服务 医疗水疗 服务要求 |
| 64 | UNE-ISO 21902：2021 | Tourism and related services— Accessible tourism for all— Requirements and recommendations | 旅游和相关服务 全民无障碍旅游要求和建议 |
| 65 | UNE-ISO 22483：2020 | Tourism and related services Hotels — Service requirements | 旅游和相关服务 饭店 服务要求 |
| 66 | UNE-ISO 22525：2021 | Tourism and related services— Medical tourism—Service requirements | 旅游和相关服务 医疗旅游 服务要求 |
| 67 | UNE-CEN ISO/TS 24530-1：2006 | Traffic and travel information（TTI）—TTI via transport protocol experts group（TPEG）extensible markup language（XML）—Part 1：Introduction，common data types and TPEG ML | 交通和旅行信息（TTI）交通信息运输协议（TPEG）可扩展标记语言（XML）第 1 部分：公共数据类型和 TPEG ML 导则 |

续表

| 序号 | 标准编号 | 各标准英（法）文名 | 中文参考译名 |
|---|---|---|---|
| 68 | UNE-CEN ISO/TS 24530-2：2006 | Traffic and travel information（TTI）—TTI via transport protocol experts group（TPEG）extensible markup language（XML）—Part 2：TPEG -locML | 交通和旅行信息（TTI）交通信息运输协议（TPEG）可扩展标记语言（XML）第 2 部分：TPEG-locML |
| 69 | UNE-CEN ISO/TS 24530-3：2006 | Traffic and travel information（TTI）—TTI via transport protocol experts group（TPEG）extensible markup language（XML）—Part 3：TPEG -rtmML | 交通和旅行信息（TTI）交通信息运输协议（TPEG）可扩展标记语言（XML）第 3 部分：TPEG-rtmML |
| 70 | UNE-CEN ISO/TS 24530-4：2006 | Traffic and Travel Information（TTI）—TTI via transport protocol experts group（TPEG）extensible markup language（XML）—Part 4：TPEG -ptiML | 交通和旅行信息（TTI）交通信息运输协议（TPEG）可扩展标记语言（XML）第 4 部分：TPEG -ptiML |
| 71 | UNE-EN ISO 24801-1：2015 | Recreational diving services— Requirements for the training of recreational scuba divers—Part 1：Level 1—Supervised diver | 休闲潜水服务 休闲水肺潜水员培训要求 第 1 部分：1 级 潜水监督员 |
| 72 | UNE-EN ISO 24801-2：2015 | Recreational diving services— Requirements for the training of recreational scuba divers—Part 2：Level 2—Autonomous diver | 休闲潜水服务 休闲水肺潜水员培训要求 第 2 部分：2 级 自助潜水员 |
| 73 | UNE-EN ISO 24801-3：2015 | Recreational diving services— Requirements for the training of recreational scuba divers—Part 3：Level 3—Dive leader | 休闲潜水服务 休闲水肺潜水员培训要求 第 3 部分：3 级 潜水领航员 |
| 74 | UNE-EN ISO 24802-1：2015 | Recreational diving services— Requirements for the training of scuba instructors—Part 1：Level 1 | 休闲潜水服务 水肺教练培训要求 第 1 部分：1 级 |
| 75 | UNE-EN ISO 24802-2：2015 | Recreational diving services— Requirements for the training of scuba instructors—Part 2：Level 2 | 休闲潜水服务 水肺教练培训要求 第 2 部分：2 级 |
| 76 | UNE-EN ISO 24803：2017 | Recreational diving services— Requirements for recreational diving provider | 休闲潜水服务 休闲潜水服务供应商要求 |
| 77 | UNE 302002：2018 | Museums—Requirements for the visit service provision | 博物馆 参观服务的要求 |
| 78 | DIN ISO 7331：2020 | Ski-poles for alpine and touring skiing—Requirements and test methods | 高山滑雪和巡回滑雪用滑雪杆 要求和测试方法 |
| 79 | DIN ISO 9523：2018 | Touring ski-boots for adults—Interface with touring ski-bindings—Requirements and test methods | 成人滑雪靴 滑雪靴接口 要求和测试方法 |
| 80 | DIN ISO 9838：2019 | Alpine and touring ski-bindings—Test soles for ski-binding tests | 高山和旅游滑雪板 滑雪板固定测试用测试鞋底 |
| 81 | DIN EN ISO 11121：2017 | Recreational diving services—Requirements for introductory programmes to scuba diving | 休闲潜水服务 水肺潜水入门课程的要求 |
| 82 | DIN EN 12896-1：2016 | Public transport—Reference data model—Part 1：Common concepts | 公共交通 参考数据模型 第 1 部分：通用概念 |

续表

| 序号 | 标准编号 | 各标准英（法）文名 | 中文参考译名 |
|---|---|---|---|
| 83 | DIN EN 12896-2：2016 | Public transport—Reference data model—Part 2：Public transport network | 公共交通 参考数据模型 第 2 部分：公共交通网络 |
| 84 | DIN EN 12896-3：2016 | Public transport—Reference data model—Part 3：Timing information and vehicle scheduling | 公共交通 参考数据模型 第 3 部分：时间信息和车辆调度 |
| 85 | DIN EN 12896-4：2018 | Public transport—Reference data model—Part 4：Operations monitoring and control | 公共交通 参考数据模型 第 4 部分：运营监控 |
| 86 | DIN EN 12896-5：2018 | Public transport—Reference data model—Part 5：Fare management | 公共交通 参考数据模型 第 5 部分：票价管理 |
| 87 | DIN EN 12896-6：2018 | Public transport—Reference data model—Part 6：Passenger information | 公共交通 参考数据模型 第 6 部分：乘客信息 |
| 88 | DIN EN 12896-7：2018 | Public transport—Reference data model—Part 7：Driver management | 公共交通 参考数据模型 第 7 部分：司机管理 |
| 89 | DIN EN 12896-8：2018 | Public transport—Reference data model—Part 8：Management information & statistic | 公共交通 参考数据模型 第 8 部分：管理信息与统计 |
| 90 | DIN CEN/TR 12896-9：2018（已废止） | Public transport—Reference data model—Part 9：Informative documentation | 公共交通 参考数据模型 第 9 部分：信息文档 |
| 91 | DIN EN 12896-10：2022 | Public transport—Reference data model—Part 10：Alternative modes | 公共交通 参考数据模型 第 10 部分：替代模式 |
| 92 | DIN EN ISO 13293：2013 | Recreational diving services— Requirements for gas blender training programmes | 休闲潜水服务 高氧气体培训要求 |
| 93 | DIN EN 13809：2003 | Tourism services—Travel agencies and tour operators—Terminology | 旅游业务 旅游代理商和旅游运营商 术语 |
| 94 | DIN ISO 13992：2014 | Alpine touring ski-bindings— Requirements and test methods | 高山滑雪橇固定装置 要求和测试方法 |
| 95 | DIN EN ISO 14001：2015 | Environmental management systems — Requirements with guidance for use | 环境管理系统 要求和使用指南 |
| 96 | DIN EN ISO 14002-1：2019 | Environmental management systems — Guidelines for using ISO 14001 to address environmental aspects and conditions within an environmental topic area—Part 1：General | 环境管理体系 使用 ISO 14001 解决环境主题领域内的环境问题和条件的指南 第 1 部分：总则 |
| 97 | DIN EN ISO 14002-2：2022 | Environmental management systems — Guidelines for using ISO 14001 to address environmental aspects and conditions within an environmental topic area—Part 2：Water | 环境管理体系 使用 ISO 14001 解决环境主题领域内的环境问题和条件的指南 第 2 部分：水 |
| 98 | DIN EN ISO 14031：2013 | Environmental management—Environmental performance evaluation—Guidelines | 环境管理 环境绩效评估指导方针 |
| 99 | DIN EN ISO 14091：2021 | Adaptation to climate change— Guidelines on vulnerability，impacts and risk assessment | 适应气候变化 脆弱性、影响和风险评估指南 |

续表

| 序号 | 标准编号 | 各标准英（法）文名 | 中文参考译名 |
|---|---|---|---|
| 100 | DIN ISO/TS 14092：2022 | Adaptation to climate change—Requirements and guidance on adaptation planning for local governments and communities | 适应气候变化 地方政府和社区的适应规划要求和指南 |
| 101 | DIN EN 14153-1：2001 | Recreational diving services—Safety related minimum requirements for the training of recreational scuba divers —Part 1：Level 1— Supervised diver | 休闲潜水服务 休闲水肺潜水员培训的安全相关最低要求 第 1 部分：1 级 潜水监督员 |
| 102 | DIN EN 14153-2：2001 | Recreational diving services—Safety related minimum requirements for the training of recreational scuba divers —Part 2：Level 2—Autonomous diver | 休闲潜水服务 休闲水肺潜水员培训的有关安全最低要求 第 2 部分：2 级 自助潜水员 |
| 103 | DIN EN 14467：2002 | Recreational diving services—Requirements for recreational scuba diving service providers | 休闲潜水服务 休闲水肺潜水服务供应商的要求 |
| 104 | DIN EN 14804：2005 | Language study tour providers—Requirements | 语言游学旅游供应商 要求 |
| 105 | DIN EN ISO 14819-1：2014 | Intelligent transport systems—Traffic and travel information messages via traffic message coding—Part 1：Coding protocol for radio data system—Traffic message channel（RDS-TMC）using ALERT-C | 智能交通系统 通过交通信息编码的交通和旅行信息 第 1 部分：无线电数据系统编码协议 ALERT-C 的交通信息通道（RDS-TMC） |
| 106 | DIN EN ISO 14819-2：2014 | Intelligent transport systems—Traffic and travel information messages via traffic message coding—Part 2：Event and information codes for radio data system—Traffic message channel（RDS-TMC）using ALERT-C | 智能交通系统 通过交通信息编码的交通和旅行信息 第 2 部分：无线电数据系统事件和信息代码 ALERT-C 的交通信息通道（RDS-TMC） |
| 107 | DIN EN ISO 14819-3：2014 | Intelligent transport systems—Traffic and travel information messages via traffic message coding—Part 3：Location referencing for radio data system—Traffic message channel（RDS-TMC）using ALERT-C | 智能交通系统 通过交通信息编码的交通和旅行信息 第 3 部分：无线电数据系统位置描述 ALERT-C 的交通信息通道（RDS-TMC） |
| 108 | DIN EN ISO 14819-6：2007 | Traffic and traveller information（TTI）—TTI messages via traffic message coding—Part 6：Encryption and conditional access for the radio data system—Traffic message channel ALERT C coding | 交通和旅行者信息（TTI）通过交通信息编码的 TTI 信息 第 6 部分：无线电数据系统的加密和条件访问 交通信息通道警报 C 编码 |
| 109 | DIN EN ISO 14823：2017 | Intelligent transport systems—Graphic data dictionary | 智能交通系统 图形数据字典 |
| 110 | DIN EN ISO 14823-1：2022 | Intelligent transport systems— Graphic data dictionary—Part 1：Specification | 智能交通系统 图形数据字典 第 1 部分：规范 |
| 111 | DIN EN ISO 14825 | Intelligent transport systems—Geographic data files（GDF） | 智能交通系统 地理数据文件（GDF） |

续表

| 序号 | 标准编号 | 各标准英（法）文名 | 中文参考译名 |
|---|---|---|---|
| 112 | DIN CEN/TS 15531-4：2011 | Public transport—Service interface for real-time information relating to public transport operations—Part 4：Functional service interfaces—Facility monitoring | 公共交通 与公共交通运行相关的实时信息服务接口 第 4 部分：功能服务接口 设施监控 |
| 113 | DIN EN 15565：2008 | Tourism services—Requirements for the provision of professional tourist guide training and qualification programmes | 旅游服务 专业导游培训供应商资格课程要求 |
| 114 | DIN EN 15999-1：2014 | Conservation of cultural heritage—Guidelines for design of showcases for exhibition and preservation of objects—Part 1：General requirements | 文化遗产保护 展示和保存物品陈列柜的设计指南 第 1 部分：总体要求 |
| 115 | DIN EN 16790：2016 | Conservation of cultural heritage— Integrated pest management（IPM）for protection of cultural heritage | 文化遗产保护 保护文化遗产的综合虫害管理（IPM） |
| 116 | DIN CEN/TS 17118：2017 | Intelligent transport systems—Public transport—Open API for distributed journey planning | 智能交通系统 公共交通用于分布式旅程规划的开源 API |
| 117 | DIN EN 17210：2021 | Accessibility and usability of the built environment—Functional requirements | 构建环境的无障碍和有效性 功能要求 |
| 118 | DIN CEN ISO/TS 18234-1：2014 | Intelligent transport systems—Traffic and travel information via transport protocol experts group，generation 1（TPEG1）binary data format—Part 1：Introduction，numbering and versions（TPEG1-INV） | 智能交通系统 通过运输协议专家组交通和旅行信息 第 1 代（TPEG1）二进制数据格式 第 1 部分：导则、编号和版本（TPEG1-INV） |
| 119 | DIN CEN ISO/TS 18234-2：2014 | Intelligent transport systems—Traffic and travel information via transport protocol experts group，generation 1（TPEG1）binary data format—Part 2：Syntax，semantics and framing structure（TPEG1-SSF） | 智能交通系统 通过运输协议专家组交通和旅行信息 第 1 代（TPEG1）二进制数据格式 第 2 部分：语法、语义和帧结构（TPEG1- SSF） |
| 120 | DIN CEN ISO/TS 18234-3：2013 | Intelligent transport systems—Traffic and travel information via transport protocol experts group，generation 1（TPEG1）binary data format—Part 3：Service and network information（TPEG1-SNI） | 智能交通系统 通过运输协议专家组交通和旅行信息 第 1 代（TPEG1）二进制数据格式 第 3 部分：服务和网络信息（TPEG1-SNI） |
| 121 | DIN ISO/TS 18234-4：2006 | Traffic and travel information（TTI）—TTI via transport protocol expert group（TPEG）data-streams—Part 4：Road traffic message（RTM）application | 交通和旅行信息（TTI）TTI 通过运输协议专家组（TPEG）数据流 第 4 部分：道路交通信息（RTM）应用 |
| 122 | DIN ISO/TS 18234-5：2006 | Traffic and travel information（TTI）—TTI via transport protocol expert group（TPEG）data-streams—Part 5：Public Transport Information（PTI）application | 交通和旅行信息（TTI）TTI 通过运输协议专家组（TPEG）数据流 第 5 部分：公共交通信息（PTI）应用 |

续表

| 序号 | 标准编号 | 各标准英（法）文名 | 中文参考译名 |
|---|---|---|---|
| 123 | DIN ISO/TS 18234-6：2006 | Traffic and travel information（TTI）—TTI via transport protocol expert group（TPEG）data-streams—Part 6：Location referencing applications | 交通和旅行信息（TTI）TTI 通过运输协议专家组（TPEG）数据流 第 6 部分：位置应用程序 |
| 124 | DIN CEN ISO/TS 18234-7：2014 | Intelligent transport systems—Traffic and travel information via transport protocol experts group generation 1（TPEG1）binary data format—Part 7：Parking information（TPEG1-PKI） | 智能交通系统 通过运输协议专家组交通和旅行信息 第 1 代（TPEG1）进制数据格式 第 7 部分：停车场信息（TPEG1-PKI） |
| 125 | DIN CEN ISO/TS 18234-9：2014 | Intelligent transport systems—Traffic and travel information via transport protocol experts group generation 1（TPEG1）binary data format—Part 9：Traffic event compact（TPEG1-TEC） | 智能交通系统 通过运输协议专家组交通和旅行信息 第 1 代（TPEG1）二进制数据格式 第 9 部分：交通事件集（TPEG1-TEC） |
| 126 | DIN CEN ISO/TS 18234-10：2014 | Intelligent transport systems—Traffic and travel information via transport protocol experts group generation 1（TPEG1）binary data format—Part 10：Conditional access information（TPEG1-CAI） | 智能交通系统 通过运输协议专家组交通和旅行信息 第 1 代（TPEG1）二进制数据格式 第 10 部分：条件访问信息（TPEG1-CAI） |
| 127 | DIN CEN ISO/TS 18234-11 | Intelligent transport systems—Traffic and travel information（TTI）via transport protocol experts group generation 1（TPEG1）binary data format—Part 11：Location Referencing Container（TPEG1-LRC） | 智能交通系统 通过运输协议专家组交通和旅行信息 第 1 代（TPEG1）二进制数据格式 第 11 部分：定位参照箱（TPEG1-LRC） |
| 128 | DIN EN ISO 18513：2000 | Tourism services—Hotels and other types of tourism accommodation—Terminology | 旅游服务 饭店和其他类型旅游住宿 术语 |
| 129 | DIN EN ISO 19115-1：2014 | Geographic information—Metadata —Part 1：Fundamentals | 地理信息 元数据 第 1 部分：基础知识 |
| 130 | DIN CEN ISO/TS 19321：2015 | Intelligent transport systems—Cooperative ITS—Dictionary of in-vehicle information（IVI）data structures | 智能交通系统 ITS 协同车载信息字典（IVI）数据结构 |
| 131 | DIN ISO 20712-2 | Water safety signs and beach safety flags—Part 2：Specifications for beach safety flags—Colour，shape，meaning and performance | 水上安全标志和海滩安全旗 第 2 部分：海滩安全旗规范 颜色、形状、含义和性能 |
| 132 | DIN ISO 20712-3：2015 | Water safety signs and beach safety flags—Part 3：Guidance for use | 水上安全标志和海滩安全旗 第 3 部分：使用指南 |
| 133 | DIN EN ISO 21416：2018 | Recreational diving services— Requirements and guidance on sustainable practices in recreational diving | 休闲潜水服务 休闲潜水可持续操作的要求和指南 |
| 134 | DIN EN ISO 21417：2018 | Recreational diving services— Requirements for training on environmental awareness for recreational divers | 休闲潜水服务 休闲潜水人员环境意识培训要求 |

续表

| 序号 | 标准编号 | 各标准英（法）文名 | 中文参考译名 |
|---|---|---|---|
| 135 | DIN ISO/TS 24530-1：2008 | Traffic and travel information（TTI）—TTI via transport protocol experts group（TPEG）extensible markup language（XML）—Part 1：Introduction，common data types and TPEGML | 交通和旅行信息（TTI）交通信息运输协议（TPEG）可扩展标记语言（XML）第 1 部分：公共数据类型和 TPEG ML 导则 |
| 136 | DIN ISO/TS 24530-2：2008 | Traffic and travel information（TTI）—TTI via transport protocol experts group（TPEG）extensible markup language（XML）—Part 2：TPEG-locML | 交通和旅行信息（TTI）交通信息运输协议（TPEG）可扩展标记语言（XML）第 2 部分：TPEG-locML |
| 137 | DIN ISO/TS 24530-3：2008 | Traffic and travel information（TTI）—TTI via transport protocol experts group（TPEG）extensible markup language（XML）—Part 3：TPEG-rtmML | 交通和旅行信息（TTI）交通信息运输协议（TPEG）可扩展标记语言（XML）第 3 部分：TPEG-rtmML |
| 138 | DIN ISO/TS 24530-4：2008 | Traffic and travel information（TTI）—TTI via transport protocol experts group（TPEG）extensible markup language（XML）—Part 4：TPEG-ptiML | 交通和旅行信息（TTI）交通信息运输协议（TPEG）可扩展标记语言（XML）第 4 部分：TPEG -ptiML |
| 139 | DIN EN ISO 24801-1：2014 | Recreational diving services—Requirements for the training of recreational scuba divers—Part 1：Level 1—Supervised diver | 休闲潜水服务 休闲水肺潜水员培训要求 第 1 部分：1 级 潜水监督员 |
| 140 | DIN EN ISO 24801-2：2014 | Recreational diving services—Requirements for the training of recreational scuba divers—Part 2：Level 2—Autonomous diver | 休闲潜水服务 休闲水肺潜水员培训要求 第 2 部分：2 级 自助潜水员 |
| 141 | DIN EN ISO 24801-3：2014 | Recreational diving services—Requirements for the training of recreational scuba divers—Part 3：Level 3—Dive leader | 休闲潜水服务 休闲水肺潜水员培训要求 第 3 部分：3 级 潜水领航员 |
| 142 | DIN EN ISO 24802-1：2014 | Recreational diving services—Requirements for the training of scuba instructors—Part 1：Level 1 | 休闲潜水服务 水肺教练培训要求 第 1 部分：1 级 |
| 143 | DIN EN ISO 24802-2：2014 | Recreational diving services—Requirements for the training of scuba instructors—Part 2：Level 2 | 休闲潜水服务 水肺教练培训要求 第 2 部分：2 级 |
| 144 | DIN EN ISO 24803：2017 | Recreational diving services—Requirements for recreational diving providers | 休闲潜水服务 休闲潜水供应商的要求 |
| 145 | DIN EN ISO 24804：2022 | Recreational diving services—Requirements for rebreather diver training—No-decompression diving | 休闲潜水服务 呼吸器潜水员培训要求 无减压潜水 |
| 146 | DIN EN ISO 24805：2022 | Recreational diving services— Requirements for rebreather diver training—Decompression diving to 45 m | 休闲潜水服务 呼吸器潜水员培训要求 减压潜水至水下 45 米 |
| 147 | DIN EN ISO 24806：2022 | Recreational diving services—Requirements for rebreather diver training—Decompression diving to 60 m | 休闲潜水服务 呼吸器潜水员培训要求 减压潜水至水下 60 米 |

续表

| 序号 | 标准编号 | 各标准英（法）文名 | 中文参考译名 |
|---|---|---|---|
| 148 | DIN EN ISO 24807：2022 | Recreational diving services—Requirements for rebreather diver training—Decompression diving to 100 m | 休闲潜水服务 呼吸器潜水员培训要求 减压潜水至水下 100 米 |
| 149 | DIN EN ISO 25110：2018 | Electronic fee collection—Interface definition for on-board account using integrated circuit card（ICC） | 电子收费 使用集成电路卡的车载账户的接口定义 |
| 150 | DIN EN 62767-1：2013 | Air interface protocol for local broadcasting—Part 1：Uni-directional multilingual broadcasting | 本地广播的空中接口协议 第 1 部分：单向多语言广播 |
| 151 | DIN IEC/TR 63233-1：2021 | Smart city standards inventory and mapping—Part 1：Methodology | 智慧城市标准清单和地图 第 1 部分：方法 |
| 152 | DIN 77001：1999 | Tourism services—Symbols used in travel brochures | 旅游服务 旅游宣传册中使用的图形符号 |
| 153 | DIN 79016：2017 | Hiking，trekking，walking and touring ski poles—Requirements and test methods | 徒步旅行、步行和游览滑雪杆 要求和测试方法 |
| 154 | DIN SPEC 91357：2017 | Reference architecture model open urban platform | 开放城市平台参考建筑模型 |
| 155 | DIN SPEC 91367：2019 | Urban mobility data collection for real-time applications | 城市实时应用移动数据采集 |
| 156 | DIN SPEC 91387：2020 | Communities and digital transformation—Overview of the spheres of activity | 社区和数字化转型 活动领域概述 |
| 157 | DIN SPEC 91397：2022 | Guideline for the implementation of digital systems in neighbourhood management | 社区管理数字系统实施指南 |
| 158 | BS ISO 3021：2021 | Adventure tourism—Hiking and trekking activities—Requirements and recommendations | 探险旅游 远足和徒步旅行活动 要求和建议 |
| 159 | BS ISO 3163：2021 | Adventure tourism—Terminology | 探险旅游 术语 |
| 160 | BS ISO 5103：2022 | Tourism and related services—Dry stack boat storage—Minimum requirements for operations and service provision | 旅游和相关服务 船只储存 运营和服务提供的最低要求 |
| 161 | BS ISO 13009：2015 | Tourism and related services—Requirements and recommendations for beach operation | 旅游和相关服务 海滩作业的要求和建议 |
| 162 | BS ISO 13687-1：2017 | Tourism and related services—Yacht harbours—Part 1：Minimum requirements for basic service level harbours | 旅游和相关服务 游艇码头 第 1 部分：基本服务水平最低要求 |
| 163 | BS ISO 13687-2：2017 | Tourism and related services—Yacht harbours—Part 2：Minimum requirements for intermediate service level harbours | 旅游和相关服务 游艇码头 第 2 部分：中等服务水平最低要求 |
| 164 | BS ISO 13687-3：2017 | Tourism and related services—Yacht harbours—Part 3：Minimum requirements for high service level harbours | 旅游和相关服务 游艇码头 第 3 部分：高等服务水平最低要求 |

续表

| 序号 | 标准编号 | 各标准英（法）文名 | 中文参考译名 |
| --- | --- | --- | --- |
| 165 | BS EN 13809：2003 | Tourism services—Travel agencies and tour operators—Terminology | 旅游服务 旅游代理商和旅游运营商 术语 |
| 166 | BS ISO 13810：2022 | Tourism services—Industrial tourism—Service provision | 旅游服务 工业旅游 服务供应 |
| 167 | BS ISO 14785：2014 | Tourist information offices—Tourist information and reception services—Requirements | 旅游信息中心 旅游信息和接待服务 要求 |
| 168 | BS EN ISO 14819-1：2013 | Intelligent transport systems—Traffic and travel information messages via traffic message coding—Part 1：Coding protocol for radio data system—Traffic message channel（RDS-TMC）using ALERT-C | 智能交通系统 通过交通信息编码的交通和旅行信息 第 1 部分：无线电数据系统编码协议 ALERT-C 的交通信息通道（RDS-TMC） |
| 169 | BS EN ISO 14819-2：2013 | Intelligent transport systems. Traffic and travel information messages via traffic message coding—Part 2：Event and information codes for radio data system—Traffic message channel（RDS-TMC）using ALERT-C | 智能交通系统 通过交通信息编码的交通和旅行信息 第 2 部分：无线电数据系统事件和信息代码 ALERT-C 的交通信息通道（RDS-TMC） |
| 170 | BS EN ISO 14819-3：2021 | Intelligent transport systems. Traffic and travel information messages via traffic message coding. Location referencing for radio data System— Traffic message channel（RDS-TMC）using ALERT-C | 智能交通系统 通过交通信息编码的交通和旅行信息 第 3 部分：无线电数据系统位置描述 ALERT-C 的交通信息通道（RDS-TMC） |
| 171 | BS EN ISO 14819-6：2006 | Traffic and traveller information（TTI）TTI messages via traffic message coding—Part 6：Encryption and conditional access for the radio data system—Traffic message channel ALERT-C coding | 交通和旅行者信息（TTI）通过交通信息编码的 TTI 信息 第 6 部分：无线电数据系统的加密和条件访问 交通信息通道警报 C 编码 |
| 172 | BS EN 15565：2008 | Tourism services—Requirements for the provision of professional tourist guide training and qualification programmes | 旅游服务 专业导游培训供应商资格课程要求 |
| 173 | BS CWA 15992：2009 | Harmonization of data interchange in tourism | 旅游数据交换的协调 |
| 174 | BS 8848：2007 | Specification for the provision of visits，fieldwork，expeditions，and adventurous activities，outside the United Kingdom | 英国出国游览、野外考察和探险活动规范 |
| 175 | BS ISO 17679：2016 | Tourism and related services—Wellness spa—Service requirements | 旅游和相关服务 健康水疗 服务要求 |
| 176 | BS ISO 17680：2015 | Tourism and related services—Thalassotherapy—Service requirements | 旅游和相关服务 海洋疗法 服务要求 |
| 177 | BS ISO 18065：2015 | Tourism and related services—Tourist services for public use provided by natural protected areas authorities—Requirements | 旅游和相关服务 自然保护区公共旅游服务 要求 |
| 178 | BS EN ISO 18513：2021 | Tourism services—Hotels and other types of tourism accommodation—Terminology | 旅游服务 饭店和其他类型旅游住宿业 术语 |

续表

| 序号 | 标准编号 | 各标准英（法）文名 | 中文参考译名 |
|---|---|---|---|
| 179 | DD CEN ISO/TS 18234-4：2006 | Traffic and travel information（TTI）—TTI via transport protocol expert group（TPEG）data-streams—Part 4：Road traffic message（RTM）application | 交通和旅行信息（TTI）TTI 通过运输协议专家组（TPEG）数据流 第 4 部分：道路交通信息（RTM）应用 |
| 180 | DD CEN ISO/TS 18234-5：2006 | Traffic and travel information（TTI）—TTI via transport protocol expert group（TPEG）data-streams—Part 5：Public transport information（PTI）application | 交通和旅行信息（TTI）TTI 通过运输协议专家组（TPEG）数据流 第 5 部分：公共交通信息（PTI）应用 |
| 181 | DD CEN ISO/TS 18234-6：2006 | Traffic and travel information（TTI）—TTI via transport protocol expert group（TPEG）data-streams—Part 6：Location referencing applications | 交通和旅行信息（TTI）TTI 通过传输协议专家组（TPEG）数据流 第 6 部分：位置参考应用程序 |
| 182 | BS ISO 20410：2017 | Tourism and related services— Bareboat charter—Minimum service and equipment requirements | 旅游和相关服务 光船租赁 最低服务及设备要求 |
| 183 | BS ISO 20611：2018 | Adventure tourism—Good practices for sustainability—Requirements and recommendations | 探险旅游 可持续发展的良好实践要求和建议 |
| 184 | BS ISO 21101：2014 | Adventure tourism—Safety management systems—Requirements | 探险旅游 安全管理系统 要求 |
| 185 | BS ISO 21103：2014 | Adventure tourism—Information for participants | 探险旅游 参与者信息 |
| 186 | BS ISO 21219-2：2019 | Intelligent transport systems—Traffic and travel information（TTI）via transport protocol experts group，generation 2（TPEG2）—Part 2：UML modelling rules（TPEG2-UMR） | 智能交通系统 通过运输协议专家组的交通和旅行信息（TTI）第 2 代（TPEG2）第 2 部分：UML 建模规则（TPEG2- UMR） |
| 187 | BS ISO 21219-3：2019 | Intelligent transport systems—Traffic and travel information（TTI）via transport protocol experts group，generation 2（TPEG2）—Part 3：UML to binary conversion rules（TPEG2-UBCR） | 智能交通系统 通过运输协议专家组的交通和旅行信息（TTI）第 2 代（TPEG2）第 3 部分：UML 到二进制转换规则（TPEG2-UBCR） |
| 188 | BS ISO 21219-5：2019 | Intelligent transport systems—Traffic and travel information（TTI）via transport protocol experts group，generation 2（TPEG2）—Part 5：Service framework（TPEG2-SFW） | 智能交通系统 通过运输协议专家组的交通和旅行信息（TTI）第 2 代（TPEG2）第 5 部分：服务框架（TPEG2-SFW） |
| 189 | BS ISO 21219-6：2019 | Intelligent transport systems—Traffic and travel information（TTI）via transport protocol experts group，generation 2（TPEG2）—Part 6：Message management container（TPEG2-MMC） | 智能交通系统 通过运输协议专家组的交通和旅行信息（TTI）第 2 代（TPEG2）第 6 部分：消息管理容器（TPEG2-MMC） |

续表

| 序号 | 标准编号 | 各标准英（法）文名 | 中文参考译名 |
|---|---|---|---|
| 190 | BS ISO 21219-18：2019 | Intelligent transport systems—Traffic and travel information（TTI）via transport protocol experts group，generation 2（TPEG2）—Part 18：Traffic flow and prediction application（TPEG2-TFP） | 智能交通系统 通过运输协议专家组的交通和旅行信息（TTI）第 2 代（TPEG2）第 18 部分：交通客流和预测应用（TPEG2-TFP） |
| 191 | BS ISO 21401：2018 | Tourism and related services—Sustainability management system for accommodation establishments—Requirements | 旅游和相关服务 住宿设施的可持续性管理系统 要求 |
| 192 | BS ISO 21406：2020 | Tourism and related services—Yacht harbours—Essential requirements for luxury harbours | 旅游和相关服务 游艇码头 豪华码头基本要求 |
| 193 | BS ISO 21426：2018 | Tourism and related services—Medical spas—Service requirements | 旅游和相关服务 医疗水疗 服务要求 |
| 194 | BS ISO 21620：2020 | Tourism and related services Heritage hotels—Equipment and service requirements | 旅游和相关服务 传统饭店 设备和服务要求 |
| 195 | BS ISO 21621：2021 | Tourism and related services. Traditional restaurants—Visual aspects，decoration and services | 旅游和相关服务 传统餐厅 视觉方面、装饰和服务 |
| 196 | BS ISO 21902：2021 | Tourism and related services Accessible tourism for all Requirements and recommendations | 旅游和相关服务 全民无障碍旅游要求和建议 |
| 197 | BS ISO 22483：2019 | Tourism and related services Accommodation：Hotels—Service requirements | 旅游和相关服务 住宿：饭店 服务要求 |
| 198 | BS ISO 22525：2021 | Tourism and related services—Medical tourism—Service requirements | 旅游和相关服务 医疗旅游 服务要求 |
| 199 | BS ISO 22876：2021 | Tourism and related services Bareboat charter—Supplementary charter services and experiences | 旅游和相关服务 整船租赁 补充租船服务和经验 |
| 200 | BS ISO 23405：2022 | Tourism and related services. Sustainable tourism—Principles，vocabulary and model | 旅游和相关服务 可持续旅游 原则、词汇和模型 |
| 201 | DD CEN ISO/TS 24530-1：2006 | Traffic and travel information（TTI）—TTI via transport protocol experts group（TPEG）extensible markup language（XML）—Part 1：Introduction，common data types and TPEGML | 交通和旅行信息（TTI）交通信息运输协议（TPEG）可扩展标记语言（XML）第 1 部分：公共数据类型和 TPEG ML 导则 |
| 202 | DD CEN ISO/TS 24530-2：2006 | Traffic and travel information（TTI）—TTI via transport protocol experts group（TPEG）extensible markup language（XML）—Part 2：TPEG-locML | 交通和旅行信息（TTI）交通信息运输协议（TPEG）可扩展标记语言（XML）第 2 部分：TPEG-locML |
| 203 | DD CEN ISO/TS 24530-3：2006 | Traffic and traveller information（TTI）—TTI via transport protocol experts group（TPEG）extensible markup language（XML）—Part 3：TPEG-rtmML | 交通和旅行信息（TTI）交通信息运输协议（TPEG）可扩展标记语言（XML）第 3 部分：TPEG-rtmML |

续表

| 序号 | 标准编号 | 各标准英（法）文名 | 中文参考译名 |
|---|---|---|---|
| 204 | DD CEN ISO/TS 24530-4：2006 | Traffic and traveller information（TTI）. TTI via transport protocol experts group（TPEG）extensible markup language（XML）—Part 4：TPEG-ptiML | 交通和旅行信息（TTI）交通信息运输协议（TPEG）可扩展标记语言（XML）第 4 部分：TPEG-ptiML |
| 205 | NF ISO 13687-1：2018 | Tourism and related services—Yacht harbours—Part 1：minimum requirements for basic service level harbours | 旅游和相关服务 游艇港口 第 1 部分：港口基本服务水平的最低要求 |
| 206 | NF EN 13809：2003 | Tourism services—Travel agencies and tour operators—Terminology | 旅游业务 旅游代理商和旅游运营商 术语 |
| 207 | NF ISO 13810：2015 | Tourism services—Industrial tourism —Service provision | 旅游服务 工业旅游 服务供应商 |
| 208 | NF EN 14804：2005 | Language study tour providers—Requirements | 语言游学旅游供应商 要求 |
| 209 | PR NF EN ISO 14819-1：2019 | Intelligent transport systems—Traffic and travel information messages via traffic message coding—Part 1：Coding protocol for radio data system—Traffic message channel（RDS-TMC）using ALERT-C | 智能交通系统 交通信息编码的交通和旅行信息 第 1 部分：无线电数据系统编码协议 ALERT-C 交通信息通道（RDS-TMC） |
| 210 | PR NF EN ISO 14819-2：2019 | Intelligent transport systems—Traffic and travel information messages via traffic message coding —Part 2：Event and information codes for radio data system—Traffic message channel（RDS-TMC）using ALERT-C | 智能交通系统 通过交通信息编码的交通和旅行信息 第 2 部分：无线电数据系统事件和信息代码 ALERT-C 的交通信息通道（RDS-TMC） |
| 211 | PR NF EN ISO 14819-3：2019 | Intelligent transport systems—Traffic and travel information messages via traffic message coding—Part 3：Location referencing for radio data system—Traffic message channel（RDS-TMC）using ALERT-C | 智能交通系统 通过交通信息编码的交通和旅行信息 第 3 部分：无线电数据系统位置描述 ALERT-C 的交通信息通道（RDS-TMC） |
| 212 | NF EN ISO 14819-6：2017 | Traffic and traveller information（TTI）—TTI messages via traffic message coding—Part 6：Encryption and conditional access for the radio data system—Traffic message channel ALERT-C coding | 智能交通系统 通过交通信息编码的交通和旅行信息 第 6 部分：无线电数据系统的加密和访问条件 ALERT-C 的交通信息通道（RDS-TMC） |
| 213 | NF EN ISO 14823：2017 | Intelligent transport systems—Graphic data dictionary | 智能交通系统 图形数据字典 |
| 214 | NF EN 15565：2008 | Tourism services—Requirements for the provision of professional tourist guide training and qualification programmes | 旅游服务 专业导游培训供应商资格课程要求 |
| 215 | NF EN 15700：2011 | Safety for conveyor belts for winter sport or leisure use | 冬季运动或休闲用传送带安全 |
| 216 | NF ISO 17679：2017 | Tourism and related services—Wellness spa—Service requirements | 旅游和相关服务 健康水疗 服务要求 |

续表

| 序号 | 标准编号 | 各标准英（法）文名 | 中文参考译名 |
|---|---|---|---|
| 217 | NF EN ISO 18513：2004 | Tourism services—Hotels and other types of tourism accomodation—Terminology—Services touristiques | 旅游服务 饭店和其他类型旅游住宿 术语 |
| 218 | NF ISO 20410：2018 | Tourism and related services—Bareboat charter—Minimum service and equipment requirements | 旅游和相关服务 光船租赁 最低服务和设备要求 |
| 219 | NF ISO 20611：2018 | Adventure tourism—Good practices for sustainability—Requirements and recommendations | 探险旅游 可持续发展的良好实践 要求和建议 |
| 220 | NF ISO 21103：2014 | Adventure tourism—Information to participants | 探险旅游 参与者信息 |
| 221 | PR NF ISO 21902：2019 | Tourism and related services—Accessible tourism for all—Requirements and recommendations | 旅游和相关服务 全民无障碍旅游 要求和建议 |
| 222 | PR NF X50-316；PR NF ISO 3163：2022 | Adventure tourism—Terminology | 探险旅游 术语 |
| 223 | PNF X50-321；NF ISO 3021 | Adventure tourism—Hiking and trekking activities—Requirements and recommendations | 探险旅游 徒步旅行和徒步旅行活动 要求和建议 |
| 224 | X50-436；PR NF ISO 22876：2020 | Tourism and related services—Bareboat charter—Supplementary charter services and experiences | 旅游和相关服务 光船租赁 补充租赁服务和经验 |
| 225 | X35-501：2006（已废止） | Label Tourism and Handicap：Requirements | 旅游标识与残障人士：要求 |
| 226 | NF X50-726：1999（已废止） | Quality and management of golf courses：Performance criteria for the quality of golf course services | 高尔夫球场质量控制和管理：高尔夫球场服务质量性能标准 |
| 227 | NF X50-730：2009 | Tourist information office activities—Characteristics of the service commitments of tourist information offices—Welcome/information，promotion/communication，production/commercialization，boutique and event-related activities | 旅游信息中心活动 旅游信息中心服务承诺的特征 欢迎 / 信息、推广 / 交流、产品 / 商业化、精品和相关节事活动 |
| 228 | FD X50-731：1997（已废止） | The activities of tourist offices and information centres：Guide to define a welcome service for visitors at tourist offices and information centres | 旅游信息中心业务：旅游信息中心和访客中心指南 |
| 229 | NF X50-809：2004（已废止） | Highways—Service quality of client welcome areas—Service commitments | 高速公路 顾客区的服务质量 服务规程 |

续表

| 序号 | 标准编号 | 各标准英（法）文名 | 中文参考译名 |
|---|---|---|---|
| 230 | AC X50-830：2002 | Touristic activities—Quality promotion in tourist information offices—Methodological guide for a mobilizing approach to visitor service when promoting a tourist destination | 旅游活动 旅游信息中心的优质促销 旅游目的地对游客服务动员的方法指南 |
| 231 | AC X50-835：2002 | Quality approach for sustainable tourism in the sites of Réseau Culturel Terre Catalane | 加泰罗尼亚文化中心遗址优质可持续旅游方法 |
| 232 | FD X50-836：1999（已废止） | Tourist activities：Quality of the tourist welcome facilities for the Campagne Bonjour | 旅游业务：露营地游客接待设施质量 |
| 233 | NF X50-910：2000 | Hydropathic establishments（Spas）：Terminology. | 水疗设施：术语 |
| 234 | NF X50-911：2000 | Hydropathic establishments（Spas）：Control of the natural mineral water resources—Requirements and recommendations | 水疗设施：天然矿泉水资源的控制 要求与建议 |
| 235 | NF X50-912：2000 | Hydropathic establishments（Spas）：Transport and distribution of natural mineral water—Requirements and recommendations | 水疗设施：天然矿泉水资源的运输和配送 要求与建议 |
| 236 | NF X50-913：2000 | Hydropathic establishments（Spas）：Hygiene control—Requirements and recommendations | 水疗设施：卫生控制 要求与建议 |
| 237 | NF X50-914：2000 | Hydropathic establishments（Spas）：Control of quality of the hydropathic mud—Guidelines | 水疗设施：水疗泥的质量控制 指南 |
| 238 | NF X50-915：2000 | Hydropathic establishments（Spas）：Services to patients— Requirements and recommendations | 水疗设施：对客服务 要求和建议 |
| 239 | NF P98-544：2019 | Vertical roadsigns—Front of road signs for entertainment，cultural and tourist informations in brown monochrome—Performances，technical characteristics and specifications | 竖向路标 娱乐、文化和旅游信息用棕色单色前向路标 性能、技术特性和规范 |
| 240 | DS/ISO 13009：2015 | Tourism and related services—Requirements and recommendations for beach operation | 旅游和相关服务 海滩作业的要求和建议 |
| 241 | DS/ISO 13687-1：2017 | Tourism and related services—Yacht harbours—Part 1：Minimum requirements for basic service level harbours | 旅游和相关服务 游艇码头 第1部分：基本服务水平最低要求 |
| 242 | DS/ISO 13687-2：2017 | Tourism and related services—Yacht harbours—Part 2：Minimum requirements for intermediate service level harbours | 旅游和相关服务 游艇码头 第2部分：中等服务水平最低要求 |

续表

| 序号 | 标准编号 | 各标准英（法）文名 | 中文参考译名 |
|---|---|---|---|
| 243 | DS/ISO 13687-3：2017 | Tourism and related services—Yacht harbours—Part 3：Minimum requirements for high service level harbours | 旅游和相关服务 游艇码头 第 3 部分：高等服务水平最低要求 |
| 244 | DS/ISO 13810：2015 | Tourism services—Industrial tourism—Service provision | 旅游服务 工业旅游 服务供应商 |
| 245 | DS/ISO/TS 13811：2015 | Tourism and related services— Guidelines on developing environmental specifications for accommodation establishments | 旅游和相关服务 住宿设施环境规范指南 |
| 246 | DS/ISO 17679：2016 | Tourism and related services—Wellness spa—Service requirements | 旅游和相关服务 健康水疗 服务要求 |
| 247 | DS/ISO 17680：2015 | Tourism and related services—Thalassotherapy—Service requirements | 旅游和相关服务 海洋疗法 服务要求 |
| 248 | DS/ISO 18065：2015 | Tourism and related services— Tourist services for public use provided by natural protected areas authorities—Requirements | 旅游和相关服务 自然保护区公共旅游服务 要求 |
| 249 | DS/EN ISO 18513：2003 | Tourism services—Hotels and other types of tourism accommodation—Terminology | 旅游服务 饭店和其他类型的旅游住宿 术语 |
| 250 | DS/ISO 20410：2017 | Tourism and related services—Bareboat charter—Minimum service and equipment requirements | 旅游和相关服务 光船租赁 最低服务和设备要求 |
| 251 | DS/ISO 20611：2018 | Adventure tourism—Good practices for sustainability—Requirements and recommendations | 探险旅游 可持续发展的良好实践 要求和建议 |
| 252 | DS/ISO 21101：2014 | Adventure tourism—Safety management systems—Requirements | 探险旅游 安全管理系统要求 |
| 253 | DS/ISO/TR 21102：2013 | Adventure tourism—Leaders— Personnel competence | 探险旅游 领队 个人能力 |
| 254 | DS/ISO 21103：2014 | Adventure tourism—Information for participants | 探险旅游 参与者信息 |
| 255 | DS/ISO 21401：2018 | Tourism and related services—Sustainability management system for accommodation establishments—Requirements | 旅游和相关服务 住宿设施的可持续性管理系统 要求 |
| 256 | DS/ISO 21426：2018 | Tourism and related services— Medical spas—Service requirements | 旅游和相关服务 医疗水疗 服务要求 |
| 257 | SN ISO 9523：2015 | Touring ski-boots for adults—Interface with touring ski-bindings—Requirements and test methods | 成人滑雪靴 滑雪靴接口要求和测试方法 |
| 258 | SN EN ISO 11121：2003 | Recreational diving services— Requirements for introductory programmes to scuba diving | 休闲潜水服务 水肺潜水入门课程的要求 |

续表

| 序号 | 标准编号 | 各标准英（法）文名 | 中文参考译名 |
|---|---|---|---|
| 259 | SN EN ISO 13293：2013 | Recreational diving services—Requirements for gas blender training programmes | 休闲潜水服务 高氧气体培训要求 |
| 260 | SN EN 13809：2003 | Tourism services—Travel agencies and tour operators—Terminology | 旅游服务 旅游代理商和旅游运营商 术语 |
| 261 | SN EN 14804：2005 | Language study tour providers—Requirements | 语言游学旅游供应商 要求 |
| 262 | SN EN ISO 14823：2019 | Intelligent transport systems—Graphic data dictionary | 智能交通系统 图形数据字典 |
| 263 | SN EN 15565：2008 | Tourism services—Requirements for the provision of professional tourist guide training and qualification programmes | 旅游服务 专业导游培训供应商资格课程要求 |
| 264 | SN EN ISO 18513：2003 | Tourism services—Hotels and other types of tourism accommodation—Terminology | 旅游服务 饭店和其他类型的旅游住宿 术语 |
| 265 | SN EN ISO 24801-1：2014 | Recreational diving services—Requirements for the training of recreational scuba divers—Part 1：Level 1—Supervised diver | 休闲潜水服务 休闲水肺潜水员培训要求 第 1 部分：1 级 潜水监督员 |
| 266 | SN EN ISO 24801-2：2014 | Recreational diving services—Requirements for the training of recreational scuba divers—Part 2：Level 2—Autonomous diver | 休闲潜水服务 休闲水肺潜水员培训要求 第 2 部分：2 级 自助潜水员 |
| 267 | SN EN ISO 24801-3：2014 | Recreational diving services—Requirements for the training of recreational scuba divers—Part 3：Level 3—Dive leader | 休闲潜水服务 休闲水肺潜水员培训要求 第 3 部分：3 级 潜水领航员 |
| 268 | SN EN ISO 24802-1：2014 | Recreational diving services—Requirements for the training of scuba instructors—Part 1：Level 1 | 休闲潜水服务 水肺教练培训要求 第 1 部分：1 级 |
| 269 | SN EN ISO 24802-2：2014 | Recreational diving services—Requirements for the training of scuba instructors—Part 2：Level 2 | 休闲潜水服务 水肺教练培训要求 第 2 部分：2 级 |
| 270 | SN EN ISO 24803：2017 | Recreational diving services—Requirements for recreational diving providers | 休闲潜水服务 休闲潜水服务供应商的要求 |
| 271 | SN EN ISO 25110：2019 | Electronic fee collection—Interface definition for on-board account using integrated circuit card（ICC） | 电子收费 使用集成电路卡的车载账户的接口定义 |
| 272 | ÖNORM B 1603：2013 | Accessible facilities for tourism and leisure—Design principles | 旅游和休闲的无障碍设施 设计原则 |
| 273 | ÖNORM EN 13809：2003 | Tourism services—Travel agencies and tour operators—Terminology | 旅游业务 旅游代理商和旅游运营商 术语 |
| 274 | ÖNORM EN 15565：2008 | Tourism services—Requirements for the provision of professional tourist guide training and qualification programmes | 旅游服务 专业导游培训供应商资格课程要求 |

续表

| 序号 | 标准编号 | 各标准英（法）文名 | 中文参考译名 |
|---|---|---|---|
| 275 | ÖNORM EN ISO 18513：2003 | Tourism services—Hotels and other types of tourism accommodation—Terminology | 旅游服务 饭店和其他类型的旅游住宿 术语 |
| 276 | SS-EN 13809：2003 | Tourism services—Travel agencies and tour operators—Terminology | 旅游服务 旅游代理商和旅游运营商 术语 |
| 277 | SS-EN 15565：2008 | Tourism services—Requirements for the provision of professional tourist guide training and qualification programmes | 旅游服务 专业导游培训供应商资格课程要求 |
| 278 | SS-EN ISO 18513：2003 | Tourism services—Hotels and other types of tourism accommodation—Terminology | 旅游服务 饭店和其他类型的旅游住宿 术语 |

注：表中 1~77 项是西班牙标准化和认证协会（AENOR）发布的国家标准；78~157 项为德国标准化协会（DIN）发布的国家标准；158~204 项为英国标准学会（BSI）发布的国家标准；205~239 项为法国标准化协会（AFNOR）发布的国家标准；240~256 项为丹麦标准化协会（DS）发布的国家标准；257~271 项为瑞士标准协会（SNV）发布的国家标准；272~275 项是为奥地利标准研究所（ASI）发布的国家标准；276~278 为瑞典标准化研究院（SS）发布的国家标准

资料来源：1. https：//www.cen.eu

2. https：//www.aenor.es

3. https：//www.boutique.afnor.org

4. https：//www.din.de

5. https：//www.austrian-standards.at

6. https：//www.standardsuk.com

7. https：//webstore.ansi.org/

表 6–5 中列出的标准，是从这些国家的标准化主管机构的官网上查询到的。从制定的国家标准数量看，德国和西班牙两国的国家标准数量远多于其他欧洲国家。由于 CEN/TC 329 的秘书处设在德国，德国采用欧洲标准的数量不仅多于西班牙，也是所有欧洲国家中最多的（见表 6–6）。从表 6–5 中可看出，欧洲国家的许多旅游标准都是采用双编号，甚至是三编号，即国际标准编号、欧洲标准编号和本国标准编号，说明欧洲国家的旅游标准国际化程度很高，不少国家标准都是等同采用（IDT）欧洲标准和国际标准，主题主要集中在旅游基础类标准（术语标准）、安全培训标准、公共交通和可持续旅游等。近年来 ISO/TC 228 和 CEN/TC 329 都加快了对旅游信息化基础类标准的制定和发布，包括智能交通体系（ITS）、交通和旅行信息（TTI）和智慧旅游目的地（SMD）等系列标准。从表 6–5 中既可看出欧洲和欧洲国家在国际标准中的地位，也说明了国际标准在欧洲国家的采标率较高。

**表 6-6　部分欧洲国家发布的旅游和休闲标准统计**

| 国　家 | 国家标准数量 | 采用欧洲标准（CEN 和 EN） | 采用国际标准（ISO） |
|---|---|---|---|
| 西班牙 | 77 | 34 | 46 |
| 德　国 | 80 | 59 | 51 |
| 英　国 | 48 | 15 | 44 |
| 法　国 | 35 | 10 | 16 |
| 丹　麦 | 17 | 1 | 17 |
| 瑞　士 | 15 | 14 | 12 |
| 奥地利 | 4 | 3 | 1 |
| 瑞　典 | 3 | 3 | 1 |

注：表中的欧洲国家都是 ISO/TC 228 的正式委员

此外，欧盟国家的一些其他非营利组织（NPO）或非政府组织（NGO）出于对旅游可持续发展的关注，也制定与旅游业相关的可持续发展标准。其中，影响较大的是法国发起成立的，早期由法国、西班牙、德国和丹麦组成的欧洲公益性民间团体——环境教育基金会（Foundation for Environmental Education，简称 FEE）为旅游业制定的生态标签（Eco-label）标准和认证，即“蓝旗（Blue Flag）”和“绿钥匙（Green Key）”标准①：前者主要是针对海滩/水环境的水质、环境教育和环境信息、环境管理、安全和其他服务等内容的评价标准；后者是面向旅馆和户外露营地的生态标准，目标在于通过表彰和推动环境友好行动，促进可持续的旅游。

美国既不是“旅游及其相关服务”技术委员会（ISO/TC 228）的委员，也不是观察员。旅游业是美国第一大服务贸易行业，国家层面的旅游业行政管理归商务部国际贸易管理局，其下属的制造业和服务局设立“旅行和旅游行业”办公室（OT-TI），负责履行“评估旅游业对行业贡献”统计系统管理等管理职能；州层面的旅游业管理情况不同，绝大多数州都建立了专门的旅游办公室，每年划拨数千万美元用于支持旅游业的发展。但联邦政府和州政府都没有设立旅游标准化部门，民间也没有相关的旅游标准化组织，这与美国高度发达的市场经济和独特的标准化机制有很大关系。一方面，美国的旅游业高度发达，主要依靠市场调节，政府的主要工作则是行业数据的采集和分析、旅游形象的宣传和制定行业政策等。另一方面，美国民间工业标准化力量远超过政府。美国国家标准协会（ANSI）是一个私营的非营利组织，致力于支持美国的自愿性

① 详见环境教育基金会（FEE）的官方网页（https：//fee.org），以及属下的“蓝旗”和“绿钥匙”的官方网页[（https：//www.blueflag.global）、（http：//www.blueflag.org/）和（https：//www.greenkey.global/）]。

标准和合格评定体系，并加强其在国内和国际上的影响力。通过提供一个公平标准制定和质量合格评定体系的框架，并维护其完整性，从而提高美国企业的全球竞争力和生活质量。在ANSI的官方网站上，搜索“tourism”关键词没有查到一项旅游标准，但美国的工业标准化活动很活跃。据不完全统计，美国拥有600多家随市场经济而逐步发展起来的国家级标准制定组织（SDO），以直接制定国际化标准为己任。虽然没有获得国际标准化组织（ISO）的官方认可，但美国材料测试协会（American Society for Testing and Materials，简称ASTM）、美国机械工程师学会（American Society of Mechanical Engineers，简称ASME）等多个组织制定的标准，在100多个国家获得广泛的应用，国际影响力可与ISO相比。众多SDO依行业而存，不仅覆盖了旅游业可能涉及的宽泛行业，而且已为旅游所涉及的设施、设备、产品、场地、服务和管理等制定了众多专项标准，保证了旅游涉及产品的质量和安全性。此外，美国的法律体系和社会诚信体系较为完备，也使通过标准化规范旅游业管理的需求并不强烈。此外，美国民众对个性化旅游体验的追求，也弱化了建立行业标准的动力，使旅游标准的制定层次降至企业层次，并进而使旅游企业的服务标准成为其竞争力的核心，如全世界迪士尼乐园在游客互动、卡通人物造型等关键要素上的统一就是标准化的最好例证。

在亚洲，泰国是一个以旅游为支柱产业的国家，主要由政府主导来制定旅游标准，以标准作为旅游区开发投资的控制工具，并通过建立旅游质量标准来确保自然资源和地方社区的保护。日本有非常系统的旅游法规体系，较少制定旅游标准。

# 第七章　西班牙旅游标准化及其比较研究

西班牙是国际标准化组织（ISO）旅游及其相关服务技术委员会 ISO/TC 228 秘书处的所在国，也是主持和参与制定旅游国际标准最多的国家。西班牙的旅游业非常发达，2018 年人口仅有 4700 万的西班牙，接待的外国旅游者人数高达 8260 万人次。西班牙旅游业的兴旺发达，除了旅游资源丰富，风光秀丽外，还与西班牙旅游行业重视质量标准化建设有关。

## 第一节　西班牙旅游标准化发展概况

### 一、西班牙国家标准化简况

西班牙标准化和认证协会（AENOR）成立于 1986 年，是一个致力于推进所有的工业和服务部门的标准化和认证（S+C）发展的组织，也是欧共体标准化认证机构。另外，成立于 1945 年的国家科学委员会也设有标准化研究所（IRANOR），这是从事私营企业标准化和认证活动的非营利组织，设立宗旨是在不同的文化之间传播西班牙产品的质量和提升西班牙语的文化竞争力。

目前，西班牙全国有超过 200 个标准化专业技术委员会，近 6000 名标准化专家从事标准化工作，包括西班牙和欧洲的标准制定和认证。在 1986 年成立之初，AENOR 主要从事工业标准化的基础工作，很少对产品质量进行标准化认证。最初认证的产品是塑料用品和家用电器，随后是建材和电工。20 世纪 90 年代末期，才进入服务行业。1989 年开始根据 ISO 9001 UNE-EN 标准颁发了 2.6 万项认证证书，当时的认证对象主要是工业化组织。自 2000 年起，主要面向服务业的中小型企业。

AENOR 通过与国际专业协会合作一起开发制定国家标准（UNE）以及开展标准化工作，如质量认证、标准化评价、培训和销售出版物。AENOR 与国内外 31 500 家专业协会和机构合作制定了世界上最完整的西语国家技术标准目录；依据开放透明、协商一致的基本原则，与欧洲 5000 多家标准化技术委员会的 1.1 万多名专家合作制定西班牙国家标准，其中一个著名案例就是发起开展提升基础设施建设质量的活动，迄今为止已完成了近 900 个项目。

为配合企业的对外扩张和产品出口，AENOR 提供管理和产品质量支撑标准化认证服务，认证领域和范围涉及质量管理、环境管理、技术研发 + 信息化、安全与卫生、能源效率、工作或风险管理的社会责任等。目前，西班牙全国以“Q 标准”作为各类产品和管理的质量标准，并统一使用认证标志。

此外，AENOR 还建有标准化的实验、创新和服务中心（CEIS），检验检测标准化所需的相关技术参数。目前 AENOR 在美洲、欧洲、亚洲和非洲等 78 个国家推广标准化服务，已颁发了将近 1.8 万个 ISO 9001 质量管理认证，超过 3000 个 ISO 14001 环境管理认证和 7.2 万种带 AENOR 标志的产品。AENOR 在国际上与国际标准化组织（ISO）、国际电工委员会（IEC）、欧洲电工标准化委员会（CENELEC）、欧洲远距离通信标准局（ETSI）和泛美技术标准委员会（COPANT）等国际标准化相关组织保持着广泛而密切的合作关系。

## 二、西班牙旅游业政府管理机构和职能

西班牙国家实行议会制君主立宪制，共有 14 名内阁成员：首相，副首相兼首相府大臣，政府发言人，经济及竞争大臣，财政及公共管理大臣，外交与合作大臣，司法大臣，国防大臣，内政大臣，发展大臣、教育及文体大臣，就业及社会保障大臣，工业、能源及旅游大臣，农业、食品及环境大臣，卫生、社会服务和平等大臣等。由此可见，西班牙是将旅游与工业、能源等基础性产业合在一个部里，统称工业、能源及旅游部（以下简称“旅游部”），这也说明了在西班牙是将旅游作为支柱性产业来发展的。作为惯例，西班牙政府设置各个部委时，旅游部的职能通常会与其他领域的职能合并在一起，尽管旅游与其他职能之间并没有直接关系。这一点经常会遭到西班牙旅游企业家的批评，他们希望西班牙能够设置一个独立的旅游部。但由于西班牙中央政府在旅游方面的大部分职权，已经转移到各个大区政府了，所以单独设立旅游部的意义并不是很大。现行的西班牙工业、能源及旅游部内，有三个副部级单位或叫国务秘书处，其中之一就是旅游国务秘书处。这个层级的行政管理部门，是通过国务秘书来推动落实中央政府的旅游政策的，国务秘书不仅要与部长合作，还要与现政府的各部长委员会开展合作。旅游国务秘书处组织功能分别有以下三大部分。

（1）管理承担“旅游供给侧”各项功能的各直属机构，包括：

①旅游合作与竞争力司，行使如下职能：

• 与各部所属机构、各大区政府及本地实体、私营机构代表开展合作和协调，制定各项旅游政策所需的基础研究和总体规划，尤其是要与西班牙旅游业大会、西班牙旅游委员会和旅游部际委员会这三个机构开展合作；

• 代表国家中央政府开展国际关系的旅游合作，既包括与各类国际旅游组织的双边合作，也包括与西班牙外交与合作部协调开展多边性质的国际旅游合作。

②旅游发展与可持续司，行使以下职能：

• 以公共机构与私营部门建立共同责任、吸收社会力量参与、适应旅游需求的新要求为根基，共同制定发展战略，并完善目的地的规划和管理；

• 制定旨在“推动产品创新、提升产品质量、促进产品可持续、确保产品竞争力”的各类计划和项目；

• 管理由旅游国务秘书处分配并给予经济支持的各类旅游项目。

③旅游政策评估和信息分析处，协助旅游国务秘书处的工作。

④旅游国务秘书办公室，办公室主任相当于司长。

⑤律师办公室，为旅游国务秘书处提供司法支持。

（2）管理承担“旅游需求侧”各项功能的机构是独立运作的西班牙国家旅游局（TURISMO ESPAÑA，又名西班牙旅游研究院）。

这是一个具有独立法人资格、自主经营的非营利组织，主要职能是致力于西班牙旅游的国际市场营销、管理驻外旅游办事处和编制旅游统计和报告。其机构设置如下：主席由旅游国务秘书担任，下设助理委员会、局长、对外旅游顾问委员会、会展部、对外旅游市场营销部、旅游知识与旅游信息部、旅游行业战略和服务部、旅游信息技术与经济行政管理部等。

（3）与公共合作的有关机构。

西班牙中央政府旅游行政管理部门设置了两个专门的机构，与其他公共行政管理部门开展合作，即：旅游部际委员会和旅游全行业大会。

①旅游部际委员会，创建于 1994 年，由旅游部召集，旅游国务秘书和其他部委的副国务秘书参加（财政、外交、内政安全、文化等），行使旅游部与中央政府旅游相关各部委的协调工作。宗旨是在提供公共服务和制订各自的计划和方案时，推动和协调所有各方采取一致的行动。

旅游部际委员会定期或不定期组织举办全体大会和常务委员会（常设工作组），全体大会的主席由旅游部大臣（部长）担任。

②旅游全行业大会的设立，是为了克服旅游的立法和管理职能分散在公共行政管理机构的各个层级中的缺陷。因此，这个机构的目标是推动中央政府与地方政府各部门之间的合作和协调。旅游全行业大会由以下三个机构组成：

• 全体大会。由旅游部大臣（部长）任主席，成员为西班牙各大区政府的旅游顾问（这一职务相当于大区旅游部长，比大区旅游局长还要更高一级）。如果大区政府的代表缺席，则应由能够最大程度代表本地区旅游行业的机构负责人参加（大区政府的旅游副顾问或大区旅游局长）。

• 旅游局长圆桌会议。由旅游部部长主持，各大区旅游局局长参加。

• 各类工作组。根据全体大会或旅游局长圆桌会议的决议组建，其任务是落实与大会主题相关、涉及本机构事务的各项任务的筹备、研究和建议。成员是各行政部门的技术专家或因特别专长而指定的人员。工作组类别包括质量工作组、旅游可持续工作组等。

从西班牙国家旅游管理体制设置可看出，旅游业的质量管理（含质量标准化管理）主要由旅游部的旅游发展与可持续司分管，但由于西班牙标准化工作（标准化研究、标准编制和标准认证等）采取市场化的开放模式，旅游部只是负责制定规划和实施宏观管理。

进入新世纪后，西班牙政府开始实施《2000—2006年西班牙全面旅游质量规划》（*Plan Integral de Calidade de Turismo Espanol*，简称PICTE）。此外，还对各级各类的质量培训和旅游专业研究生培养和研究工作提供支持。

总之，从运行体制上来说，西班牙中央政府在旅游方面的大部分职权，基本都转移到各个大区政府。中央政府层面是通过国务秘书来推动落实国家旅游政策，国务秘书不仅要与部长合作，还要与现政府的各部长委员会开展合作。由于西班牙旅游管理体制是建立在市场化基础上的，遵循小政府大市场的治理原则，旅游标准化工作主要通过体制外的第三方组织来完成，重视与私营企业和社会团体的合作。如西班牙政府开始实施的基于ISO 9000标准的旅游服务质量体系建设（《2000—2006年西班牙全面旅游质量规划》），就是由各旅游部门、旅馆、露营地及滑雪胜地等普遍采用，不同旅游服务的质量管理体系的设计与执行单位共同对执行该体系的2700个公司提供支持，西班牙旅游质量学院（ICTE）和推广西班牙旅游质量标志（广告公司和宣传册）等社会各方共同参与。在这项标准化运动中，中央政府只是起引导和协调作用，市场相关利益方发挥主体作用。我国的旅游标准化则是由政府主管部门主导（原国家旅游局，现文化和旅游部）下设立的SAC/TC 210，直接负责国家和行业标准的立项、制修订、审核、推广宣传等工作。

## 第二节　西班牙旅游标准化的特点

西班牙是制定旅游国家标准最多的国家，西班牙国家旅游标准由三个部分组成，即自主制定和等同采用（IDT）已有的国际标准（ISO）或欧洲标准（CEN 和 EN）。由于西班牙标准化和认证协会（AENOR）在国际标准化组织旅游及其相关服务技术委员会（ISO/TC 228）的地位，有些等同采用（IDT）的国际标准（ISO）或欧洲标准（CEN 和 EN）就是来源于西班牙旅游国家标准。

由于西班牙标准化是基于市场化机制，政府的影响力较弱。西班牙的旅游标准制定也不是由政府事先计划的。西班牙没有计划性较强的旅游标准化体系表，是由专业机构根据市场需要制定的，而不是由政府行政管理部门来直接主导的。从表 6–5 中可看出，西班牙的旅游国家标准有下列几点鲜明特色：首先，西班牙的国家标准不追求体系的大而全，而是按照实际需求制定专项旅游标准。如在特种旅游安全培训和安全管理方面，重点制定了潜水旅游的系列标准和探险旅游的安全系统标准等系列标准。其他专项旅游，如高尔夫球、海滨旅游、航海旅游、山地滑雪和工业旅游等。其次，西班牙美食也是一项重要的旅游吸引物，西班牙很重视餐馆的服务和管理，制定了 9 项与餐馆有关的系列标准。最后，西班牙国家旅游局不属于政府行政管理部门，是按照西班牙相关法律设立的独立法人机构；旅游局（以及会议局）的管理职责、管理范围、工作内容、质量要求等，不是通过政府文件，而是由标准文件来规定的，这个是西班牙旅游管理体制和旅游标准化的一大特点。

从标准化产业链来说，西班牙已经形成了较完备的需求—供给的产业链。西班牙的旅游标准化受市场驱动，对于标准化对象和内容都非常具体和明确，是基于旅游业发展的客观实际和迫切需要。西班牙政府在旅游标准化工作中主要是推广质量标准化，即产品质量、服务质量和管理质量的标准化，提升西班牙旅游业在国际上的整体形象和核心竞争力；其经费来源于成员团体的会费、出版物发行收入和标准实施收入（Q 质量认证）。而我国旅游标准制定需求主要由政府根据调研情况决定，经费来源以财政经费为主，因而标准的需求和供给匹配有时会出现偏差。目前，我国大力推广的团体标准就是为了弥补这一不足。

# 第三节　中国与西班牙旅游标准化的差异

## 一、西班牙与我国旅游标准比较

从标准体系化建设看，中国旅游标准在形式上较西班牙更为全面、系统和完整；但从标准化推广看，不少中国的旅游标准的立项和编制由于不是基于市场的广泛和共同需求，标准发布后，标准的使用率和普及率都不高，市场响应程度低，没有切中旅游市场发展过程中的痛点。而西班牙标准是基于市场的广泛和共同需求，不是来自政府的规划，因此西班牙的旅游标准化不像我国有较为完整的标准体系表规划。所以虽然从形式上看，西班牙标准的系统性不强，体系结构不完整，但制标的重点突出，市场使用率和普及率高。这也是由于西班牙的旅游标准化机制是基于市场化所致，旅游标准也是市场化的产物，每一项标准的立项和制定都需要考虑市场绩效和经济效益，而中国的旅游标准更着重于宏观管理和市场治理。

从标准编制方法来看，西班牙的标准基本是参照了 ISO 9000 系列标准（质量保证标准体系）的框架编写，主要侧重于过程管理；自 2020 年起，我国标准编写的方法是按照 GB /T 1.1—2020《标准化工作导则 第 1 部分：标准化文件的结构和起草规则》（*ISO/IEC Directives*，*Par 2: 2018, Principles and Rules for the Structure and Drafting of ISO and IEC Documents*）的规则进行编写，非等效采用 ISO/IEC《ISO 和 IEC 文件结构和起草导则和规则》，主要侧重于结果管理。所以西班牙旅游标准的特点是不仅对于服务和管理结果提出要求，而且对服务和管理过程、人力资源也提出规范性要求；在标准体例上，标准文件既对管理的通用程序提出规范性要求，又保持一定的灵活性和自主性，以适应瞬息万变的市场需求，整个体系也比较能保证服务质量的持续性。

我国的国情与市场治理结构与西班牙迥然不同，旅游标准化工作还应由政府主导，不适宜完全让渡于市场。目前，我国全域旅游、旅游 + 和旅游信息化、旅游与其他相关领域和部门的融合发展、旅游公共服务和管理的建设和完善，都离不开政府的支持和顶层设计。但从我国标准化发展方向看，将由政府主导逐渐向市场主导过渡，鼓励市场相关利益方和独立的第三方主持和参与制定团体标准。目前可以在旅游标准立项、制定和审查等多个方面吸收市场各相关利益方参与。对于一些发展较为成熟的专业领域的产品、服务和管理标准应逐步向市场开放，鼓励市场各方和专业协会积极参与国家标准、行业标准，以及团体标准的制定。而对于旅游发展中跨部门跨领域的新业态标准由旅游主管部门主导，便于宏观协调、资源整合和发展方向引领。

目前，虽然我国旅游在参与制定国际标准领域已经有所突破，但与西班牙相比还存在较大差距。一方面，西班牙有ISO/TC 228秘书处的属地优势；另一方面，西班牙地处地中海沿岸，海洋海岛是最受大众欢迎的度假旅游目的地。在海洋海岛旅游项目中，海底潜水是既刺激又充满风险和挑战的特种旅游项目，对于潜水旅游的安全要求和经营规范是欧洲地中海国家海洋海岛旅游运营商的共同需要。因此，在欧盟旅游标准体系中，潜水旅游的标准自成体系，对于经营商、教练员和游客都提出了较为详尽的要求和规范，并实行分级资格认证。我国虽然也有海洋旅游标准，但标准的规范内容比较空泛，只提出了一些原则性要求，并不聚焦海洋旅游的关键问题，针对性和实用性都不强。此外，西班牙为了打造欧洲美食天堂的形象，对于旅游餐饮提出了较高的质量要求，除了对于旅游饭店和餐厅制定专门的餐饮标准外，在一些旅游景区和度假地如山地滑雪标准中还专门设立餐饮的章节，对食材加工、制作过程、操作环境、人力资源和服务过程都提出了规范性要求。相比较而言，我国的一些单项旅游标准，如温泉旅游、滑雪旅游标准都较少从游客全方位的需要和体验出发，只是从供给者的角度提出专业性和技术性的要求，忽视游客对服务流程和服务多样性的要求。这些旅游企业即使“达标”或通过了标准认证，也未必能够提高游客的满意度，这是我国旅游标准化应该借鉴和改进的地方。

从总体上看，西班牙旅游标准比较注重细节，标准所提的要求比较具体，具有可操作性，可证实和易于测评。

## 二、西班牙与我国旅游饭店国家旅游标准比较

我国首个旅游标准是《旅游饭店星级的划分与评定》。该标准于1987年研究制定，1993年第一次实施，至今已经修订5次，相比其他旅游标准更为成熟，也是实施最成功的旅游标准。西班牙也有类似的标准——《饭店和旅游公寓提供服务的要求》（UNE 182001），这是由西班牙标准化和认证协会（AENOR）于2005年发布的，2008年再次进行修订。我们就从这两项饭店标准的比较来看两国旅游标准化方面的差异。

从标准的文本结构和内容上看，西班牙饭店标准比较重视过程（流程）管理，将饭店（包括公寓式饭店、旅游公寓等住宿设施）的服务分为管理流程、住宿流程、餐饮流程、活动流程、运维流程、供应流程、清洁流程、娱乐流程等几个方面，对每个流程从基本概念、管理责任、人力资源和设施设备等方面提出要求。此外，标准也对不同等级

的饭店提出了不同的设施设备、管理和服务的要求。而我国的旅游饭店星级划分与评定标准主要是对硬件设施设备和提供的服务种类提出要求，标准文本正文文字内容不多，主要的评价指标和评分细则是在三个附录中给出的。简言之，西班牙饭店标准强调提供服务的流程（过程），而我国的饭店标准比较重视提供服务的结果（见表 7-1）。

**表 7-1　中西旅游饭店标准文件文本结构比较**

| 饭店和旅游公寓提供服务的要求<br>（UNE 182001：2008） | 旅游饭店星级的划分与评定<br>（GB/T 14308—2010） |
|---|---|
| 0 前言 | 0 前言 |
| 1 范围 | 1 范围 |
| 2 规范性引用文件 | 2 规范性引用文件 |
| 3 术语和定义 | 3 术语和定义 |
| 4 管理流程 | 4 星级划分及标志 |
| 4.1 基本概念 | 5 总则 |
| 4.1.1 管理层责任 | 6 各星级划分条件 |
| 4.1.2 战略 | 6.1 必要条件 |
| 4.1.3 法律 | 6.2 设施设备 |
| 4.2 计划流程 | 6.3 饭店运营质量 |
| 4.2.1 基本概念 | 7 服务质量总体要求 |
| 4.2.2 质量方针和目标 | 7.1 服务基本原则 |
| 4.2.3 服务的定义 | 7.2 服务基本要求 |
| 4.3 组织流程 | 8 管理要求 |
| 4.3.1 基本概念 | 9 安全管理要求 |
| 4.3.2 组织结构和职责定义 | 10 其他 |
| 4.3.3 协调系统 | 附录 A（规范性）五个星级饭店必备项目检查表 |
| 4.3.4 质量管理体系 | |
| 4.3.4.1 基本概念 | 表 A.1 一星级必备项目检查表 |
| 4.3.4.2 流程和指标的识别 | 表 A.2 二星级必备项目检查表 |
| 4.3.4.3 系统文件的管理 | 表 A.3 三星级必备项目检查表 |
| 4.3.4.3.1 基本概念 | 表 A.4 四星级必备项目检查表 |
| 4.3.4.3.2 登记 | 表 A.5 五星级必备项目检查表 |
| 4.3.5 与标准不符 | 1. 总体要求 |
| 4.3.6 环境管理 | 2. 前厅 |
| 4.3.6.1 基本概念 | 3. 客房 |
| 4.3.6.2 能源消耗 | 4. 餐厅及吧室 |

续表

| 饭店和旅游公寓提供服务的要求（UNE 182001：2008） | 旅游饭店星级的划分与评定（GB/T 14308—2010） |
|---|---|
| 4.3.6.3 资源消耗 | 5. 厨房 |
| 4.3.6.4 管理和减少污染 | 6. 会议康乐设施 |
| 4.3.7 安全管理 | 7. 公共区域 |
| 4.3.7.1 基本概念 | 附录 B（规范性）设施设备评分表 |
| 4.3.7.2 风险和事故预防 | 1 地理位置、周围环境、建筑结构及功能布局 |
| 4.3.7.3 食品安全 | |
| 4.3.7.4 健康保障 | 表 B.1 设备设施评分表 |
| 4.3.7.5 人员和货物的安全 | 1.1 地理位置及周围环境 |
| 4.3.7.6 建筑和设施的安全 | 1.2 停车场 |
| 4.3.7.7 防火 | 1.3 建筑结构及功能布局 |
| 4.3.7.8 应急管理 | 2 共用系统 |
| 4.4 资源管理流程 | 2.1 智能化管理系统 |
| 4.4.1 基本概念 | 2.2 信息管理系统 |
| 4.4.2 人力资源管理 | 2.3 互联网 |
| 4.4.2.1 规划范例 | 2.4 空调系统 |
| 4.4.2.2 招聘 | 2.5 应急供电 |
| 4.4.2.3 培训 | 2.6 移动电话信号覆盖所有客房及公共区域 |
| 4.4.2.4 客户援助 | |
| 4.4.3 内部沟通管理 | 2.7 节能措施与环境管理 |
| 4.4.4 物资管理 | 3 前厅 |
| 4.4.5 对外部公司提供的服务管理 | 3.1 地面装饰 |
| 4.5 营销流程 | 3.2 墙面装饰 |
| 4.6 流程控制和持续改进 | 3.3 天花板 |
| 4.6.1 基本概念 | 3.4 艺术装饰 |
| 4.6.2 内部控制机制 | 3.5 家具 |
| 4.6.3 客户满意度衡量 | 3.6 灯具与照明 |
| 4.6.4 内部审计 | 3.7 整体装饰效果 |
| 4.6.5 系统修订 | 3.8 公共卫生间 |
| 4.6.6 持续改进 | 3.9 客用电梯 |
| 5 住宿流程 | 3.10 贵重物品保险箱 |
| 5.1 基本概念 | 3.11 前厅整体舒适度 |
| 5.2 责任 | 4 客房 |
| 5.3 人力资源和设备 | 4.1 普通客房 |

续表

| 饭店和旅游公寓提供服务的要求<br>（UNE 182001：2008） | 旅游饭店星级的划分与评定<br>（GB/T 14308—2010） |
|---|---|
| 5.4 要求 | 4.2 装修与装饰 |
| 5.5 预定流程 | 4.3 家具 |
| 5.5.1 基本概念 | 4.4 灯具与照明 |
| 5.5.2 要求 | 4.5 彩色电视机 |
| 5.6 抵达流程 | 4.6 客房电话 |
| 5.6.1 基本概念 | 4.7 微型酒吧 |
| 5.6.2 人力资源和物料 | 4.8 客房便利设施和用品 |
| 5.6.3 要求 | 4.9 客房必备品 |
| 5.6.3.1 前台服务 | 4.10 客房卫生间 |
| 5.6.3.2 行李服务 | 4.11 套房 |
| 5.6.3.3 入住服务和住宿 | 4.12 残疾人客房配备相应的残障设施 |
| 5.6.4 内部控制机制 | 4.13 设无烟楼层 |
| 5.7 持续援助流程 | 4.14 客房舒适度 |
| 5.7.1 基本概念 | 4.15 客房走廊及电梯厅 |
| 5.7.2 人力资源和物料 | 5 餐饮 |
| 5.7.3 要求 | 5.1 餐厅 |
| 5.7.3.1 房间和公寓设备 | 5.2 厨房 |
| 5.8 入住和退房流程 | 5.3 酒吧、茶室及其他吧室 |
| 5.8.1 基本概念 | 5.4 餐饮区域整体舒适度 |
| 5.8.2 人力资源和物料 | 6 安全设施 |
| 5.8.3 要求 | 6.1 客房安全设施 |
| 6 餐饮流程 | 6.2 公共区域 |
| 6.1 基本概念 | 6.3 食品安全 |
| 6.2 美食供应流程 | 7 员工设施 |
| 6.3 食品卫生和制作过程 | 7.1 有独立的职工食堂 |
| 6.3.1 基本概念 | 7.2 有独立的更衣间 |
| 6.3.2 责任 | 7.3 有员工浴室 |
| 6.3.3 人力资源和物料 | 7.4 有倒班宿舍 |
| 6.3.3.1 人力资源 | 7.5 有员工专用培训教室，配置必要的教学仪器和设备 |
| 6.3.3.2 物质资源 | |
| 6.3.4 要求 | 7.6 有员工活动室 |
| 6.3.4.1 原材料的验收 | 7.7 有员工电梯 |
| 6.3.4.2 食物储存 | 8 特色类别 |

续表

| 饭店和旅游公寓提供服务的要求（UNE 182001：2008） | 旅游饭店星级的划分与评定（GB/T 14308—2010） |
|---|---|
| 6.3.4.3 处理 | 8.1 商务会议型旅游饭店设施 |
| 6.3.4.4 加工方式 | 8.2 休闲度假型旅游饭店设施 |
| 6.3.4.4.1 热加工 | 8.3 其他 |
| 6.3.4.4.2 冷加工 | 附录 C（规范性）饭店运营质量评价表 |
| 6.3.4.4.3 半成品或成品食物的保存 | 表 C.1 饭店运营质量评价表 |
| 6.3.4.5 标签 | 1 总体要求 |
| 6.3.4.6 废物处理 | 1.1 管理制度与规范 |
| 6.3.5 内部控制机制 | 1.2 员工素养 |
| 6.4 服务提供过程 | 2 前厅 |
| 6.4.1 基本概念 | 2.1 前厅 |
| 6.4.2 职责 | 2.1.1 总机 |
| 6.4.3 人力资源和物料 | 2.1.2 预订 |
| 6.4.3.1 人力资源 | 2.1.3 入住登记 |
| 6.4.3.2 物料 | 2.1.4 行李服务 |
| 6.4.4 要求 | 2.1.5 礼宾、问询服务 |
| 6.4.4.1 客户服务工作时间 | 2.1.6 叫醒服务 |
| 6.4.4.2 服务准备 | 2.1.7 结账 |
| 6.4.4.3 早餐服务 | 2.2 前厅维护保养与清洁卫生 |
| 6.4.4.4 午餐和晚餐服务 | 3 客房 |
| 6.4.4.4.1 日常菜单系统 | 3.1 整理客房服务 |
| 6.4.4.4.2 点菜系统 | 3.2 客房维护保养与清洁卫生 |
| 6.4.4.4.3 自助餐系统 | 4 餐饮 |
| 6.4.4.5 酒吧服务（咖啡店、小吃吧） | 4.1 餐饮服务质量 |
| 6.4.4.6 客房服务 | 4.2 餐饮区域维护保养与清洁卫生 |
| 6.4.4.7 野餐服务 | 5 其他服务项目 |
| 7 活动流程 | 5.1 会议、宴会 |
| 7.1 基本概念 | 5.2 健身房 |
| 7.2 责任 | 5.3 游泳池 |
| 7.3 人力资源和设备 | 5.4 更衣室 |
| 7.4 要求 | 6 公共、后台区域 |
| 7.5 内部控制机制 | 6.1 周围环境 |
| 8 运维流程 | 6.2 楼梯、走廊、电梯厅 |
| 8.1 基本概念 | 6.3 公共卫生间 |

续表

| 饭店和旅游公寓提供服务的要求（UNE 182001：2008） | 旅游饭店星级的划分与评定（GB/T 14308—2010） |
|---|---|
| 8.1.1 设施和外部环境 | 6.4 后台区域 |
| 8.1.2 设备 | |
| 8.1.3 设施 | |
| 8.2 责任 | |
| 8.3 人力资源和设施设备 | |
| 8.3.1 基本概念 | |
| 8.3.2 设施设备 | |
| 8.3.3 要求 | |
| 8.3.4 内部控制机制 | |
| 8.4 预防过程 | |
| 8.4.1 基本概念 | |
| 8.4.2 人力资源和设施设备 | |
| 8.4.2.1 人力资源 | |
| 8.4.3 要求 | |
| 8.5 修正过程 | |
| 8.5.1 基本概念 | |
| 8.5.2 人力资源和设施设备 | |
| 8.5.2.1 人力资源 | |
| 8.5.2.2 材料资源 | |
| 8.5.3 要求 | |
| 8.5.4 内部控制机制 | |
| 9 清洁流程 | |
| 9.1 基本概念 | |
| 9.2 责任 | |
| 9.3 人力资源和设施设备 | |
| 9.3.1 人力资源 | |
| 9.3.2 设施设备 | |
| 9.4 设备清洁过程 | |
| 9.4.1 基本概念 | |
| 9.4.2 人力资源和物力资源 | |
| 9.4.2.1 人力资源 | |
| 9.4.2.2 物力资源 | |
| 9.4.3 要求 | |

续表

| 饭店和旅游公寓提供服务的要求<br>（UNE 182001：2008） | |
|---|---|
| 9.4.3.1 房间或公寓的清洁 | |
| 9.4.3.1.1 住客房的清洁 | |
| 9.4.3.1.2 顾客退房后的清洁 | |
| 9.4.3.2 客户使用的公共区域的清洁 | |
| 9.4.3.3 服务区清洁 | |
| 9.4.4 内部控制机制 | |
| 9.5 洗涤过程 | |
| 9.5.1 总则 | |
| 9.5.2 人力资源和物力资源 | |
| 9.5.2.1 人力资源 | |
| 9.5.2.2 物力资源 | |
| 9.5.3 要求 | |
| 9.5.3.1 贴身用品和纺织品洗涤 | |
| 9.5.3.2 饭店贴身用品和纺织物的洗涤 | |
| 9.5.4 内部控制机制 | |
| 10 供应流程 | |
| 10.1 基本概念 | |
| 10.2 责任 | |
| 10.3 购买管理流程 | |
| 10.3.1 总则 | |
| 10.3.2 要求 | |
| 10.3.3 内部控制机制 | |
| 10.4 货物接收流程 | |
| 10.4.1 概述 | |
| 10.4.2 要求 | |
| 10.5 储存流程 | |
| 10.5.1 基本概念 | |
| 10.5.2 要求 | |
| 10.5.3 内部控制机制 | |
| 11 娱乐流程 | |
| 11.1 基本概念 | |
| 11.2 责任 | |
| 11.3 人力资源和设备 | |

续表

| 饭店和旅游公寓提供服务的要求（UNE 182001：2008） | |
|---|---|
| 11.3.1 人力资源 | |
| 11.3.2 设备设施 | |
| 11.4 要求 | |
| 11.5 内部控制机制 | |
| 附录 A（资料性）自助餐和早餐类别和食品清单 | |
| 附录 B（资料性）建筑物和户外活动 | |
| B.1 区域 | |
| B.1.1 客户使用和员工提供服务的内部区域 | |
| B.1.2 客户使用和员工提供服务的外部区域 | |
| B.2 设备群 | |
| B.2.1 加热机 | |
| B.2.2 运输和起重设备 | |
| B.2.3 清洁和洗衣设备 | |
| B.2.4 音响和电子设备 | |
| B.2.5 一般性设备 | |
| B.3 设备设施 | |
| B.3.1 电气装置 | |
| B.3.2 防火设施 | |
| B.3.3 冷、热用水和卫生用水设施 | |
| B.3.4 燃料流体装置 | |
| B.3.5 空调设施 | |
| 附录 C（资料性）客户要求更换毛巾的申请表范例 | |

从表 7-1 可看出，西班牙的饭店标准，内容非常具体翔实，标准的文本（含表格、附录）文字量比西班牙其他旅游标准都要多出几倍。除了提出基本概念、管理责任等原则外，还分别从客服、客房、家具、卫生间、客用消耗品、餐饮、清洁、洗熨等方面提出设施设备和服务细节要求。受篇幅所限难以详尽列举，这里我们仅列出标准中的一些表格来一窥西班牙饭店标准的一些细节要求，如表 7-2 给出了各星级饭店对客房床具尺寸的最低要求。但比较而言，总体上要略低于我国《旅游饭店星级的划分与评定》中对于双人床和单人床的尺寸规定，但我国没有对加床和儿童加床给出尺寸的要求（GB/T 14308—2010）。

**表 7-2　床具的最小尺寸**

| 饭店分类 | 尺寸（长度和宽度） | |
|---|---|---|
| | 普通床尺寸 | 加床尺寸 |
| 五星级饭店 | 双人床：2.0 米 ×1.80 米<br>单人床：2.0 米 ×1 米 | 1.90 米 ×0.90 米 |
| 四星级饭店和公寓 | 双人床：1.9 米 ×1.50 米<br>单人床：1.9 米 ×0.9 米 | 1.90 米 ×0.90 米 |
| 其他饭店 | 双人床：1.9 米 ×1.35 米<br>单人床：1.9 米 ×0.9 米 | 1.80 米 ×0.80 米 |

注：儿童加床最小尺寸为：1.8 米 ×0.8 米

西班牙饭店标准的一大特点是，对于餐饮服务要求比较具体和详细，从餐饮服务时间、餐桌餐布餐巾纸、早中晚餐菜品种类和数量、自助餐和零点餐的菜品种类和数量、客房送餐的菜品种类和数量，到饭店供应野餐器皿和食品都提出了具体要求。由此可见，西班牙饭店对于餐饮的重视程度（见表 7-3 至表 7-9）。或许是由于中西餐食的差异所致，我国的标准中对于餐厅餐饮菜品的种类和数量没有给出明确的要求。但对于客房送餐服务（Room Service）是有要求的，五星级饭店的要求是菜式品种不少于 8 种，饮料品种不少于 4 种，甜食饮料品种不少于 4 种（GB/T 14308—2010，附录 A 表 A.5），这个要求低于西班牙的同级标准。此外，我国的标准中也没有提及提供野餐项目的内容。

**表 7-3　早餐食物种类和菜品数量要求**

| 饭店分类 | 食物种类 | 菜品数量 |
|---|---|---|
| 五星级 | 30 | 70 |
| 四星级 | 27 | 60 |
| 三星级 | 22 | 45 |
| 二星级 | 18 | 35 |
| 一星级 | 18 | 25 |

注：在附录 A 中，汇集了参考类别和菜品

**表 7-4　午餐、晚餐的菜品和数量要求**

| 饭店分类 | 菜　品 | 可供选择数量 |
|---|---|---|
| 五星级 | 开胃菜 | 5 |
| | 第二道菜 | 4 |
| | 甜　点 | 5 |

续表

| 饭店分类 | 菜　品 | 可供选择数量 |
| --- | --- | --- |
| 四星级 | 开胃菜 | 4 |
| | 主　菜 | 4 |
| | 甜　点 | 5 |
| 三星级 | 开胃菜 | 3 |
| | 主　菜 | 3 |
| | 甜　点 | 4 |
| 二和一星级 | 开胃菜 | 2 |
| | 主　菜 | 2 |
| | 甜　点 | 3 |

**表 7–5　午餐和晚餐零点菜品种类**

| 官方分类 | 菜　品 | 菜　式 |
| --- | --- | --- |
| 所有等级的饭店 | 开胃菜 | 汤、开胃沙拉、意大利面食、鸡蛋、豆类 |
| | 主　菜 | 家禽、肉类或鱼类 |
| | 甜　点 | 水果甜品、冰淇淋和糕点 |
| | 咖　啡 | 现磨或冲泡咖啡 |
| | 酒 | 白葡萄酒和其他酒类 |
| | 饮　料 | 饮料水、苏打水、葡萄酒其他饮料 |

**表 7–6　午餐和晚餐自助餐的菜品和数量要求**

| 饭店分类 | 菜　品 | 最低选择数量 |
| --- | --- | --- |
| 五星级 | 开胃菜 | 20 |
| | 主　菜 | 6 |
| | 甜　点 | 20 |
| 四星级 | 开胃菜 | 15 |
| | 主　菜 | 5 |
| | 甜　点 | 15 |
| 三星级 | 开胃菜 | 12 |
| | 主　菜 | 3 |
| | 甜　点 | 9 |
| 二和一星级 | 开胃菜 | 8 |
| | 主　菜 | 2 |
| | 甜　点 | 6 |

**表 7–7　客房送餐服务菜单菜品和各菜品的要求**

| 提供的食物 | 种　类 | 五星级饭店 | 四星级饭店 | 其他等级饭店 |
|---|---|---|---|---|
| 三明治 | 冷、热两种 | 3 | 2 | 2 |
| 开胃菜 | 汤、沙拉、开胃菜、意面、鸡蛋或拌菜 | 5 | 3 | 2 |
| 主　菜 | 家禽、肉、鱼 | 5 | 4 | 2 |
| 甜　点 | 水果、糖果盒冰淇淋 | 5 | 3 | 2 |
| 咖　啡 | 现磨和冲泡咖啡 | 4 | 2 | 2 |
| 饮　料 | 水、苏打水、葡萄酒和其他饮料 | 12 | 9 | 7 |
| 早　餐 | 五星和四星级饭店提供菜单 | 欧陆式早餐 | | — |

**表 7–8　饭店提供的野餐项目内容要求**

| 类　别 | 内 容 |
|---|---|
| 器　皿 | 野餐需要的器皿（盘子、杯子、餐具、餐巾） |
| 主要食品 | 香肠、加热处理的牛奶（棒状奶酪）形成的干酪或乳酪（奶酪条）发酵后经过巴氏杀菌的奶油点心，罐装水果（至少两块） |
| 其　他 | 面包、水、盐 |

**表 7–9　附录 A（资料性）有关自助餐、早餐类别和产品清单**

| 类别 | 可提供的食品种类 | 可提供的食品 |
|---|---|---|
| 1 | 牛　奶 | 各式牛奶、脱脂奶 |
| 2 | 酸　奶 | 天然酸奶、脱脂酸奶、草莓酸奶、菠萝酸奶等 |
| 3 | 奶　酪 | 曼彻格奶酪、高达奶酪、高脂奶酪等 |
| 4 | 黄油和奶油 | 黄油、奶油、加盐黄油、无盐黄油等 |
| 5 | 谷　物 | 大米、小麦、五谷、无糖谷物等 |
| 6 | 面　包 | 白面包、模具面包 |
| 7 | 油酥点心 | 牛角包、蛋卷、梅子蛋糕、葡萄干饼干、纺锤形小面包、松饼、辫形面包 |
| 8 | 糕　点 | 各式糕点 |
| 9 | 馅　饼 | 苹果派、草莓派 |
| 10 | 油炸食品 | 西班牙小油条、油炸馃子 |
| 11 | 糖果和甜味剂 | 砂糖、红糖、卡利亚糖、甜味剂 |
| 12 | 果　酱 | 草莓、无糖草莓、梨、梅子、苦橙果酱 |
| 13 | 糖　蜜 | 黑蜜糖、蜂蜜蔗糖 |
| 14 | 食用油 | 橄榄油、蒜油 |
| 15 | 蔬　菜 | 天然番茄块、番茄汁、番茄黄豆 |

续表

| 类别 | 可提供的食品种类 | 可提供的食品 |
|---|---|---|
| 16 | 香　肠 | 培根、灌肠、意大利香肠、莎乐美肠、纽约火腿、塞拉诺火腿、火鸡鸡胸肉、大香肠 |
| 17 | 肉饼及其相似食品 | 鹅肝馅饼、鹅肝酱 |
| 18 | 肉　类 | 热腌里脊肉、法兰克福香肠、德国式小香肠、西班牙香肠 |
| 19 | 鸡　蛋 | 煎蛋、煮蛋、炒蛋 |
| 20 | 熟　菜 | 炸丸子、马铃薯煎蛋卷 |
| 21 | 新鲜水果 | 橘子、西柚、甜瓜、西瓜、李子 |
| 22 | 水果糖浆 | 水果沙拉、桃子泥、梨泥 |
| 23 | 坚　果 | 干无花果、葡萄干、干枣 |
| 24 | 咖　啡 | 现磨咖啡、速溶咖啡、无咖啡因速溶咖啡 |
| 25 | 煮制饮料 | 茶水、洋甘菊茶、椴树花茶、绿薄荷 |
| 26 | 巧克力 | 封装的可可 |
| 27 | 天然果汁 | 橙汁、菠萝汁 |
| 28 | 罐装果汁 | 灌装橙汁、菠萝汁、蜜桃汁、无糖果汁 |
| 29 | 水 | 无气泡矿物质水、有气泡矿物质水、水 |
| 30 | 香槟酒、卡瓦酒 | 香槟、卡瓦酒和起泡葡萄酒 |

从现有的旅游饭店标准看，我国旅游饭店的一些设施设备已经高于西班牙的同类同级标准，在硬件设施方面已经接近甚至超过了世界旅游发达国家，但在服务管理等软件的细节方面仍存在着一定的差距。我们的标准比较侧重于整体和结果的等级评定，轻视服务流程、管理过程和工作程序，所以我们的旅游服务质量缺乏稳定性和可持续性，往往在申报和迎检时，采取非常规手段，可以达到甚至超过标准要求，而在平时往往疏于管理，服务质量无从保证。西班牙饭店标准的目标是通过流程管理系统，不断促进质量水平的提升，从而对努力符合顾客预期的管理层起到指导作用。标准对于管理系统的引导有利于形成高经济效益的管理体系，同时也提升了环境和可进入性的整体安全性。

西班牙旅游饭店标准的发布方 AENOR 认为，这一标准的意义在于：

首先，通过使用先进的管理系统，达到协调持续改进的价值链和部门实际工作，可以在企业建立过程和服务中实现卓越标准。尽管它指的是流程化的服务标准，但是仍然能够推动现代管理过程体系的实施，该体系超越了传统饭店企业部门计划的限制。同时，还应将客户的意见和满意度视为质量体系的目标。

其次，该标准旨在满足市场现实需求和对客户不断变化的需求。这是每家企业需要达到的最低要求，企业根据设计差异化的竞争性可持续资产来满足不断变化的顾客需求。遵守标准的要求并非意味着与整体统一性相一致，而是要鼓励每个企业都有自己的竞争格局，在创新过程中利用环境中确定性机会和最大限度地利用特有资源和能力。

最后，该标准的内容可以用于教学和培训，便于员工理解饭店企业的责任，并鼓励他们努力改善工作流程。

相比较而言，我国旅游饭店等级划分标准主要侧重于饭店的硬件设施、运营管理、节能减排、安全保证、住客服务等方面，并在细节上提出了较为明确的、整体的、统一性的、具有可操作性的要求，而对于企业在自主创新、管理流程改善和质量体系建设等方面没有提出相关的持续改进要求和建议。

# 第三编　旅游标准的结构和编写

# 第八章　两大标准体系的比较

目前，我国与旅游相关的标准化主要有两大体系，除国家标准化管理委员会（以下简称“国标委”）的体系外，还有住房和城乡建设部（以下简称“住建部”）标准定额司的工程建设标准体系。这两大体系在标准的编写体例、规则和用词等方面都存在着一些差异。

## 第一节　两大标准体系概述

2018 年 3 月，根据第十三届全国人民代表大会第一次会议批准的国务院机构改革方案，将国家质量监督检验检疫总局的职责整合，组建中华人民共和国国家市场监督管理总局，对外保留国家标准化管理委员会牌子。以国标委名义，下达国家标准计划，批准发布国家标准，审议并发布标准化政策、管理制度、规划、公告等重要文件；开展强制性国家标准对外通报；协调、指导和监督行业、地方、团体、企业标准工作；代表国家参加国际标准化组织、国际电工委员会和其他国际或区域性标准化组织；承担有关国际合作协议签署工作；承担国务院标准化协调机制日常工作。此外，住建部标准定额司组织拟订工程建设国家标准、全国统一定额、建设项目评价方法、经济参数和建设标准、建设工期定额、公共服务设施（不含通信设施）建设标准；拟订工程造价管理的规章制度；拟订部管行业工程标准、经济定额和产品标准，指导产品质量认证工作；指导监督各类工程建设标准定额的实施；拟订工程造价咨询单位的资质标准并监督执行。工程建设国家标准由住建部和国家市场监督管理总局联合发布。

目前，大部分旅游标准都是采用国标委的标准化体系，但住建部的工程建设标准中也有一些与旅游资源保护、旅游规划设计、旅游设施建设，以及旅游服务和管理相关的国家标准和行业标准（见表 8-1）。

表 8–1　与旅游相关的部分工程建设标准

| 序号 | 标准号 | 标准名称 | 主管行业部门 |
|---|---|---|---|
| 1 | GB/T 50298—2018 | 风景名胜区规划标准 | 城　建 |
| 2 | GB/T 50357—2018 | 历史文化名城保护规划标准 | 城　建 |
| 3 | GB/T 50563—2010 | 城市园林绿化评价标准 | 城　建 |
| 4 | GB/T 51046—2014 | 国家森林公园设计标准 | 林　业 |
| 5 | GB/T 51165—2016 | 绿色饭店建筑评价标准 | 建　工 |
| 6 | GB 51192—2016 | 公园设计规范 | 城　建 |
| 7 | GB 51202—2016 | 冰雪景观建筑技术标准 | 建　工 |
| 8 | GB/T 51294—2018 | 风景名胜区详细规划标准 | 城　建 |
| 9 | GB/T 51328—2018 | 城市综合交通体系规划标准 | 城　建 |
| 10 | GB/T 51329—2018 | 城市环境规划标准 | 城　建 |
| 11 | CJJ/T 67—2015 | 风景园林制图标准 | 城　建 |
| 12 | CJJ/T91—2017 | 风景园林基本术语标准 | 城　建 |
| 13 | CJJ/T 121—2008 | 风景名胜区分类标准 | 城　建 |
| 14 | CJJ/T 171—2012 | 风景园林标志标准 | 城　建 |
| 15 | CJJ/T 173—2012 | 风景名胜区游览解说系统标准 | 城　建 |
| 16 | CJJ/T 195—2013 | 风景名胜区监督管理信息系统技术标准 | 城　建 |
| 17 | CJJ/T 234—2015 | 国家重点公园评价标准 | 城　建 |
| 18 | CJJ/T 240—2015 | 动物园术语标准 | 城　建 |
| 19 | CJJ/T 263—2017 | 动物园管理标准 | 城　建 |
| 20 | CJJ 267—2017 | 动物园设计规范 | 城　建 |
| 21 | CJJ/T 300—2019 | 植物园设计标准 | 城　建 |
| 22 | CJJ/T 308—2021 | 湿地公园设计标准 | 城　建 |
| 23 | JTS 165-7—2014 | 游艇码头设计标准 | 交　通 |
| 24 | JTS 170—2015 | 邮轮码头设计标准 | 交　通 |
| 25 | JGJ 450—2018 | 老年人照料设施建筑设计标准 | 城　建 |

资料来源：国家标准化管理委员会官网，截止到 2022 年 12 月

归口在全国旅游标准化技术委员会（SAC/TC 210）的国家标准和行业标准采用的是国标委的标准化体系，标准的结构和编写主要依据国家标准 GB/T 1《标准化工作导则》给出的规则。GB/T 1 的归口在全国标准化原理与方法标准化技术委员会（SAC/TC 286）。

GB/T 1 与国际标准化组织（ISO）和国际电工委员会（IEC）发布的《导则 第 2 部分：国际标准的结构和起草规则（2004 年版）》（*Directives—Part 2: 2004, Rules for the*

*Structure and Drafting of International Standards*）的一致化程度是非等效的。即只采纳国际标准的少量或不重要的条款，也包括与国际标准有技术性差异或结构变化。目前，ISO/IEC 已经发布了 2018 年版的《ISO/ IEC 导则 第 2 部分：ISO/ IEC 文件结构及起草原则和规则（2018 年版）》（*ISO/ IEC Directives, Part 2: 2018, Principles and Rules for the Structure and Drafting of ISO and IEC Documents*）。国标委为指导标准化工作，制定了 GB/T 1、GB/T 20000 至 GB/T 20004 等系列国家标准，共六大系列（见表 8–2）。

**表 8–2　标准化工作和标准编写的标准**

| 序号 | 标准号 | 标准名称 | 状态 |
|---|---|---|---|
| GB/T 1 | | 《标准化工作导则》系列标准 | |
| 1 | GB/T 1.1—2020 | 标准化工作导则 第 1 部分：标准化文件的结构和起草规则 | 现行有效 |
| 2 | GB/T 1.2—2020 | 标准化工作导则 第 2 部分：以 ISO/IEC 标准化文件为基础的标准化文件起草规则 | 现行有效 |
| GB/T 20000 | | 《标准化工作指南》系列标准 | |
| 3 | GB/T 20000.1—2014 | 标准化工作指南 第 1 部分：标准化和相关活动的通用术语 | 现行有效 |
| 4 | GB/T 20000.2—2009 | 标准化工作指南 第 2 部分：采用国际标准 | 已被 GB/T 1.2—2020 代替 |
| 5 | GB/T 20000.3—2014 | 标准化工作指南 第 3 部分：引用文件 | 现行有效 |
| 6 | GB/T 20000.4—2003 | 标准化工作指南 第 4 部分：标准中涉及安全的内容 | 已被 GB/T 20002.4—2015 代替 |
| 7 | GB/T 20000.5—2004 | 标准化工作指南 第 5 部分：产品标准中涉及环境的内容 | 已被 GB/T 20002.3—2014 代替 |
| 8 | GB/T 20000.6—2006 | 标准化工作指南 第 6 部分：标准化良好行为规范 | 现行有效 |
| 9 | GB/T 20000.7—2006 | 标准化工作指南 第 7 部分：管理体系标准的论证和制定 | 已被 GB/T 20001.11—2022 代替 |
| 10 | GB/T 20000.8—2014 | 标准化工作指南 第 8 部分：阶段代码系统的使用原则和指南 | 现行有效 |
| 11 | GB/T 20000.9—2014 | 标准化工作指南 第 9 部分：采用其他国际标准化文件 | 已被 GB/T 1.2—2020 代替 |
| 12 | GB/T 20000.10—2016 | 标准化工作指南 第 10 部分：国家标准的英文译本翻译通则 | 现行有效 |
| 13 | GB/T 20000.11—2016 | 标准化工作指南 第 11 部分：国家标准的英文译本通用表述 | 现行有效 |
| GB/T 20001 | | 《标准编写规则》系列标准 | |
| 14 | GB/T 20001.1—2001 | 标准编写规则 第 1 部分：术语 | 现行有效 |
| 15 | GB/T 20001.2—2015 | 标准编写规则 第 2 部分：符号标准 | 现行有效 |

续表

| 序号 | 标准号 | 中文标准名称 | 状态 |
|---|---|---|---|
| 16 | GB/T 20001.3—2015 | 标准编写规则 第 3 部分：分类标准 | 现行有效 |
| 17 | GB/T 20001.4—2015 | 标准编写规则 第 4 部分：试验方法标准 | 现行有效 |
| 18 | GB/T 20001.5—2017 | 标准编写规则 第 5 部分：规范标准 | 现行有效 |
| 19 | GB/T 20001.6—2017 | 标准编写规则 第 6 部分：规程标准 | 现行有效 |
| 20 | GB/T 20001.7—2017 | 标准编写规则 第 7 部分：指南标准 | 现行有效 |
| 21 | GB/T 20001.10—2014 | 标准编写规则 第 10 部分：产品标准 | 现行有效 |
| 22 | GB/T 20001.11—2022 | 标准编写规则 第 11 部分：管理体系标准 | 现行有效 |
| GB/T 20002 | | **《标准中特定内容的起草》系列标准** | |
| 23 | GB/T 20002.1—2008 | 标准中特定内容的起草 第 1 部分：儿童安全 | 现行有效 |
| 24 | GB/T 20002.2—2008 | 标准中特定内容的起草 第 2 部分：老年人和残疾人的需求 | 现行有效 |
| 25 | GB/T 20002.3—2014 | 标准中特定内容的起草 第 3 部分：产品标准中涉及环境的内容 | 现行有效 |
| 26 | GB/T 20002.4—2015 | 标准中特定内容的起草 第 4 部分：标准中涉及安全的内容 | 现行有效 |
| GB/T 20003 | | **《标准制定的特殊程序》系列标准** | |
| 27 | GB/T 20003.1—2014 | 标准制定的特殊程序 第 1 部分：涉及专利的标准 | 现行有效 |
| GB/T 20004 | | **《团体标准化》系列标准** | |
| 28 | GB/T 20004.1—2016 | 团体标准化 第 1 部分：良好行为指南 | 现行有效 |
| 29 | GB/T 20004.2—2018 | 团体标准化 第 2 部分：良好行为评价指南 | 现行有效 |

资料来源：国家标准化管理委员会官网，截止到 2023 年 6 月

工程建设标准是按照住建部建标〔2008〕182 号文件“关于印发《工程建设标准编写规定》的通知”，依照《工程建设标准编写规定》和住建部标准定额司《工程建设标准编制指南》编制的。工程建设标准自成体系，与国标委的标准编写在结构体例、规则和用词等方面都存在着一些差异。

## 第二节　两大标准体系的主要差异

国标委的标准体系与住建部的标准体系的差异，主要是因各自的依据标准不同所致：国标委是在参考了 ISO/IEC 的相关标准的基础上，制定一系列关于标准化工作和

标准编写的国家标准的；而住建部是通过政府主管部门下发文件的方式发布工程建设标准的编写规定的。从名称上看，国标委的标准名称中不含“标准”字样。由于在GB/T 20000.1—2014《标准化工作指南 第1部分：标准化和相关活动的通用术语》对于标准的定义是：“通过标准化活动，按照规定的程序经协商一致制定，为各种活动或其结果提供的规则、指南或特性，供共同使用和重复使用的文件。”从这个定义中看出，“标准”是一个总称，包含提供各种规则的规范（要求）和指南（建议推荐）的，供共同使用和重复使用的文件。GB/T 20000.1—2014是修改采用（MOD）了2004年版的ISO/IEC《指南2：2004年，标准化及相关活动通用词汇》①。而在GB/T 1.1—2009《标准化工作导则 第1部分：标准的结构与编写》中的“术语和定义”，没有列出“标准”（standard）术语，而是列出了“规范”（specification）、“规程”（code of practice）和“指南”（guideline）等；但在2020版中，增加了“标准”这一术语（采用GB/T 20000.1—2014，5.3）。

而工程建设标准中有一类标准在名称中就使用“标准”（见表8-1）。在住建部标准定额司编著的《工程建设标准编制指南（2009）》中，采用的“标准”定义是：为在一定范围内获得最佳秩序，对活动或其结果规定共同的和重复使用的规则、导则或特性的文件，该文件协商一致制定并经一个公认机构批准，以科学、技术和实践经验的综合成果为基础，以促使最佳社会效益为目的。这一定义主要是引用GB/T 3935.1—1996《标准化和有关领域的通用术语 第1部分：基本术语》（2.3.2，且将该定义下的注也合并到定义中），但GB/T 3935.1—1996早在2002年就已废止了，被异号代替为GB/T 20000.1—2002《标准化工作指南 第1部分：标准化和相关活动的通用术语》（目前，又被同号代替为GB/T 20000.1—2014）。《工程建设标准编制指南》对于标准的解释是：“标准、规范、规程都是标准的一种表现形式，习惯上统称为标准，只有针对具体对象才加以区别。按照《标准化和有关领域的通用术语 第1部分：基本术语》GB 3935.1的规定，规范一般是在工农业生产和工程建设中，对设计、施工、制造、检验等技术事项所做的一系列规定；规程是对作业、安装、鉴定、安全、管理等技术要求和实施程序所做的统一规定。”就工程建设标准而言，“对术语、符号、计量单位、制图等基础性要求，一般采用‘标准’……对工程勘察、规划、设计、施工、验收等通用性要求，一般采用‘规范’……对于具体操作、工艺、施工流程等专用性要求，一般采用‘规程’”。

① ISO/IEC Guide 2：2004，Standardization and related actives–General vocabulary.

显然，住建部标准定额司对于标准的理解分广义和狭义两种。“习惯上”的理解属于广义的，“是标准、规范、规程的统称”。狭义的理解仅指“术语、符号、计量单位、制图等基础性要求的”这类文件。但事实上，在日常语境下，对标准的理解更为宽泛，《现代汉语词典（第 7 版）》（商务印书馆，2016）对于标准的首条释义是“衡量事物的准则”。但在标准化专业领域，标准的概念是有确切定义的，内涵与外延也是明确的。此外，两大标准体系的标准在结构、体例方面还存在着诸多差异（见表 8-3）。

**表 8-3 两大标准体系主要差异比较**

<table>
<tr><th>项 目</th><th>国家标准化管理委员会标准</th><th>住房和城乡建设部工程建设标准</th></tr>
<tr><td>标准编写依据</td><td>GB/T 1.1—2020《标准化工作导则 第 1 部分：标准化文件的结构和起草规则》以及 GB/T 20000 至 GB/T 20004 等相关标准</td><td>住建部建标〔2008〕182 号文件，关于印发《工程建设标准编写规定》的通知</td></tr>
<tr><td>标准特征分类</td><td>指南、规程、规范</td><td>标准、规范、规程</td></tr>
<tr><td>标准分类号</td><td>采用 ICS 分类号</td><td>采用 UDC 分类号</td></tr>
<tr><td>国家标准代号</td><td>GB（GB/T）1~49999</td><td>GB（GB/T）50000 以上</td></tr>
<tr><td>国家标准发布机构</td><td>1. 国家市场监督管理总局<br>2. 国家标准化管理委员会</td><td>1. 住房和城乡建设部<br>2. 国家市场监督管理总局</td></tr>
<tr><td rowspan="3">标准结构</td><td rowspan="3">一、资料性要素：封面；目次；前言；引言；参考文献；索引<br>二、规范性要素：范围；术语和定义；符号和缩略语；要求；……附录（规范性）</td><td>一、前引部分（封面；扉页；公告；前言；目次）<br>二、正文部分（总则；术语和符号；技术内容）<br>三、补充部分（附录；标准用词说明；引用标准名录）</td></tr>
<tr><td>公告包括：<br>1. 标题及公告号<br>2. 标准名称和编号<br>3. 标准实施日期<br>4. 有强制性条文的，应列出强制性条文的编号；全文强制的，用文字表明<br>5. 全面修订的标准应列出被替代标准的名称、编号和废止日期<br>6. 局部修订的标准，应采用“经此次修改的原条文同时废止”的经典用语</td></tr>
<tr><td>总则包括：<br>1. 制定标准的目的<br>2. 标准的适用范围<br>3. 标准的共性要求<br>4. 执行相关标准的要求</td></tr>
<tr><td>标准的层次</td><td>部分、章、条、段、列项</td><td>章、节、条、款、项</td></tr>
<tr><td>术语编排</td><td>一、章的名称：术语和定义<br>二、条目编号后另行（回行）排术语名词</td><td>一、章的名称：术语和符号（或术语，或符号）<br>二、条目编号后直接排术语名词</td></tr>
</table>

续表

| 项 目 | 国家标准化管理委员会标准 | 住房和城乡建设部工程建设标准 |
|---|---|---|
| 条款表述 | 要求型条款不得使用“必须” | 表示严格程度，非这样做不可的应使用“必须” |
| 引用标准 | 一、分规范性引用和资料性引用两种<br>二、规范性引用文件排在目次、前言、引言、范围等章之后，参考文献（资料性引用）排在标准正文、附录之后，索引之前 | 一、不做区分<br>二、引用标准名录列在正文部分之后的补充部分中的附录、标准用词说明之后，列在标准文本的最末处 |
| 附 录 | 一、分规范性附录和资料性附录两种<br>二、编号由大写拉丁字母组成，字母从 A 开始，如附录 A，附录 B，附录 C…… | 一、不做区分<br>二、层次划分和编号方法与正文相同。但编号采用大写正体英文字母组成，从“A”起连续编号，如附录 A，A.2，A.2.1，附录 B……附录号不得采用“I”“O”“X”三个字母 |

资料来源：1. 据 GB/T 1.1—2020《标准化工作导则 第 1 部分：标准化文件的结构和起草规则》整理而成
2.《工程建设标准编写规定》

工程建设标准采用的标准分类号按照 1997 年以前的方案。《工程建设标准编制指南》专门就此作出了说明，工程建设标准采用的是 UDC（Universal Decimal Classification）法：“这是采用国际标准化组织（ISO）规定，各成员国应在其国家标准封面上加印的分类号，以利于国际交流。1991 年，ISO 组织编制完成了《国际标准分类法》(*International Classification for Standards*，简称 ICS），并积极向各成员组织推荐使用。从 1994 年起，ISO 率先在其发布的国际标准中采用 ICS 分类号，随后许多国家也在其发布的国际标准中采用 ICS 分类号。我国长期采用 UDC 分类法与国际标准化组织接轨，1996 年原国家质量技术监督局决定自 1997 年 1 月 1 日起在我国的国家标准、行业标准和地方标准上标注 ICS 分类号。由于工程建设综合性很强，严格对其进行分类并给出相应的分类号，难度很大，故只是将分类法作为一个标记使用，目前也没有正式要求将 UDC 改为 ICS。”

条款（条文）的表述用词也不同：国标委标准中，对于要求型条款不能使用能愿动词“必须”，理由是避免将标准的要求和外部的法定责任相混淆（见表 8-4），也就是说，只有法律法规条款才是“必须”遵守的；而住建部的工程建设标准，使用“条文”一词，不使用“条款”(条文是条款的文字表述形式，也是表述条款内容时最常使用的形式），在条文表示严格程度的典型用词中，表示很严格，非这样做不可的就使用“必须”一词，这与强制性标准作为技术法规与住建部将工程建设标准作为行业法规发布和管理有关（见表 8-5）。

**表 8-4　国标委标准化文件中条款表述所用的能愿动词或句子语气类型**

<table>
<tr><th></th><th>能愿动词</th><th>在特殊情况下使用的等效表述</th></tr>
<tr><td rowspan="5">要求</td><td rowspan="2">应</td><td>应该</td></tr>
<tr><td>只准许</td></tr>
<tr><td rowspan="2">不应</td><td>不应该</td></tr>
<tr><td>不准许</td></tr>
<tr><td colspan="2">不使用“必须”作为“应”的替代词，以避免将文件的要求与外部约束相混淆<br>不使用“不可”“不得”“禁止”代替“不应”表示禁止<br>不应使用诸如“应足够坚固”“应较为便捷”等定性的要求</td></tr>
<tr><td rowspan="2">指示</td><td>祈使句</td><td>—</td></tr>
<tr><td colspan="2">例如“开启记录仪。”“在……之前不启动该机械装置。”</td></tr>
<tr><td rowspan="4">推荐</td><td rowspan="2">宜</td><td>推荐</td></tr>
<tr><td>建议</td></tr>
<tr><td rowspan="2">不宜</td><td>不推荐</td></tr>
<tr><td>不建议</td></tr>
<tr><td rowspan="5">允许</td><td rowspan="2">可</td><td>可以</td></tr>
<tr><td>允许</td></tr>
<tr><td rowspan="2">不必</td><td>可以不</td></tr>
<tr><td>无须</td></tr>
<tr><td colspan="2">在这种情况下，不使用“能”或“可能”代替“可”<br>注：“可”是标准所表达的许可，而“能”指主、客观原因导致的能力，“可能”则是主、客观原因导致的可能性</td></tr>
<tr><td rowspan="3">能力</td><td>能</td><td>能够</td></tr>
<tr><td>不能</td><td>不能够</td></tr>
<tr><td colspan="2">在这种情况下，不使用“可”或“可能”代替“能”</td></tr>
<tr><td rowspan="3">可能性</td><td>可能</td><td>有可能</td></tr>
<tr><td>不可能</td><td>没有可能</td></tr>
<tr><td colspan="2">在这种情况下，不使用“可”或“能”代替“可能”</td></tr>
</table>

资料来源：GB/T 1.1—2020，附录 C，表 C.1~C.6，略有改动

表 8-4 中的能愿动词“能力”（“能”或“不能”）和“可能性”（“可能”或“不可能”）都属于陈述，前者表示需要去做或完成指定事项的才能、适应性或特性等能力；后者表示预期的或可想到的物质、生理或因果关系导致的结果。此外，一般性陈述的典型表述用词有“是”“为”“由”“给出”等。

**表 8–5　工程建设标准中表示严格程度的典型用词**

| | 正面词 | 反面词 |
|---|---|---|
| 表示很严格，非这样做不可的 | 必须 | 严禁 |
| 表示严格，在正常情况下均应这样做 | 应 | 不应<br>不得 |
| 表示允许稍有选择，在条件许可时，首先应这样做 | 宜 | 不宜 |
| 表示有选择，在一定条件下可以这样做 | 可 | — |

资料来源：《工程建设标准编写规定》（2008 年），第三十条

# 第三节　两大标准文本编制规则差异比较

工程技术标准与国标委文件在编制规则上的不同主要如下。

## 一、前言

住建部的标准是按照《工程建设标准编写规定》的格式要求（下同）编制的。前言的格式一般如下：

> 根据住房和城乡建设部《关于印发〈2013 年工程建设标准规范制订修订计划〉的通知》（建标〔2013〕6 号）的要求，标准编制组经广泛深入调查，认真总结实践经验，参考有关国际标准和国外先进标准，并在广泛征求意见的基础上，编制（或修订）了本标准。
>
> 本标准的主要技术内容是：1. 总则；2. 术语；3. 基本规定；4. × × × × × ×（具体技术内容章标题）；5. × × × × × × ×（具体技术内容章标题）；……
>
> 本标准中以黑体字标志的条文为强制性条文，必须严格执行。（如无强制性条文，此条省略。）
>
> 本标准由住房和城乡建设部负责管理和对强制性条文的解释，由住房和城乡建设部（或其他机构）负责具体技术内容的解释。执行过程中如有意见或建议，请寄送住房和城乡建设部（或其属下 × × × 机构）（地址：北京市海淀区三里河路 9 号，邮政编码：100835）。
>
> 本标准主编单位：× × × × × ×
>
> 　　　　　　　　× × × × × ×
>
> 本标准参编单位：× × × × × ×
>
> 　　　　　　　　……

| |
|---|
| ××××××<br>本标准主要起草人员：×××，×××，……，××× <br>本标准主要审查人员：×××，×××，……，××× |

国标委的文件是按照 GB/T 1.1—2020《标准化工作导则 第 1 部分：标准化文件的结构和起草规则》的格式要求（下同）。编制的前言的格式一般如下：

| |
|---|
| 本文件按照 GB/T 1.1—2020《标准化工作导则 第 1 部分：标准化文件的结构和起草规则》的规定起草。<br>GB/T ×××××—××××《××××××××》（文件名称）分 × 部分（不分部分的文件，此项省略）。<br>——第 1 部分：×××××××.1<br>——第 2 部分：×××××××.2<br>……<br>本部分为 GB/T ×××××. ×—×××× 的第 × 部分<br>本文件（或本部分）代替 GB/T ×××××—××××，主要技术变化如下（首次发布的文件，此项省略）：<br>——增加了……<br>——删除了……<br>——调整了……<br>……<br>请注意本文件的某些内容可能涉及专利。本文件的发布机构不承担识别专利的责任。（尚未识别出涉及专利，如不涉及专利，此项省略。）<br>本文件由 ×× 标准化技术委员会（SAC/TC ×××）提出并归口。<br>本文件起草单位：××××××、××××××、……、××××××<br>本文件主要起草人：×××、×××、……、×××<br>本文件所代替文件的历次版本发布情况为（首次发布的文件，此项省略）：<br>——GB/T ×××××—××××；……，GB/T ×××××—××××。 |

比较这两个“前言”可看出，除了体例和内容不同外，一些概念和用词也不同，住建部的标准是由该部管理和负责解释，而国标委的标准是由各专业技术委员会归口；住

建部的标准分主编单位和参编单位。国标委的文件列出的是起草单位；住建部的标准除列出主要起草人外，还列出主要审查人。国标委的文件只列主要起草人。

## 二、引用标准和文件

住建部的标准“引用标准”的格式一般如下：

**引用标准名录**

1.《××××××》GB ×××××

2.《××××××》GB ×××××—××××

3.《××××××》GB/T ×××××—××××

……

国标委的文件“引用文件”的格式如下：

**2 规范性引用文件**

下列文件中的内容通过文中的规范性引用而构成必不可少的条款。其中，注日期的引用文件，仅该日期对应的版本适用于本文件；不注日期的引用文件，其最新版本（包括所有的修改单）适用于本文件。

GB ×××××　　××××××

GB ×××××—××××　　××××××

GB/T ×××××—××××　　××××××

……

住建部标准的“引用标准”是编排在标准文本的最后。国标委的文件引用要求，与ISO和IEC的文件相一致，范围较广些，除了标准外，还包括标准以外的文件，包括技术规范（TS）、可公开提供规范（PAS）和技术报告（TR）。因此，国标委的标准使用的是“引用文件”而不是“引用标准”，而且“引用文件”分规范性引用和资料性引用两种。规范性引用文件是指标准中引用了某文件或文件中的条款后，这些文件或其中的条款即构成了标准整体不可分割的组成部分，所引用的文件或条款与标准文本中的规范性要素具有同等效力。资料性引用文件是指标准中引用了某文件后，这些文件内容不构成引用它的标准中的规范性内容，使用标准时，并不需要遵守所引用文件被提及的内容。提及这些文件的目的只是提供一些供参考的信息或资料。此外，规范性引用文件编排在第二章，列在第一章范围之后。

## 三、其他

住建部的标准有些内容是国标委标准中没有的，如扉页、公告和标准用词说明等。扉页给出的是标准出版方（中国建筑工业出版社）版权页的信息。

公告内容如下：

> **中华人民共和国住房和城乡建设部**
>
> **公 告**
>
> **第 ××× 号**
>
> **住房和城乡建设部关于发布国家标准《××××××》的公告**
>
> 现批准《××××××》为国家标准，编号为 GB×××××—××××，自 ×××× 年 ×× 月 ×× 日起实施。其中，第 ×.×.×、…… ×.×.× 条为强制性条文，必须严格执行。
>
> 本标准由我部标准定额研究所组织中国建筑工业出版社出版发行。
>
> 中华人民共和国住房和城乡建设部
>
> ×××× 年 ×× 月 ×× 日

标准用词说明如下：

> **标准用词说明**
>
> 1 为便于在执行本标准条文时区别对待，对要求严格程度不同用词说明如下：
>
> 1）表示很严格，非这样做不可的：
>
> 正面词采用“必须”，反面词采用“严禁”；
>
> 2）表示严格，在正常情况下均应这样做的：
>
> 正面词采用“应”，反面词采用“不应”；
>
> 3）表示允许稍有选择，在条件许可下可以这样做的：
>
> 正面词采用“宜”，反面词采用“不宜”；
>
> 4）表示有选择，在一定条件下可以这样做，采用“可”。
>
> 2 条文中指明应按其他有关标准执行的写法为：“应符合……的规定”或“应按……执行”。

总之，住建部的标准具有较强的政府主导色彩和行业管理特点，建设工程标准中强制性标准和强制性条文较多，专业性和综合性较强，因而自成一体，形成了不同于国标委的标准化体系。

# 第九章　文件名称和结构

目前，除了住房和城乡建设部门外，大部分旅游标准化文件都是采用国标委的标准化体系。目前，国标委共有 GB/T 1《标准化工作导则》、GB/T 20000《标准化工作指南》、GB/T 20001《标准编写规则》、GB/T 20002《标准中特定内容的起草》、GB/T 20003《标准制定的特殊程序》和 GB/T 20004《团体标准化》等系列基础标准化文件（见表 8-2）。

标准化文件的起草也主要依据 GB/T 1.1—2020《标准化工作导则 第 1 部分：标准化文件的结构和起草规则》、GB/T 1.2—2020《标准化工作导则 第 2 部分：以 ISO/IEC 标准化文件为基础的标准化文件起草规则》，以及 GB/T 20001《标准编写规则（所有部分）》等系列国家标准。

GB/T 1.1—2020《标准化工作导则 第 1 部分：标准化文件的结构和起草规则》被称为“标准化文件的标准”，这一标准的前一版是 GB/T 1.1—2009《标准化工作导则 第 1 部分：标准的结构和编写》，前后经过了 10 年多时间，其中内容要求都作了较大幅度的修改。目前，现行有效的旅游业国家标准虽然大多是 2010 年发布的，但起草时间大多是在 2009 年前后，而 GB/T 1.1—2020 是于 2020 年 3 月 31 日发布、2020 年 10 月 1 日实施的。因此，目前绝大多数现行有效的旅游业国家标准和行业标准不是按照 GB/T 1.1—2020 的规定起草的，甚至还有一部分是按照 2009 年版之前的 2000 年版给出的规则起草编写的。

## 第一节　文件的名称

文件的名称是对文件所覆盖的主题的清晰、简明的描述。任何文件均应有文件，并应置于封面中和正文首页的最上方（GB/T 1.1—2020，6.1.1）[①]。

① 这里是直接引用该标准条款，有些在不影响原意的情况下，文字上略有改动。后文句末括号中，如果没有给出文件代号、顺序号和序列号的，而是直接给出章节号的，都是指 GB/T 1.1—2020。

文件名称是必备要素，也是资料性要素。文件名称虽然在立项时已经确定，但在起草过程中以及专家审查后都有可能再作出调整。

## 一、名称要素的选择

文件名称应简练并明确表示出文件的主题，使之与其他文件相区分。文件名称不应涉及不必要的细节。必要的补充说明在范围中给出。文件名称应由几个尽可能短的元素组成，其顺序由一般到特殊。通常，所使用的元素不多于下述三种（6.1.1）。

a）引导元素（可选）：表示文件所属的领域。在适当情况下，可使用该文件的归口标准化技术委员会的名称作为引导元素。如果省略引导元素会导致主体元素所表示的标准化对象不明确的话，就不应省略引导元素。

b）主体元素（必备）：表示上述领域内文件所涉及的对象。

c）补充元素（可选）：表示上述主要对象的特定方面，或给出区分该文件（或该部分）与其他文件（或其他部分）之间区分的信息。

由于在文件名称的三元素中只有主体元素是必备要素，其他两个元素都是可选要素。因此，引导元素和补充元素的有无以及它们和主体元素各种组合的结果，文件名称可以有以下四种形式：①只有主体元素，例如“绿色旅游饭店”；②引导元素 + 主体元素，例如“旅行社入境旅游服务规范”；③主体元素 + 补充元素，例如“旅游景区服务指南”；④引导元素 + 主体元素 + 补充元素，例如“公共信息图形符号 第 2 部分：旅游休闲符号”。

这四种形式的具体使用情形分析如下：

（1）如果文件名称中没有引导元素，主体元素所表示的对象就不明确时，则应有引导元素。在这种情况下，用引导元素来明确标准化对象所属的专业领域（如示例 9–1）。

**示例 9–1**

正确：旅行社入境旅游服务规范

不正确：入境旅游服务规范

由于名称中的主体元素“入境旅游”，反映不出标准化对象所属的业务领域（专业领域），因此需要用引导元素“旅行社”来加以明确。

（2）如果标准名称的主体元素（或主体元素和补充元素一起）能够确切地概括文件所要论述的对象时，则应省略引导元素（如示例 9–2）。

示例 9–2

正确：导游服务规范

不正确：旅行社与导游服务规范

由于名称中的主体元素“导游服务”不可能是“旅行社”以外的此类服务（显然，无证“黑导”是应该取缔的，而不在文件的规范范围内）。所以不需要用引导元素“旅行社”来界定导游服务这个标准化对象的业务领域（专业领域）。

（3）如果文件所规定的内容仅涉及了主体元素所表示的标准化对象的一两个方面，则需要用补充元素来进一步指出文件所具体涉及的那一两个方面（如示例 9–3）。

示例 9–3

——旅游景区质量等级的划分与评定

——旅游景区游客中心设置与服务规范

——旅游景区公共信息导向系统设置规范

——旅游景区讲解服务规范

由于上述四个文件虽然主体元素都是“旅游景区”，但其标准化对象都只涉及其中的某个方面，因此需要用补充元素加以明确。

（4）如果标准所规定的内容涉及了主体元素所表示的标准化对象的几个（不是一两个，但也不是全部）方面，则需要用补充元素描述这些方面，但不必一一列举，而应由诸如“规范”或“要求”等一般性的术语来表达（如示例 9–4）。

示例 9–4

——旅游景区服务指南

——导游服务规范

——旅游购物场所服务质量要求

——旅行社服务通则

如果文件所规定的内容同时具备以下两个条件：涉及主体元素所表示的标准化对象的所有基本方面，并且是有关该标准化对象的唯一标准，则应省略补充元素（如示例 9–5）。

示例 9–5

正确：绿色旅游饭店

不正确：绿色旅游饭店术语、管理要求、等级划分一般来说，有多个元素的标准名称应采取分段式，可以是“主体元素 + 补充元素”或“引导元素 + 主体元素”的两段式，也可以是“引导元素 + 主体元素 + 补充元素”的三段式。但目前全国旅游标准化技术委员会（SAC/TC 210）归口的旅游标准名称中，即使是含有引导元素或补充元素，文件名称没有一个是采用分段式的（见表 5-1）。

与旅游业相关的文件，只有分部分的文件名称是采用分段式的。如归口在全国图形符号标准化技术委员会（SAC/TC 59）的 GB/T 10001.2—2021《公共信息图形符号 第 2 部分：旅游休闲符号》和 GB/T 15566.8—2007《公共信息导向系统 设置原则与要求 第 8 部分：宾馆和饭店》。

一项文件分成不同部分后，各个部分的名称中一定要有补充元素，不同部分的补充元素是不同的，而“主体元素”或“引导元素 + 主体元素”一定要相同。一项标准不同部分名称中的主体元素或引导元素加上主体元素代表的是“文件的名称”，而补充元素代表的是该文件中特定部分的“部分名称”。由于各个部分共同构成了同一项标准，所以文件的名称，也就是各个部分名称的引导元素（如果有的话）和主体元素应保持相同，而补充元素存在的作用是区分和识别各个部分，因此补充元素须保持不同。简洁是起草文件名称最基本的要求之一，为此由多段构成的文件名称各元素中的词语不应重复，各元素中不同用语的概念也不应重复。

文件名称中表达相同概念的术语应保持一致。文件中表示技术特征的用语，应采取专用的统一术语。建议从有关术语标准中选择确切表达有关技术特征的规范化术语。

文件名称中含有“规范”，则文件中应包含要素“要求”以及相应的验证方法，采用要求型条款（C.1）；文件名称中含有“规程”，需要有可操作性原则、行为指示、转换条件、结束条件、可追溯、可证实的内容，根据需要选择用祈使句表达的指示型条款（C.2）和要求型条款（C.1）；文件名称中含有“指南”，应采用推荐型条款（C.3）或陈述型条款（C.5）的形式起草，文件中不应包含要求型条款。

在旅游标准中，指南类和规范类标准占绝大多数，但文件名称中并非只有这两种表述，指南类文件名称中还有通则、导则、指引等类似的表述，而规范类文件名称中还有要求、等级划分、评定等类似的表述。因此，文件的名称应该与文件的内容的技术特征要素相一致。

## 二、其他相关问题

文件名称虽然字数不多，但是要做到文字简洁、表述准确、体例达标也不是一件容易的事。除上述已述及的问题外，文件名称在起草时，还容易出现下列错误。

## （一）文件的范围不准确

**1. 避免无意中限制文件的范围**

在文件名称中，不应涉及任何不必要的细节，以免无意中限制了文件的范围。如果文件的对象和内容是住宿业，而在文件的名称中使用“旅游饭店”，那么文件名称就将文件的适用范围缩小了。

有些文件名称本来不需要补充元素，如果随便添加了补充元素就会限制了文件的范围。假如将“绿色旅游饭店”的文件名称改为“绿色旅游饭店管理规范”就是犯了这类错误，因为实际上该文件中除了管理规范外，还有许多其他内容。

**2. 避免扩大文件的范围**

在文件名称中，必要的内容不应省略，以免无形中扩大了文件的范围。假如文件名称为“旅行业务管理规范”，而实际文件内容只是针对旅行社，不包括在线旅游运营商（OTA）和旅游网站经营的旅行代理业务，那么这样的文件名称无形中将文件的范围扩大了。

## （二）无须描述文件的类型

文件名称中无须描述文件的类型，不应使用“……标准”“……国家标准”或“……标准化指导性技术文件”等表述形式。但在实际文件名称的编写中，文件起草者往往想强调该文件是一项国家标准（行业标准、地方标准等）而在标准名称后增加“标准”二字。如果是工程建设标准，不是按 GB/T 1.1—2020 规定起草的文件则另当别论（参见第八章）。示例 9-6 中给出了一些现行旅游业地方标准的文件名称不规范的示例。

示例 9–6

——DB11/T 187—2003　星级饭店服务质量标准

——DB11/T 357—2006　住宿业服务质量标准与评定

——DB23/T 125—2008　旅游滑雪场质量等级标准

——DB23/T 983—2004　旅游家庭旅馆质量等级评定标准

——DB13/T 1009—2009　河北省乡村旅游服务质量标准

——DB3401/T 019—2007　“农家乐”旅游服务质量等级评定标准

按照 GB/T 20000.1—2014《标准化工作指南 第 1 部分：标准化和相关活动的通用术语》中对于“标准”的定义“……标准是提供规则、指南或特性，供共同使用和重复使用的文件”（定义 5.3），显然，标准是规范、规程、指南类文件的统称。因此，文件名称中使用标准，并不能体现标准的分类特征，应根据标准的类型选用“规范”“规程”“规则”“规定”“指南”等表述形式。

# 第二节　按内容分类的文件结构

文件的结构是一个文件的骨架，一个好的文件结构表现在内容和层次两个方面。只有从文件的核心技术内容出发规划文件的结构，才有可能在此基础上顺利展开文件的核心技术内容，并最终编制完成一个高质量的文件。一般来说，我们可以从两个不同的维度，即按照文件的内容和层次，对文件的结构进行分类。

## 一、通则

由于标准之间的差异较大，较难建立一个普遍接受的内容划分规则。一般来说，针对一个标准化对象通常宜编制成一个无须细分的整体文件，特殊情况下可编制成若干部分的文件，或在同一个标准顺序号下将一项标准分成若干个单独部分。标准分成部分后，需要时，每一部分可以单独修订（GB/T 1.1—2020，5.2.1，注：这里是直接引用该标准条款，有些在不影响原意的情况下，文字上略有改动。下文中如果没有给出文件代号、顺序号和序列号的，而是直接给出章节号的，都是指 GB/T 1.1—2020，下同）。现行全国旅游标准化技术委员会归口的国家标准和行业标准都是单独的标准，很少是分部分标准（见表 5-1）。

## 二、部分的划分

上述所谓特殊情况，主要是指以下几种情形［5.2.1，a）~c）］：①文件篇幅过长；②文件使用者需求不同，例如涉及生产方、供应方、采购方、检测机构、认证机构、立法机构、管理机构等；③文件编制目的不同，例如保证可用性，便于接口、互换、兼容或相互配合，利于品种控制，保障健康、安全，保护环境或促进资源合理利用，以及促进互相理解和交流等。

一般来说，适用于范围广泛的通用标准化对象的内容，宜编制成一个整体文件；适用于范围较窄的标准化对象的通用内容，宜编制成分为若干部分的文件的通用部分；适用于分为单一的标准化对象的具体内容，不宜编制成一个整体文件或分为若干部分的文件的某个部分，仅适用于编写成文件中的相关要素（5.2.2）。

文件分成若干个单独部分时，可使用两种方式：

（1）将标准化对象分为若干个特定方面，各个部分分别涉及其中的一个方面，并且能单独使用。例如，第 1 部分：词汇，第 2 部分：图形符号，第 3 部分：要求，第四部分：……

（2）将标准化对象分为通用和特殊两个方面，通用方面作为标准的第 1 部分，特殊方面（可修改或补充通用方面，不能单独使用）作为标准的其他各部分。例如，第 1 部分：一般要求（基本要求、总体要求等），……第 5 部分：迎宾要求，第 6 部分：游览要求，第 7 部分：餐饮要求。

## 三、单独文件的内容划分

文件由各类要素构成。一项文件的要素可按下列方式进行分类。

**1. 按要素的性质划分**

按要素的性质划分，可分为：

（1）规范性要素（Normative Elements）——界定文件范围或设定条款的要素（3.2.3）。

（2）资料性要素（Informative Elements）——给出有助于文件的理解或使用的附加信息的要素（3.2.4）。

在标准化文件里，经常用到“规范性”和“资料性”这两个词。相关概念除上述提及的规范性要素和资料性要素外，还有规范性引用、资料性引用，规范性附录、资料性附录，规范性提示、资料性提示等。

文件中使用的“规范性”与“条款”有关。规范性引用就是所引用的内容成为引用它的文中的“条款”，规范性附录中的内容（除附加信息外）即是规范性条款，规范性提示是提示文件使用者遵守、履行或符合文件自身其他位置的“条款”（9.5.5.1）。

“资料性”与“附加信息”有关，只起辅助作用，是帮助文件理解或使用的内容。资料性内容存在与否不会对文件的使用造成实质影响；资料性引用所引用的内容都会成为引用它的文件的附加信息；资料性提示是提示文件使用者参看文件自身的其他位置内容，以帮助对文件的理解（9.5.5.2）。

**2. 按要素的必备或可选的状态划分**

按要素的必备或可选的状态划分，可分为：

（1）必备要素（Required Elements）——在文件中不可缺少的要素（3.2.5）。

（2）可选要素（Optional Elements）——在文件中存在与否取决于起草特定文件的具体需要的要素（3.2.6）。

各类要素在文件中的典型编排以及各要素类型见表 9-1 和表 8-3。

**表 9-1 文件中要素的典型编排**

<table>
<tr><th rowspan="2">要 素</th><th colspan="2">要素的类别</th><th rowspan="2">要素的构成</th><th rowspan="2">要素所允许的表述形式</th></tr>
<tr><th>必备或可选</th><th>规范性或资料性</th></tr>
<tr><td>封 面</td><td>必 备</td><td rowspan="4">资料性</td><td rowspan="4">附加信息</td><td>标明文件信息</td></tr>
<tr><td>目 次</td><td>可 选</td><td>列表（自动生成的内容[b]）</td></tr>
<tr><td>前 言</td><td>必 备</td><td>条文[c]、注、脚注、指明附录</td></tr>
<tr><td>引 言</td><td>可 选</td><td>条文、图、表、数学公式、注、脚注、指明附录</td></tr>
<tr><td>范 围</td><td>必备</td><td>规范性</td><td>条款、附加信息</td><td>条文、表、注、脚注</td></tr>
<tr><td>规范性引用文件[a]</td><td rowspan="2">必备 / 可选</td><td>资料性</td><td>附加信息</td><td>清单、注、脚注</td></tr>
<tr><td>术语和定义[a]</td><td>规范性</td><td>条款、附加信息</td><td>条文、图、数学公式、示例、注、引用、提示</td></tr>
<tr><td>符号和缩略语</td><td rowspan="3">可 选</td><td rowspan="5">规范性</td><td rowspan="5">条款、附加信息</td><td rowspan="5">条文、图、表、数学公式、示例、注、脚注、引用、提示、指明附录</td></tr>
<tr><td>分类和编码 / 系统构成</td></tr>
<tr><td>总体原则和 / 或总体要求</td></tr>
<tr><td>核心技术要素</td><td>必 备</td></tr>
<tr><td>其他技术要素</td><td rowspan="3">可 选</td></tr>
<tr><td>参考文献</td><td rowspan="2">资料性</td><td rowspan="2">附加信息</td><td>清单、脚注</td></tr>
<tr><td>索 引</td><td>列表（自动生成的内容[b]）</td></tr>
</table>

a 章编号和标题的设置是必要的，要素内容的有无根据具体情况进行选择

b 使用标准编写工具软件（SET 2022）

c 条文是由条或段表达信息的条款（3.3.7）

资料来源：GB/T 1.1—2020 中表 3，略有改动

### 3. 按核心技术要素及其条款类型划分

核心技术要素是各种功能类型标准的标志性的要素，它是表述标准特定功能的要素。标准功能类型不同，其核心技术要素就会不同，表述核心要素使用的条款类型也会不同。各种功能类型标准所具有的核心技术要素以及所使用的条款类型应符合表 9-2 的规定。各种功能类型标准的核心技术要素的具体编写应遵守 GB/T 20001（所有部分）的规定（8.11）。

表 9-2　各种功能类型标准的核心技术要素以及所使用的条款类型

| 标准功能类型 | 核心技术要素 | 使用的条款类型 |
|---|---|---|
| 术语标准 | 术语条目 | 界定术语的定义使用陈述型条款 |
| 符号标准 | 符号 / 标志及其含义 | 界定符号或标志的含义使用陈述型条款 |
| 分类标准 | 分类和 / 或编码 | 陈述、要求型条款 |
| 试验标准 | 试验步骤<br>试验数据处理 | 指示、要求型条款<br>陈述、指示型条款 |
| 规范标准 | 要求<br>证实方式 | 要求型条款<br>指示、陈述型条款 |
| 规程标准 | 程序确立<br>程序指示<br>追溯 / 证实方法 | 陈述型条款<br>指示、要求型条款<br>指示、陈述型条款 |
| 指南标准 | 需考虑的因素 | 推荐、陈述型条款 |

注：如果标准化指导性技术文件具有与表中规范标准、规程标准相同的核心技术要素及条款类型，那么该标准化指导性技术文件为规范类或规程类

**4. 各类旅游业标准中要素的编排实例**

与工业、制造业不同，在现行的旅游业标准中，以服务质量要求（规范）、建设规范、服务质量认定、等级分类评定、建设指南等为主。标准类型不同，其规范性技术要素中包括的具体要素也明显不同。表 9-3 给出了各类旅游业标准中核心技术要素和使用的条款类型的编排实例。由此可出，标准类型不同，其核心技术要素和使用的条款类型也明显不同。

表 9-3　各类旅游业标准的核心要素以及所使用的条款类型

| 标准类型 | 英文译名 | 标准实例 | 核心技术要素 | 使用的条款类型 |
|---|---|---|---|---|
| 术语标准 | vocabulary | GB/T 16766—2017《旅游业基础术语》 | 术语条目 | 界定术语的定义使用陈述型条款 |
| 符号标准 | symbol，graphical symbol，sign | GB/T 10001.2—2021《公共信息图形符号 第 2 部分：旅游休闲符号》 | 符号 / 标志及其含义 | 界定符号或标志的含义使用陈述型条款 |
| 分类标准 | classification，coding | LB/T 019—2013《旅游目的地信息分类与描述》 | 分类和 / 或编码 | 陈述、要求型条款 |
| 试验标准 | test method，determination of ... | LB/T 034—2014《景区最大承载量核定工作导则》 | 试验步骤<br>试验数据处理 | 指示、要求型条款<br>陈述、指示型条款 |
| 规范标准 | specification | GB/T 15971—2010《导游服务规范》 | 要求<br>证实方法 | 要求型条款<br>指示、陈述型条款 |

续表

| 标准类型 | 英文译名 | 标准实例 | 核心技术要素 | 使用的条款类型 |
|---|---|---|---|---|
| 规程标准 | code of practice | GB/T 20416—2006《自然保护区生态旅游规划技术规程》 | 程序确立<br>程序指示<br>追溯 / 证实方法 | 陈述型条款<br>指示、要求型条款<br>指示、陈述型条款 |
| 指南标准 | guidance，guidelines | LB/T 021—2013《旅游企业信息化服务指南》 | 需考虑的因素 | 推荐、陈述型条款 |

## 四、条款

文件的要素是由条款构成的，条款是规范性文件内容的表述方式。在文件中，表达应用该文件需要遵守、符合、理解或作出选择的表述（3.3.1）。条款的类型分为：要求、指示、推荐、允许和陈述。在文件中，每种类型的条款有各自的表述形式。

### （一）条款的类型

文件中的条款分为如下五种类型：

（1）要求：表达声明符合该文件需要满足的客观可证实的准则，并且不允许存在偏差的条款（3.3.2）；

（2）指示：表达需要履行的行动的条款（3.3.3）；

（3）推荐：表达建议或指导的条款（3.3.4）；

（4）允许：表达同意或许可的（或有条件）去做某事的条款（3.3.5）；

（5）陈述：阐述事实或表达信息的条款（3.3.6）。

在文件起草过程中，上述五种不同类型的条款是通过使用不同的汉语句式或能愿动词来表达的。在使用文件时，也可以通过不同的汉语句式或能愿动词区分出文件中的条款是哪种类型的条款（附录 C）。

#### 1. 要求型条款的表述

要求型条款可以利用能愿动词“应（应该、只准许）/ 不应（不应该、不准许）”，表示声明符合文件需要满足的要求。例如，“景区应设有游客中心”，表示文件中所提及的景区都应设有游客中心，这是一个要求，如果未设游客中心的话，则可判定该景区不符合 GB/T 17775—2003《旅游区（点）质量等级的划分与评定》中的相关要求。又如“滑雪场年平均降雪量不应低于 10 厘米”，表示这是一个要求，如果达不到这个要求的话，则可判定它不符合 LB/T 037—2014《旅游滑雪场质量等级划分》中的相关要求。

#### 2. 指示型条款的表述

在规程或试验方法中用指示型条款直接表示指示，采用祈使句来表述直接的指示，如需要履行的行动、采取的步骤等。例如，“开启行车记录仪”，表示涉及机器操作、驾驶交通工具、试验方法中所采取的步骤时，命令文件实施者须完成的行为或行动步骤，并且不准许打折扣。

**3. 推荐型条款的表述**

推荐型条款利用能愿动词“宜（推荐，建议）/ 不宜（不推荐，不建议）”表述，通常表示：

（1）在几种可能性中推荐特别适合的一种，不提及也不排除其他可能性；

（2）某个行动步骤是首选的但未必是所要求的；

（3）不赞成但也不禁止某种可能性或行动步骤（使用否定形式）。

例如，“旅游厕所宜有残障人士厕位”，表示在旅游厕所中有残障人士厕位和无残障人士厕位两种，特别推荐有残障人士厕位，但没有提及无残障人士厕位，同时也没有排除无残障人士厕位这种可能性，这里使用“宜”强调的是结果。又如“旅游旺季宜在景区交通客流拥挤处增加执勤人员”，表示增加执勤人员的做法是建议推荐的，但并不是所要求的。这里使用“宜”强调的是过程。例如，“温度不宜高于25℃”，表示在温度高于25℃和低于25℃这两种可能性中，高于25℃是文件所不赞成的，但同时也不禁止这种可能性，这里使用“不宜”强调的是结果。又如“在景区入口处不宜使用人工检票”，表示对采用人工检票这种做法是不赞成的，但也没有禁止，这里使用“不宜”强调的是过程。

**4. 允许型条款的表述**

允许型条款利用能愿动词“可（可以，允许）/ 不必（可以不，无须）”，表示在文件的界限内允许的行为或行动步骤。例如，“在占地面积大的旅游景区可设多个游客中心”，表明只有符合条件（占地面积大）才“允许”设多个游客中心；又如“不必每个旅游景区都设有两个以上的游客中心”，表明文件中“允许不”设有多个（两个及以上）游客中心。

**5. 陈述型条款的表述**

陈述型条款分三种类型。一是用能愿动词“能（能够）/ 不能（不能够）”来表示需要去做或完成指定事项的才能、适应性或特性等能力。例如，“景区智能门禁系统能自动记录和识别游客指纹信息”，表示了门禁系统具有的“能力”。又如“景点的电子语音解说器不能代替人员讲解”，表示电子语音解说器不具有完全替代人工讲解的“能力”。二是用能愿动词“可能（有可能）/ 不可能（没有可能）”表示预期的或可想到的物质、生理或某种因果关系导致的结果。例如，“主题乐园过于刺激的骑乘项目可能会引起部分游客的身体不适”，表示有引起部分游客身体不良反应的可能性。又如“景区接待不可能做到没有淡旺季的差异”，表示消除淡旺季差异的不可能性。三是一般性陈述，不使用能愿动词，而是使用“是、为、由、给出”等典型表述用词，例如，“设立旅游信息中心是世界大多数国家旅游城市的惯例（GB/T 26354—2010，引言）”。就是使用陈述句提供“旅游信息中心”在世界上比较普遍这一事实的信息。又如“景区标识标牌由图形符号、文字和数字组成”等。

在示例 9-7 中，起草者将要求型条款写成陈述型条款了，起草者的原意是“要求”（省级或国家级度假区）能提供（良好的）生活配套服务和公共文化服务，而不是指度假区自身就具有的“能力”。正确的写法是加上能愿动词“应”，改成要求型条款。

**示例 9-7**

7.3.4.2 旅游度假区内或邻近城镇能提供生活配套服务和公共文化服务，满足长期度假旅游者的生活需求。

……

8.3.4.2 度假设施集中分布的区域内能提供良好的生活配套服务和公共文化服务，满足长期度假旅游者多样化的生活需求。

资料来源：GB/T 26358—2022《旅游度假区等级划分》

除了能愿动词外，对于条款中经常用到的“遵守”和“符合”两个动词表述的情形是不同的。“遵守”用于在实现符合性过程中涉及的人员或组织采取的行动的条款，而“符合”用于规定产品 / 系统、过程或服务特性符合文件或其要求的条款，即需要“人”做到的用“遵守”，需要“物”达到的用“符合”（9.4.2）。如“景区讲解员上岗应遵守着工作装的规定”“度假区内的饭店设施设备应符合三星级饭店（及以上）的要求”。

### （二）条款表述所用的能愿动词

#### 1. 能愿动词及其等效表述

从前文的介绍我们可看出，使用不同的能愿动词可以表示不同类型的条款。通常使用的能愿动词有五类。表 8-4 给出了表述不同类型的条款使用的能愿动词以及在特殊情况下使用的等效表述形式。

文件中表达不同的规范性内容时，通常应使用相关的能愿动词，如“应”“不应”“宜”“不宜”“可”“不必”“能”“不能”“可能”“不可能”等。只有在特殊的情况下，才可使用能愿动词的等效表述形式。例如，用于能愿动词表述规范性内容的条款所处的语境（语言环境，上下文的衔接）决定了不能使用首选能愿动词时，可使用其等效表述形式。

**2. 五种能愿动词的比较**

为了对五种能愿动词有更深入的了解，以下给出了在同一个句子里，使用不同的能愿动词所产生的不同结果和效果：

（1）景区门禁系统应（不应）自动统计游客数量：表示一种要求，只有带（不带）自动统计功能的才认为符合文件要求；

（2）景区门禁系统宜（不宜）自动统计游客数量：表示一种建议，系统最好带（不带）自动统计功能，但也不排斥不带（带）这一功能；

（3）景区门禁系统可（不必）自动统计游客数量：表示一种允许，许可系统可带（不带）自动统计功能；

（4）景区门禁系统能（不能）自动统计游客数量：陈述一种事实，一种客观的能力，系统能够（不能够）自动统计；

（5）景区门禁系统可能（不可能）自动统计游客数量：表达一种可能性，系统存在自动统计的可能（不可能）性。

### （三）条款中能愿动词含义辨析

由于GB1.1—2020与2009年版相比，更改了条款类型以及条款表述使用的一些能愿动词（2009年版称之为助动词）。而能愿动词的使用正确与否，直接影响到文件的质量，以及文件使用者对于文件的理解。为了加深对文件条款使用能愿动词的认识，需要正确掌握能愿动词的使用方法。

**1. “宜”和“可”——推荐型条款与允许型条款**

文件中的条款使用了“应”，则表明该条款是要求型条款，一旦使用者声明符合该项文件，则该条款必须严格地遵守；而文件中的条款使用了“宜”或“可”，则该条款不是一定要遵守的。“宜”和“可”的区别体现在以下不同方面。

表示文件起草者的愿望不同：使用“宜”往往表示虽然由于种种原因，文件中不能要求使用者去执行文件中的规定，只能以推荐的方式表述，但文件起草者主观上非常希望使用者按照“宜”所推荐的去做。然而，文件中使用“可”有时表示的却是文件起草者主观上并不想让使用者去做文件中允许的内容，但是由于种种原因又不得不允许使用者去做。“可”被用来表示在文件的界限内所允许的行动步骤。这里“在文件界限内”，通常表示文件范围所划定的界限，但是，如果文件起草者并不希望使用者去做，经常还要增加新的限定。例如，“对于规范性的引用，根据引用某文件的目的，在可接受该文件将来的所有改变时，才可不注日期引用文件”。这里在允许不注日期引用文件的同时，给出了一个限定条件:“在可接受该文件将来的所有改变时”。

**2.“不应”和“不能”——要求型条款与陈述型条款**

GB/T 1.1 规定,“不应”表示的是要求型条款,而“不能”表示的是陈述型条款。但在日常语境中,“不应”与“不能”却常常被混用。在标准化文件的编写中,常会出现在应该使用“不应”的地方,却不经意地使用了“不能”。虽然是一字之差,但条款的性质却发生了改变,即由要求型条款变成了陈述型条款。例如,“进入景区人数不能超过景区的最大承载力(容量)”。这里的“不能”实际上要表述的是“不应”,如果使用“不能”,按照能愿动词使用规则,表示如果超过景区的最大承载力(容量),客观上是实现不了的。这显然不正确,因为超过景区的最大承载力(容量)不是客观上“不能”,而是文件要求“不应”,不准许超过景区的最大承载力(容量)。所以说,这里的“不能”应改为“不应”,改为“进入景区人数不应超过景区的最大承载力(容量)”。又如示例 9-8 中,应使用要求型条款,但两处都使用了能愿动词“能”,变成陈述型条款。显然,不符合起草者的本意。

**示例 9-8**

8.4.2.3 主要设施、服务和休闲活动等能进行实名预订管理,高峰期能按游客容量控制流量。

资料来源:GB/T 26358—2022《旅游度假区等级划分》

**3.“应”和“必须”——不要用“必须”强调要求**

在有些推荐性标准的条款中,文件起草者为了强调某种要求,往往使用“必须”代替“应”。但是这种代替是错误的,因为用“必须”提出的要求具有强制性,它强调的是外部约束(法定责任和义务)。对于推荐性标准,只有在使用者声明符合标准后,才能要求他“应”怎样去做,或“应”符合的内容,而不是强迫他“必须”符合某些要求。因此,推荐性标准不应使用“必须”强调要求,以免将文件的要求与外部的约束相混淆。如确有必要,可资料性提及法律法规,或者可通过包含“必须”的陈述,指出由法律要求形成的对文件使用者的约束义务(外部约束)。表述外部约束时提及的法律法规并不是文件自身规定的条款,属于资料性引用的文件,如“景区骑乘设施的强制认证标志的使用见《……管理办法》”“依据……法律规定,上山缆车设施检修必须遵守……规定”等。这些条文通常宜与文件的条款分条表述,文件中所有资料性引用的文件,均应在要素“参考文献”中列出(9.5.4.2.2)。

**4.“应”和“宜”——不要将推荐型条款写成要求型条款**

将推荐型条款写成要求型条款的情况，在采用国际标准制定我国标准时表现得尤其突出。在国际标准中，一些条款使用了能愿动词“should”，表明该条款是推荐型条款，应将其译为“宜”“推荐”或“建议”。但在制定我国标准的过程中，许多标准将其译为“应”，也就是将推荐型条款写成了要求型条款。造成这一问题往往有两方面的原因：一是没有意识到“should”和“shall”的不同，不重视能愿动词的使用规则；二是觉得使用“宜”不如使用“应”读起来顺畅。但是，一字之差所表现的含义却是完全不同的：国际标准中的“should”表示的是推荐型条款，国家标准中的“应”表示的是要求型条款，将“宜”误译成“应”，导致了国家标准与国际标准之间存在技术性差异，使得标准中增加了原国际标准不包含的要求型条款，将一些没有必要严格要求的内容，也变成了“要求”。

**5.“不应”的等效表述中没有“不可”**

在条款表述时，不要使用“不可”代替“不应”来表示禁止。“不可”的含义实际上与“不应”是等效的，但由于“可”在文件中用来表示允许的意思，而“可”字面上的简单否定是“不可”。因此，表示要求型条款的能愿动词“不应”的等效表述形式中没有列入“不可”，以免和允许型条款相混淆。“不应”的等效表述形式只有“不应该”和“不准许”。所以，文件中不应出现“不可”这一词语。

**6.“可”不表示“可能”**

“可”的含义是允许，表示的是“可以”，不是“可能”；“可能”表示的是一种“可能性”。因此，“可”的等效表述不是“可能”，而是“可以”。

**7.“可”的否定形式不是“不可”**

“可”的否定形式不是“不可”，而是“不必”，也可说是“可以不”。因为“可”表示的是允许，“不可”实际上是“不应”的意思。所以，不应用“不可”作为“可”的否定，而“不必”或“可以不”才是“可”的否定形式。例如，“其他文件的编写可参照使用”，其否定形式应该为“其他文件的编写不必（可以不）参照使用”。

**8.“可能”不是“能”的等效表述形式**

在英文中，“can”既表示“能力（capability）”，又表示“可能性（possibility）”；在中文中，能愿动词“能”只表示“能够”，不表示“可能性”，而“可能”表示能成为事实的属性，表示的是“可能性”。因此，“可能”不是“能”的等效表述形式。

## （四）条款中能愿动词的使用

### 1. 特定要素中的能愿动词

由于文件中某些要素的性质及内容决定了在这些要素中只能包含或不可能包含某些条款，所以在这些要素中是否存在代表相应条款的能愿动词，就成为相应要素表述正确与否的标志之一。

（1）前言。前言是给出诸如文件起草依据的其他文件、与其他文件的关系和编制、起草者的基本信息等文件自身内容之外的信息。前言中不应该包含要求、指示、推荐和允许型条款。所以，前言中不应含有“应 / 不应”“宜 / 不宜”“可 / 不必”以及它们的等效表述（8.3）。

（2）引言。引言是用来说明与文件自身内容相关的信息，不应包含要求型条款。所以，引言中不应含有“应”和“不应”及其等效表述（8.4）。

（3）范围。范围是用来界定文件的标准化对象和所覆盖的各个方面，并指明文件的适用界限。范围应表述为一系列事实的陈述，不应包含要求、指示、推荐和允许型条款（8.5）。

（4）术语和定义。定义应使用陈述型条款，既不应包含要求型条款，也不应写成要求的形式（8.7.3.3）。

（5）要求。“要求”应由要求型条款组成，因此要包含能愿动词“应”“不应”或其等效表述形式。如果没有相应的能愿动词或等效表述形式，就会混淆要求型条款与陈述型条款。例如，如果在“要求”这一要素中出现“全年室内温度在 23℃ ~26℃”（GB/T 18973—2003 中 5.2.6.1 a）就是犯了这类错误。由于在该条款中找不到能愿动词“应”，所以只能认定为陈述型条款，但是，该条款是“要求”要素中的条款，本意要表达一种要求，因此应在上述句子中加入“应”这一能愿动词，以便使其成为要求型条款。这类错误在现行的旅游业标准中比较常见。

### 2. 要素的特定内容中的能愿动词

示例、注、脚注、图表脚注，以及“规范性引用文件”和“参考文献”中的文件清单和信息资源清单、“目次”中的目次列表和“索引”中的索引列表等都属于附加信息，它的作用是为了更好地理解或使用文件。除图表脚注外，它们宜表述为对事实的陈述，不应包含要求、指示、推荐和允许型条款。如示例中包含要求、指示、推荐和允许型条款是为了提供与这些表述有关的例子，则不受此限。通常将这样的示例内容置于线框内（9.10.4）。

图表脚注除给出附加信息之外，还可以包含要求型条款（规范性提示）。因此，编写脚注相关内容时，应使用适当的能愿动词或句子语气类型（使用祈使句），以明确区分不同的条款类型（9.12.2）。

## 第三节　按层次分类的文件结构

除按照文件内容对文件进行划分得出不同类型的要素外，还可以按照层次对文件进行划分。从文件的内容和文件的层次两个维度认识，会对文件的结构有一个全面的了解。

根据标准化对象的特点，文件的层次划分和设置采用部分、章、条、段、列项和附录等形式。表 9-4 给出了文件各个层次的具体名称以及相应的编号示例。

**表 9-4　层次及其编号示例**

| 层次 | 编号示例 |
| --- | --- |
| 部分 | ××××.1 |
| 章 | 5 |
| 条 | 5.1 |
| 条 | 5.1.1 |
| 段 | ［无编号］ |
| 列项 | 列项符号；“——”和“·”；列项编号 a）、b）和 1）、2） |

资料来源：GB/T 1.1—2020，6.2.1 中表 2

表 9-4 所示的层次是一项标准化文件可能具有的所有层次。具体文件所具有的层次及其设置应视文件篇幅的多少、内容的繁简而定。但无论什么样的文件，至少要有章、条、段三个层次，它们是文件的必备层次。除了章、条、段，其余的层次都是可选的。例如，有些文件没有分成“部分”，有些文件没有列项、不设附录等。目前，旅游业标准化文件大多是单项标准，很少分成“部分”。

### 一、部分

部分在文件中被作为一个层次，是由于目前的 ISO/IEC 标准和我国的国家标准或行业标准编号中的顺序号仅是一个流水号，并不表示文件的类别，这给标准化文件的管理和使用造成了不便。因此，ISO/IEC 在起草国际标准时，都十分重视利用“部分”这一层次，通过把文件划分成部分，即将同一个标准化对象的各个方面或内容放在同一个文件顺序号之下的不同部分中，这样既方便了文件的管理，又方便了文件的使用。我国标准也应借鉴 ISO/IEC 的这一做法，重视文件中部分的使用。虽然目前我国的旅游业国家标准或行业标准很少有分部分标准，但用发展的眼光看，随着旅游标准化体系的日趋规范和逐步完善，编制分部分标准势在必行。

部分不是独立的文件，也不是系列文件中的标准，它是一项标准化文件的内部结构，是文件内的组成成分中的一个层次。

部分应使用阿拉伯数字从 1 开始编号。部分的编号应置于标准顺序号之后，并用下脚点与文件顺序号隔开，如 10001.2。部分可以连续编号，也可以分组编号。部分不应再细分成分部分（7.1.1）。即不应出现例如 10001.2.1 这样的文件编号。

按照部分的划分原则（见第九章第二节），可以将一个文件分为若干部分。起草这类文件时，有必要事先研究各部分的安排，考虑是否将第 1 部分预留给诸如“总则”“术语”等通用方面。

部分的名称为必备要素，应置于范围之前。标准名称应简练并明确表示出标准的主题，使之与其他标准相区分。标准名称不应涉及不必要的细节。必要的补充说明应在范围中给出。同一标准的各个部分名称的引导要素（如果有的话）和主体要素应相同，而补充因素应不同，以便区分各个部分。在各个部分的名称中，补充要素前均应使用部分编号标明“第 × 部分：”，× 为与部分编号完全相同的阿拉伯数字（7.1.3）。

## 二、章

章是文件内容划分的基本单元（7.2），是文件或部分中划分出的第一层次，因而章构成了文件结构的基本框架。

每一章都应编号。章的编号使用阿拉伯数字，从 1 开始编写。在每项标准或每个部分中，章的编号从“范围”开始一直连续到附录之前（文件正文）。每一章都应有章标题，并置于编号之后。章的标题与其编号一起单独排一行，并与其后的条文分行（见示例 9–9）。

文件中的核心技术要素的章标题需要根据文件的具体功能类型进行确定（参见表 9–2），文件中的其他技术要素的章标题需要根据具体要素而定。

**示例 9–9**

1 范围

2 规范性引用文件

3 术语和定义

4 符号和缩略语

5 ……

## 三、条

条是对章的细分（7.3.1）。凡是章以下有编号的层次均称为“条”。应使用阿拉伯数字对条编号（5.2.4）。

条的设置是多层次的：第一层次的条（如5.1、5.2等）可分为第二层次的条（如5.1.1、5.1.2等），第二层次的条还可继续分为第三层次的条（如5.1.1.1、5.1.1.2等），需要时，最多可以分到第四层次（如5.1.1.1.1、5.1.1.1.2等）（5.2.4）。但为了便于引用、叙述和检索，尽量不要将条的层次划分得过多。

一个层次中有两个或两个以上的条时才可设条。例如，在第10章中，如果没有10.2，就不应设10.1。应避免对无标题的条再分条。这是因为，在这种情况下如果对该条再进一步细分成下一层次的条，则就会出现“悬置条”（见示例9-10），这给引用造成了困扰。假如另一文件需要引用示例9-10中5.2.3的内容时（不包括5.2.3.1和5.2.3.2的内容），如果指明“按照5.2.3的规定”就会产生混淆，因为在这种情况下，5.2.3还包括了5.2.3.1和5.2.3.2。因此，无标题条不应再进一步细分条。

**示例9-10**

5.2.3 ××××××××××××××××××××××××××（悬置条）

5.2.3.1 ××××××××××××××××××××××××××××

5.2.3.2 ××××××××××××××××××××××××××××

第一层次的条宜给出条标题。第二层次的条可同样处理。某一章或条中，其下一个层次上的各条，有无标题应统一。如果第10章的下一层次10.1有标题，则处于同一层次上的10.2、10.3等也应有标题（7.3.3）；如果10.2条的下一层次10.2.1有标题，则10.2.2、10.2.3、10.2.4……也应有标题。反之亦然。

虽然条标题的设置是可选择的，但在某一章或条中，其下一个层次上的各条有无标题应统一。对于不同的章中的条或不同条中的条，虽然处于同一层次，标题的设置允许不一致。例如，在示例9-11中，虽然5.2.1、5.2.2、5.2.3，5.3.1、5.3.2、5.3.3，6.1.1、6.1.2都属于第二层次的条，但5.3.1、5.3.2和5.3.3有标题，其他条没有标题，这种情况是允许的。这是因为5.3.1、5.3.2、5.3.3与6.1.1、6.1.2分属不同的章，而5.3.1、5.3.2、5.3.3与5.2.1、5.2.2、5.2.3虽然在同一章中，但它们却不在同一条中，前者在5.3条，后者在 5.2 条。只有在某一章或条的内部，才要求其下一个层次上的各条是否设置标题要统一。

**示例 9–11**

5 服务设施

…………

5.2 购物设施

5.2.1 ××××××××××××××××××

5.2.2 ××××××××××××××××××

5.2.3 ××××××××××××××××××

…………

5.3 接待设施

5.3.1 售票处

……

5.3.2 接待处

……

5.3.3 问询处

……

6 安全保障

6.1 安全制度

6.1.1 ××××××××××××××××××

6.1.2 ××××××××××××××××××

……

无标题条可将首句中的关键术语或短语选用黑体字，以便强调各条的主题。某一章或条中的下一个层次上的无标题条，有无突出的关键术语或短语应一致。无标题条不应再分条。

在示例 9–12 中，就出现了此类错误。在同一章（第 5 章）下一层的条，出现了既有标题（5.1、5.2），又无标题（5.3、5.4）两种不同设置。

**示例 9–12**

5 访查结果的处理

访查结束后，各级旅游星级饭店评定机构应向被查饭店反馈访查情况，并作出相应处理。访查处理结果应逐级上报更高一级星评机构。各省级旅游星级饭店评定机构每半年一次将本辖区星级饭店的访查结果及其处理意见上报全国旅游星级饭店评定机构。（悬置段）

5.1 访查结果达标饭店的奖励

5.1.1 口头表扬

5.1.2 通报表扬

……

5.2 访查结果未达标饭店的处理

5.2.1 口头表扬

5.2.2 通报表扬

……

5.3 各级旅游星级饭店评定机构对星级饭店进行处理的责任分工依照星级评定的权限划分办理。全国旅游星级饭店评定机构保留对各星级饭店访查结果的终审权。

5.4 星级饭店接到口头批评、警告通知书、通报批评、限期整顿或降低星级的通知后，必须认真整改并在规定期限内将整改情况报告相应旅游星级饭店评定机构。

资料来源：LB/T 006—2006《星级饭店访查规范》

在某一章或某一条中，既可以将相应的内容编写成几个段落，也可以分成几条编写，如果段与段之间所涉及的内容明显不同，为了便于区分，则应将它们分成彼此独立的条。当某章或条的几段内容中的某段有可能被本标准或其他标准所引用时，尤其本文件内部就需引用时，也应考虑设立条，这样通过直接引用相应的条编号就可实现准确引用的目的。

## 四、段

段是对章或条的细分。段没有编号（这是区别段与条的明显标志，也就是说，段是章或条中不编号的层次）。为了不在引用时产生混淆，应避免在章标题或条标题与下一层次条之间设段（称为“悬置段”）。如示例 9-13 的左侧所示。按照隶属关系，第 5 章不仅包括所标出的“悬置段”，还包括 5.1 和 5.2。鉴于这种情况，在引用这些悬置段时有可能发生混淆。右侧是避免混淆的方法之一：将左侧的悬置段编号并加标题“5.1 通用要求”（也可给出其他适当的标题），并且将左侧的 5.1 和 5.2，依次顺延为 5.2 和 5.3。避免混淆的其他方法还有，将悬置段移到别处或删除（7.4）。

一般来说，悬置段都是在做具体规定之前，编写一些总体的、通用的内容。因此，将悬置段作为条处理后，需要根据原悬置段中规定的内容选择相应的标题。原悬置段凡是规定了一些原则、规则或要求的内容，可以分别使用“总则”“通则”“通用要求”等作为标题。凡是给出陈述或说明的内容，可以使用“概述”作为条的标题。避免设置悬置段的规定，使得文件中段的编写，以及文件之间的相互引用或文件内部的提示更加清楚明确。

需要说明的是，“术语和定义”“符号和缩略语”中的引导语以及“重要提示”都不是悬置段。

示例 9-13

| 不正确 | 正 确 |
| --- | --- |
| 5 要求<br>××××××××××××××××××××（悬置段）<br>5.1 ×××××××××<br>××××××××××××××××××××<br>5.2 ××××××××<br>××××××××××××××××××××<br>…… | 5 要求<br>5.1 通用要求<br>××××××××××××××××××××<br>5.2 ×××××××××<br>××××××××××××××××××××<br>5.3 ××××××××<br>××××××××××××××××××××<br>…… |

在示例 9-13 中，在第 5 章的标题与 5.1 标题之间的段，就是悬置段。应将其加上标题“5.1 通用要求”。

目前，在我国的现有的旅游标准化文件中，还存在着这类悬置段。因此，在对相应文件修订时，应根据引用的可能性对其进行相应的调整。

## 五、列项

### （一）列项的用法

列项是段中的子层次，用于强调细分的并列各项中的内容。列项可以进一步细分为分项，但细分不宜超过两个层次（7.5.2）。列项应由引语和被引出的并列的各项组成。

具体形式有以下两种：①后跟句号的完整句子引出后跟句号的各项；②后跟冒号的文字引出后跟分号（见示例9-14）或逗号的各项，列项的最后一项均由句号结束（7.5.1）。

示例9-14是旅游标准中无编号列项的一个例子。

**示例9-14**

8.5.2 应根据步道节点的特点设置相应的标志：

——步道节点处应设置沿途景点的导向标志；

——观景节点处应设置景观说明；

——休憩节点处应设置游览步道路线图。

资料来源：GB/T 31384—2015《旅游景区公共信息导向系统设置规范》

在列项的各项之前可以有三类四种方式进行列项标示：①符号（“破折号”或“间隔号”）；②字母（后带半圆括号的小写拉丁字母）；③数字（后带半圆括号的阿拉伯数字）。

在一项标准的同一层次的列项中，使用符号的话，是选用破折号还是间隔号应统一；如果列项中的项需要识别的话，应使用字母编号；如果需要对某一项进一步细分成需要识别的若干分项，则应使用数字编号（表9-5，7.5.3）。

**表9-5 列项的类型和使用符号说明**

| 列项类型 | 使用符号 | 使用说明 |
| --- | --- | --- |
| 无编号列项 | 破折号（——）、间隔号（·） | ①在一项标准同一层次的列项中，使用破折号还是间隔号应统一；<br>②如果第一层次的列项使用破折号，而第二层次的列项使用间隔号的话，全文应统一，反之亦然 |
| 有编号列项 | 后带半圆括号的小写拉丁字母，即a）、b）、c）或后带半圆括号的阿拉伯数字，即1）、2）、3） | 如果是细分项的有编号列项，则使用后带半圆括号的小写拉丁字母或后带半圆括号的阿拉伯数字 |
| 有编号列项的细分 | 间隔号（·）或后带半圆括号的阿拉伯数字，即1）、2）、3） | ①如果细分成若干无编号分项，可使用间隔号（·）；<br>②如果细分成有编号的若干分项，则应使用数字编号，如1）、2）、3） |

在列项的各项中，可将其中的关键术语或短语标为黑体，以标明各项所涉及的主题（7.5.4）。这类术语或短语不应列入目次；如果有必要列入目次，则应采用条的形式，将相应的术语或短语作为条标题。

与段和条相比，列项的好处是文字简练、重点突出、一目了然、先后有序。

列项通常是将一个包含并列成分的长句（也可由并列的句子构成），采用分列的形式表述，可以减少相同或相似的文字重复出现；突出句中的关键术语或重点内容；还可使平行并列的内容，通过编号分出先后顺序。

当由一个句子的前半部分作为引语时，该句子的其余部分由列项中的各项来完成。无论使用哪一种引出形式，都应在引语的末尾加上冒号。

大多数的列项是为了突出列项中各项的并列关系，只需在各项之前加上“破折号”或“间隔号”即可。只有当列项需要被本标准（或其他标准）引用，或者各列项之间需要进行排序时，才应对列项进行编号。

### （二）列项常见问题示例

列项看似简单，但在编写时，也经常会出现以下一些问题。

#### 1. 省略引语的错误

列项由引语和分列的各项两个要素组成，因此列项中引语是必需的，不应省略。但是在文件中没有引语的现象比较普遍，这类问题常常发生在条标题之后，如示例 9–15 所示。

示例 9–15

**5.1.10 市场吸引力**

a）世界知名。

b）美誉度极高。

c）市场辐射力很强。

d）主要体现鲜明，特色突出，独创性强。

资料来源：GB/T 17775—2003《旅游景区质量等级的划分与评定》

#### 2. 混淆了条或段与列项的区别

在起草文件时，有些内容本来应该分条或分段表述，却错误地使用了列项的形式。这类问题也常常发生在条标题之后，如示例 9–16 所示。

示例 9–16

**5.1.6.1 基本环境**

a）温度控制：全年室内温度在 23℃ ~ 26℃。

b）采光通风：塑钢及其他高级材料，高级木材（仿古）玻璃窗，带窗纱；厕窗采光系数 8 : 1 以上，有强制排风设备；需有顶部采光。

c）照明：高级豪华艺术装饰灯，壁灯，备有应急灯；24h 可使用灯光。

d）除臭设备：生物除臭装置或自动香水散发器，男女厕所各设两个；除臭效果很好。

e）气味：无异味。

f）清洁程度：便器及管路无污垢、无堵塞、无滴漏，室内整洁、无破损、无污迹、无蚊蝇、干净明亮。

………………

资料来源：GB/T 18973—2003《旅游厕所质量等级的划分与评定》

列项的特征是要有引语，并且引语所引出的内容应是并列的关系，具体列项可用a）、b）、c）等标识；而条要有由阿拉伯数字和下脚点组成的编号。

示例9-16是典型的将条或段的内容表述成列项的例子。该示例中既没有引语，a）、b）、……f）之间的内容也不是并列关系，因而不应用列项的形式进行表述。在这种情况下，即使在a）之前增加了引语，它也不是列项。针对该示例中的这类问题，可将a）、b）、……f）按以下两种方法之一进行修改：

——作为6个条来处理，分别改为从5.1.6.1.1到5.1.6.1.6；

——删去a）、b）、……、f）直接处理成六个段。

此外，示例9-16中的列项内容都是各项具体要求，却使用了不少陈述型条款，不符合GB/T 1.1—2020中关于对“要求”的表述规范。

**3. 引语引导的内容与列项中的内容不相符**

引语引导的内容与分列各项的内容应一致，更不应出现相互矛盾的现象。如果引语中的表述为：“……应符合下述要求：”，则分列的各项中应全部都是要求，不应出现推荐、允许和陈述型条款的分项。示例9-17就犯了类似的错误。

示例9-17

**5.2.2 餐厅应符合以下要求：**

a）一般不少于100个餐位，包间不少于5间。

b）就餐环境温度适宜，各区域通风好，空气清新，照明适宜。

……

h）可提供2~16人就餐的不同规格的台面，10人以上圆桌均有转台，并有宴会使用的台裙。

……

l）宜有背景音乐，曲目、音量适宜，音质良好。

资料来源：GB/T 26361—2010《旅游餐馆设施与服务等级划分》

**4. 引语与列项的内容相互重复**

引语中已经出现的词语，分列各项中不应重复出现。例如，引语中已经使用了“应”或“不应”，分列各项中就不应再出现“应”或“不应”，如示例 9-18 就犯了类似的错误。

示例 9-18

**5.3.5 服务项目应包含以下内容：**

……

c）应提供正规的宴会服务。

d）应能用普通话及两门以上外语（英语为必备语种）提供服务。

e）应提供银行卡、信用卡结算服务，结账区域应张贴银联受理标识。

……

资料来源：GB/T 26361—2010《旅游餐馆设施与服务等级划分》

从图 9-1 中可以看出，章的编号覆盖所有章编号相同的条，即同一章下所有的条编号都隶属于该章；每下一层条的编号隶属于其上一层条的编号，以此类推。因此，文件中的编号是具有隶属关系的。

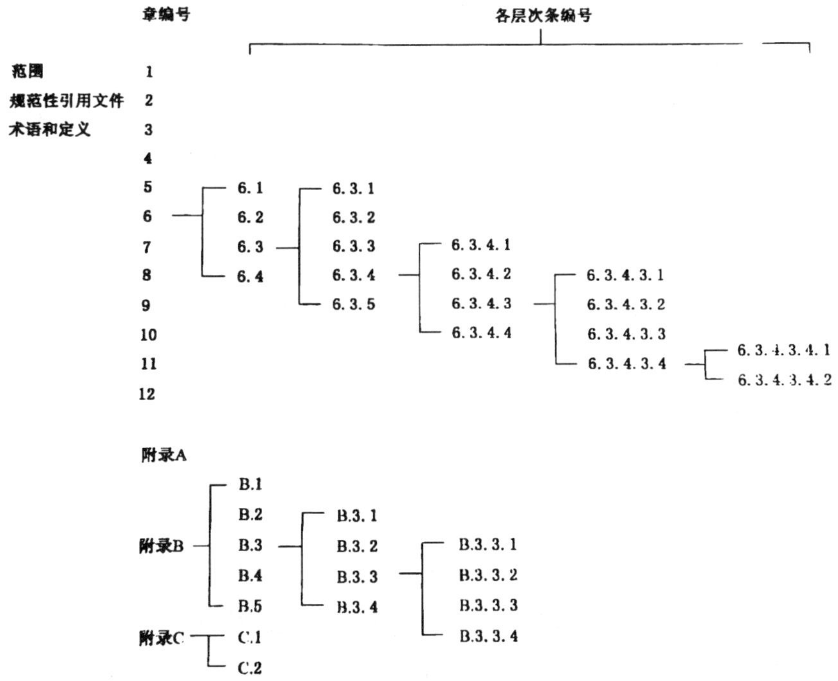


图 9-1 层次编号示例

资料来源：GB/T 1.1—2020，附录 A（资料性）

## 六、附录

在 GB/T 1.1—2020 中，附录不再是文件的一种要素，而是作为要素的一种表述形式。要素需要具有自己独立的功能，但附录的功能都是通过在前言、引言或正文中对其进行指明时赋予的，也就是说，附录不是一个具有独立功能的要素，而是其他要素中的条款的表现形式。由于附录不是文件的要素，而只是要素的表述形式，因此，正文中的必备要素不应再重复设置成附录的条，如在附录中不准许设置“范围”“规范性引用文件”“术语和定义”等内容。GB/T 1.1—2020 不再将附录划分出的第一层次为“章”，仅视为“条”。

### （一）附录的用法

附录主要是用来承接和安置不便在文件正文、前言或引言中表述的内容，它是对正文、前言或引言的补充或附加，它的设置可以使文件的结构更加平衡。附录的内容源自正文、前言或引言的内容。当正文规范性要素中的某些内容过长或术语附加条款，可以将一些细节或附加条款移出，形成规范性附录。当文件中的示例、信息说明或数据过多，可以将其移出，形成资料性附录（9.6.1.1）。

总之，附录的用途主要有安排附加条款、优化文件结构和提供附加信息等三种情形。

安排附加条款是指在起草文件时，经常遇到有些内容不是所起草文件的主要技术内容，而是一些附加内容，仅在某些特殊情况下才会用到。这些内容虽然是规范性要素，但它却是附加的，不宜安排在正文中。这种情况下，为了表明其非主体性，可以将其移到规范性附录中。

优化文件结构是指当文件中的某些要素或章条与其他要素或章条相比篇幅较大，影响文件的整体结构平衡时，或者当文件中的图、表或信息文字较长，影响到关注主要技术内容时，可以设置附录，将相关内容移到规范性附录中，从而使文件结构较为平衡。将规范性内容作为正文的补充条款时，可以采取以下两种方法。

（1）在一个规范标准中，针对每个技术要求都需要描述相应的证实方法，如果其中某个方法非常复杂，导致要素的“证实方法”与“技术要求”相比占据篇幅过多，影响文件结构的平衡，这种情况下可以将相应的证实方法全部移到附录中。

（2）在文件正文中仅保留主要技术内容，将其他补充或细化的内容移到附录中。

提供的附加信息（示例、信息说明或数据）过多时，可以将其移到资料性附录中，主要是为了有助于理解或使用文件的附加信息或情况说明。一般包含下列四种情形。

（1）正确使用文件的示例、说明等。如果文件中给出的示例所占篇幅过多，那就需要增加一个资料性附录，将相应的示例内容移到附录中，起到给出正确使用文件示例的作用。

（2）对文件中某些条款进一步解释或说明的资料性信息。如果需要对文件中的条款进行较多解释或说明，由于需要占据较多的篇幅，不宜作为文件条文中的“注”，需要设置一个资料性附录，将相关内容移到附录中，这时的附录起到提供资料性信息的作用。

（3）给出与采用的国际标准化文件相比，详细技术性差异或文本结构变化等情况说明。在修改采用国际标准化文件形成我国标准化文件时，如果在前言中需要说明的技术性差异或文本结构变化等内容较多时，为了避免前言的篇幅过长，可以将相关的内容移到附录中，起到说明与采用国际标准化文件的详细差异性情况的作用。

（4）给出已经识别出涉及专利的说明。如果在引言中需要给出有关专利的内容较多时，可以将其中的一些内容移到附录中。

### （二）规范性附录和资料性附录

规范性附录给出正文的补充或附加条款，资料性附录给出有助于理解或使用文件的附加信息（不应包含要求）。附录的规范性或资料性的作用，应在目次中和附录编号之下标明（示例 9-19、示例 9-20）；在将正文、前言或引言的内容移到附录之处，还应通过使用适当的表述形式予以指明，同时提及附录的编号（9.6.1.2）。

**示例 9-19**

**目　次**

……



资料来源：GB/T 26358—2020《旅游度假区等级划分》

**示例 9-20**

**附录 A**

**（资料性）**

**旅游度假区等级划分条件对照**

资料来源：GB/T 26358—2020《旅游度假区等级划分》

文件中下列表述形式提及的附录属于规范性附录：①任何文件中，由要求型条款或指示型条款指明的附录，如“高海拔地区旅游景区应符合附录A的规定”；②规范标准中，由“按”或“按照”指明的试验方法的附录，如“景区游客最大承载量按附录B给出的方法测算”；③指南标准中，由推荐型条款指明的附录，如“游客满意度宜根据附录C所列的内容进行评价”。

其他表述形式指明的附录都属于资料性附录，如“等级划分条件对照见附录A”。

每个附录均应在正文或前言的相关位置中明确提及。附录的顺序应按在条文（从前言算起）中提及它的先后次序编排。但前言中说明与前一版本相比的主要技术变化时，所提及的附录不作为编排附录顺序的依据。

每个附录中章、图、表和数学公式的编号均应重新从1开始，编号前应加上附录编号中表明顺序的大写字母，字母后跟下脚点。例如，附录A中的章用“A.1”“A.2”“A.3”等表示，图用“图A.1”“图A.2”“图A.3”等表示（9.6.3.1）。

附录可以分为条，条还可以细分。每个附录均应有编号。附录编号由“附录”和随后标明顺序的大写拉丁字母组成，字母从“A”开始，如“附录A”“附录B”“附录C”等。只有一个附录时，仍应给出编号“附录A”。附录编号下方应标明附录的性质，即“（规范性）”或“（资料性）”，再下方是附录标题（9.6.2）。

资料性附录给出有助于理解或使用标准的附加信息。该要素不应包含要求。附录的资料性的性质应通过下述方式加以明确（9.6）。

（1）在起草标准的过程中，如果认为将某些内容移到附录更合适，那么就应当在原来要编写这些内容的位置用一句话引出相关附录。因此，附录的性质并不是由附录本身决定的，而是取决于原本在文中所起的作用。也就是说，原本在文中是规范性的内容，移到附录也应编写成规范性附录。同理，原本在文中是资料性的内容，移到附录也应编写成资料性附录。

（2）如果文件中存在没有在正文、前言或引言中指明的附录，发生这种情形不外乎两种情况：不是忘了提及附录，就是附录本身与本文件无关，没有必要设置这个附录。

# 第十章　规范性要素的编写

规范性要素是“界定文件范围或设定条款的要素”（定义 3.2.3）。规范性要素具有两个方面的功能：一是“界定”文件的范围。通过陈述文件的标准化对象、涉及的技术内容、适用的领域和文件使用者等对文件的边界进行界定。二是“设定”条款。条款是需要文件使用者遵守、理解或作出选择的内容，或者需要产品、过程或服务符合内容。文件中的第 1 章对文件边界进行界定后形成了规范性要素“范围”。除了范围，文件中设定条款的规范性要素有：术语和定义、符号和缩略语、分类和编码 / 系统构成、总体原则和 / 或总体要求、核心技术要素、其他技术要素等。

与制造业和工程建设类标准比较而言，旅游标准的编写既容易又困难。容易的是，旅游标准不像制造业和工程建设类标准那样需要有较为复杂的测量验算和计算公式，以及公差配合，还可能涉及发明专利和采用国际标准（与国际标准一致性程度），而旅游标准很少涉及上述这些内容。简言之，从总体上看，旅游标准似乎技术含量较低，比较容易编写。但另一方面，也正是因为上述这些原因，编制旅游标准似乎又是一项很困难的工作，尤其是规范标准的编制，很难符合“可证实性原则”。所谓“可证实性原则”就是指“只规定能够在较短时间内得到证实的要求。遵守可证实性原则意味着针对要求描述对应的证实方法，但这并不意味着这些方法一定要实施。只有在应有关方面要求时才予以实施。规范标准的要素‘要求’中规定的每个要求都需要符合可证实性原则。因此，仅定性地规定要求或规定没有证实方法的定量要求通常都是没有意义的”（GB/T 20001.5—2007，4.1.3）。

由于旅游标准主要是服务标准，其中的核心技术要素很难进行量化和可被证实，大都是使用一些主观的定性描述，即使有些标准的核心技术条款有些数量上的要求，也都是根据起草者的主观意愿而定的，在宣标贯标和认可认证中也经常会出现使用者很大的主观随意和自由裁量。因此，旅游标准的一些核心技术要素只能在行业的实践中，依靠行业的各相关利益方共同和持续的努力，不断地探索积累，不断地修改完善。

# 第一节　起草前的准备和起草顺序

## 一、标准起草前的准备

在第九章中，我们了解到文件的层次结构和顺序。但在起草标准时，不宜按照标准文本中出现的先后顺序进行组装式的拼凑。有些旅游标准的起草是以章来进行分工的，容易出现标准起草组人员之间对于文件的理解互相脱节，甚至前后互相矛盾的情况。因此，标准的起草应了解和遵循标准的内在逻辑和规律。起草标准首先是要确定标准化对象和用处，即要明确对什么内容进行标准化？如何对这些内容进行标准化？哪些内容可以标准化？标准化的目的是什么？标准的用户是谁？在什么范围内有效？这些问题虽然在申请标准立项时的项目任务书（项目建议书）中已经有所阐述，但在起草时，往往由于受客观条件变化的影响或编写组成员不清楚任务书的内容，另起炉灶，按自己的理解去起草。因此，建议标准起草组成员对上述问题首先要达成共识，再进行分工起草。起草旅游标准既需要专业领域有一定的理论研究和行业实践基础，也要有标准化的专业知识；起草标准毕竟不同于撰写学术论文，不能用理论创新和学术研究来评价标准质量。

第九章中已对标准类型进行了划分和要素分类。标准要素可分为规范性要素和资料性要素，技术要素分为核心技术要素（见表9-2）和其他技术要素。

规范性要素是“界定文件范围或设定条款的要素”（3.2.3），资料性要素是“给出有助于文件的理解或使用的附加信息的要素”（3.2.4），必备要素是“在文件中必不可少的要素”（3.2.5），可选要素是“在文件中存在与否取决于起草特定文件的具体需要的要素”（3.2.6）。

规范性要素、资料性要素、必备要素和可选要素之间的组合，与GB/T 1.1—2009不同，GB/T 1.1—2020更改了要素的类别（见表10-1）。

表10-1　规范性要素和资料性要素分类表

| | 规范性要素 | 资料性要素 |
|---|---|---|
| 必备要素 | 范围、术语和定义、核心技术要素 | 封面、前言、规范性引用文件 |
| 可选要素 | 符号与缩略语、分类和编码/系统构成、总体原则和总体要求、其他技术要素 | 目次、引言、参考文献、索引 |

从标准特征分类看，标准可以分为规范、规程、指南。不同的特征分类技术要素的

表述也不同。因此，在着手起草旅游标准时，就应该明确标准的特征类型和功能类型（见表 9-3）。然后，确定标准名称、适用范围。接下来是重点明确核心技术要素，即需要标准化的对象、主题、内容和指标，以及可能需要引用或参考的相关标准文件和文献。这是标准的核心内容，也是标准使用者最关注的部分，是体现该项标准的价值所在。核心内容是标准中变化最多的部分，不同的特征类型和标准类型，技术要素的表述也不同。在起草标准的核心内容时，如果编写时多处使用到某个或几个需要定义的专业术语，则在“术语和定义”一章，加入该术语和定义；在非术语标准中的要素是规范性要素。在 GB/T 1.1—2020 中，要素“术语和定义”的设置具有其特殊性，该要素的章编号和标题的设置是必备的，即在任何文件中都应设有“3 术语和定义”，但该要素的内容（术语的条目）的有无可以根据具体情况而定；如果标准中不使用专门定义的术语，可以只有章编号和标题，没有具体术语和定义，并注明“本文件没有需要界定的术语和定义”（8.7.2）。

## 二、标准起草顺序

在起草标准时，如果需要规范性引用某个或几个其他标准（全部或部分条款）的话，应列出规范性引用文件清单；规范性引用文件是资料性要素。按 GB/T 1.1—2020 规则，要素“规范性引用文件”的设置具有其特殊性，该要素的章编号和标题的设置是必备的，即在任何文件中都应设有“2 规范性引用文件”，但该要素的内容（文件清单）的有无可以根据具体情况而定，可以只有章编号和标题，没有具体文件清单，并注明“本文件没有规范性引用文件”（8.6.2）。如果只是资料性引用的话，也应列出引用文献清单，单列“参考文献”要素。参考文献属于资料性要素和可选要素，如果文件不涉及的话，也可以省略；如果有些内容所占篇幅过大又自成体系，或是有必须附加的技术内容，提供正确使用文件的示例和资料性等信息的话，可将此部分内容单列成“附录”，并根据该部分内容在文件中的作用和属性，确定是“规范性”，还是“资料性”。在完成上述起草程序后，再起草封面（必备要素 / 资料性要素）、前言（必备要素 / 资料性要素）、引言（可选要素 / 资料性要素）、目次（可选要素 / 资料性要素）、索引（可选要素 / 资料性要素）。此外，还要收集与本文件领域相关的法律、法规和规章，目的不是规范性引用，而是需要注意起草的内容和规定不应与强制性文件的规定相抵触和冲突，如确有需要也可以资料性引用。

以上是旅游标准编写的一般流程和主要内容，省略了目前旅游标准编写中较少涉及的专利、数和数值、数学公式、尺寸与公差、采用国际标准等相关内容。关于采用国际标准的起草规则可详见 GB/T 1.2—2020《标准化工作导则 第 2 部分：以 ISO/IEC 标准化文件为基础的标准化文件起草规则》。

由于文件的编写对于字号、字体、行间距、页边距等排版体例都有着严格要求，建议使用《标准化文件编写工具软件（SET 2020）》系统直接进行填写。目次和索引的文字也是由模板自动生成的。因此，关于编辑体例上的参数要求这里就不再介绍了。

### 三、标准编制相关参考文件

在起草旅游标准化文件前，除了应收集与旅游领域（专业）相关的标准外，还应参考表 8-2 中列出的标准化工作和标准编写的标准化文件，尤其是起草的旅游标准中涉及安全内容的，更应参考或引用以下标准：GB/T 20002.1—2008《标准中特定内容的起草 第 1 部分：儿童安全》、GB/T 20002.2—2008《标准中特定内容的起草 第 2 部分：老年人和残疾人的需求》等标准。此外，标准编写是按照 GB/T 1.1—2020 给出的规则起草的。因此，GB/T 1.1—2020《标准化工作导则 第 1 部分：标准化文件的结构和起草规则》应成为旅游标准起草人手头必备的工具性文件。此外，根据起草文件的功能类型参考表 8-2 所列出的相应的基础标准。通常来说，旅游标准以规范标准和指南标准两大类为主，等级评价标准也属于规范标准。因此，GB/T 20001.5—2017《标准编写规则 第 5 部分：规范标准》和 GB/T 20001.7—2017《标准编写规则 第 7 部分：指南标准》，也是旅游标准起草者需要参考的工具性文件。同时，在 GB/T 1.1 中规范性引用文件，也可能具有引用和参考价值。对起草旅游标准而言，可以参阅以下这些规范性引用文件：

——GB/T 7714 信息与文献 参考文献著录规则；

——GB/T 15834 标点符号用法；

——GB/T 15835 出版物上数字用法。

## 第二节　核心技术要素的编写

起草旅游标准之前，应该确定具体的标准功能类型。标准功能类型不同，其中的核心技术要素也不同，文件的结构也有差异。因此，在开始起草时，就应明确文件的功能类型，按 GB/T 20001《标准编写规则》系列标准给出术语、符号、分类、试验、规范、规程、指南和产品八大类标准的编写规则。在旅游业中，最为常见的还是规范（提要求）和指南（提建议）这两大类标准，目前，全国旅标委（SAC/TC 210）归口发布的国家标准和行业标准除术语标准外，其余都是规范标准和指南标准。因此，这里我们重点介绍这三类标准的核心技术要素起草的规则，其他标准类型可参考 GB/T 20001 的其他部分。除核心技术要素外，还可以根据具体情况，设置其他技术要素，例如实验条件、仪器设备、取样、标志、标签和包装、标准化项目标记、计算方法等（8.12）。

## 一、规范标准

起草规范标准应遵守 GB/T 20001.5—2017《标准编写规则 第 5 部分：规范标准》中确立的规则。所谓“规范标准”就是指“规定产品、过程或服务需要满足的要求以及用于判定其要求是否得到满足的证实方法的标准”（GB/T 20000.1—2014《标准化工作指南 第 1 部分：标准化和相关活动的通用术语》，定义 7.6）。规范标准的功能是通过提供可证实的要求对标准化对象进行“规定”，其核心技术要素包括“要求”和“证实方法”。这两个要素是规范标准区别于其他类型标准的一个显著特征。

规范标准的核心技术要素是因标准化对象或标准化对象的某个方面不同，所选择的核心技术要素就会不同，甚至同一个标准化对象，如果起草目的不同，所选择的核心技术要素也不同。标准针对的是生产者，起草标准的目的可能会选择产品性能要求；如果针对产品适用性，可能关注的是互相理解；针对的是管理部门，则可能涉及健康和安全要求；针对的是认证机构，则会选择与质量评定有关的核心技术要素认证认可。而旅游业标准大多是针对旅游接待设施和服务（无形产品）与管理的要求和评定，即旅游服务质量的等级评定和旅游管理要求。

### （一）规范标准起草的三项原则

对于规范标准的起草，GB/T 20001.5—2017 给出了三项总体原则：目的导向原则、性能 / 效能原则和可证实性原则（GB/T 20001.5—2017，4.1.1~4.1.3）。目的导向原则是标准的技术要素中拟标准化的特性或内容的选取原则，性能 / 效能原则是对“要求”的原则，可证实性原则是将“要求”与“可证实性”相联系的原则。

#### 1. 目的导向原则

在标准中，通常不指明选择各项要求的目的，尽管在引言中可阐明标准和某些要求的目的。然而，最重要的是在工作的最初阶段（不迟于征求意见稿）确定这些目的，以便决定标准所包含的要求。文件编制的目的，如果是促进互相理解，形成标准的目的类别为基础标准；如果是保证可用性、互换性、兼容性、互相配合或品种控制的目的，形成标准的目的类别为技术标准；如果是保障健康、安全和保护环境，形成标准的目的类别为卫生标准、安全标准、环保标准。基础标准包括术语标准、符号标准、分类标准和试验标准等功能类型。其他目的编制的标准包括规范标准、规程标准和指南标准等功能类型（5.3.3）。

目的性原则是对所有标准普遍适用的原则。虽然编写各个标准的具体目的不完全相同，但每一项标准都有自己的具体目的。无论编写什么标准，都需要考虑最终的标准成果能否达到预定的目的。为此要从最终能够达到预期目的的角度出发选择标准中的核心新技术要素。

目的导向原则要求在起草规范标准时需要明确标准化的目的，对标准化对象进行功能分析有助于识别标准中拟标准化的特性或内容。标准化的通常目的主要有：保证可用性，保障健康、安全，保护环境或促进资料合理利用，便于接口、互换、兼容或相互配合，利于品种控制，促进相互理解和交流等（GB/T 20001.5，4.1.1）。与一般制造业和商业不同，对于旅游标准而言，对服务功能和结果，以及对于需求方响应程度的评价是标准化的主要目的之一。

**2. 性能 / 效能原则**

只要可能，服务规范标准中表述要求时需遵守效能原则，即由反映服务效能的具体特性及特性值来表达要求。除非特殊情况，否则不应对组织机构、人员资质或提供服务所使用的物品、设备等规定要求（GB/T 20001.5，6.3.4.1）。

性能 / 效能原则是标准中“要求”的表述原则。性能是指“反映产品功能的某种能力”（GB/T 20001.5，定义 3.3），效能是指“反映过程或服务功能的某种能力”（GB/T 20001.5，定义 3.4）。功能是指“标准化对象所具有的或预期能产生的作用”（GB/T 20001.5，定义 3.2）。显然，以接待服务为主的旅游业采用效能原则更为合适。

规范标准通常可以从不同方面对标准化对象规定要求，既可以对要求特性，还可以对描述特性，也可以对于标准化对象有关其他特性规定要求。特性是指“标准化对象所具有的可辨识的特定属性”（GB/T 20001.5，定义 3.5）。

性能还包括适用性、兼容性和互换性。所谓适用性是指“产品、过程或服务在具体条件下适合规定用途的能力”（GB/T 20000.1—2014，4.1）；兼容性是指“诸多产品、过程或服务在特定条件下一起使用时，各自满足相应要求，彼此间不引起不可接受的相互干扰的适应能力”（GB/T 20000.1—2014，4.2）；互换性是指“某一产品、过程或服务能用来代替另一产品、过程或服务并满足同样要求的能力”（GB/T 20000.1—2014，4.3）。

服务规范标准应首先选择规定服务提供者与服务对象接触界面的要求。通常，应针对以下类别的服务效能规定要求：服务效果、宜人性、响应性、普适性等（GB/T

20001.5，6.3.4.1）。

（1）服务效果：优先考虑规定反映服务需达到的效果的特性或预期交付服务对象的特性，如满意度、有效投诉率、差错率等。

（2）宜人性：当服务对象的体验感受对实现服务效果十分重要，或服务效果需要通过限定服务提供者的行为加以保证时，规定服务提供的便利性、舒适性、愉悦性、感受性等方面的特性以及服务行为（包括发生在提供服务之前、提供服务过程中和提供服务之后与服务对象接触界面上的行为）要求。例如，服务人员倾听服务对象的需求、按时通知服务对象、使用简洁适用的语言回答服务对象的问题（如方言、外语等）、服务人员文明用语等。

（3）响应性：当服务效果需要通过规定响应服务对象需求的能力加以保证时，规定反映帮助对象并及时提供服务的特性。例如，服务持续时间、等待时间、反馈意见处理时间、突发问题处理周期、紧急突发情况应对等。

（4）普适性：当服务的适用范围和程度对于服务的效果的实现非常重要时，规定反映照顾和考虑所有服务对象的需求的特性，如考虑老年人、残疾人、儿童、孕妇等特殊人群需求等。

对于旅游服务标准来讲，效能可能涉及与活动/服务相关的其他特性，如服务环境、活动内容等。而效能原则就是标准中的要求由反映服务效能的具体特征来表述，尽量不使用如服务的外部条件/环境、活动内容等其他特性来表述，通常也不对服务机构或人员的资质、服务设备设施等规定要求。这是出于给技术发展留有最大的自由度考虑。由于相对于效能来说，其他特性是多种多样的，标准从效能的角度提出要求时，不同的服务供应商可以发挥各自的特长，如技术、设备、人员特点、外部条件等，通过选择适合自己的路径，采取各自的技术、方法达到性能/效能特性要求的“结果”，从而提供符合标准要求的产品、过程和服务。如在旅游景区夏季游客密集活动的户外空间有防暑降温的要求，但对如何实现这一要求，则没有必要给出具体的统一规定，各景区可以根据实际情况采取林荫道、遮阳棚、遮阳伞、排风扇、喷雾装置等方法，只要能达到防暑降温（如气温≤30℃）这一效能特性要求的“结果”即可。又如示例10-1，在通信设施要求上，标准提出了景区应设有具有国际、国内直拨功能的公用电话亭。但随着通信技术的发展，现在公共场所公用电话亭几乎绝迹，已被手机和即时通信（如移动电话、短信、微信、QQ等）所替代。如果起草标准时，遵循性能原则，不规定具体的通信工具（即提供服务所使用的设备规定要求），只要求设施设备具有能与国际国内通信联系的性能即可，这样给技术发展留有余地，那么这样的条款就可以不因技术的更新而修改。

示例 10-1 中的标准虽然仍然处于现行有效状态，但其中列项 b 和列项 c 在贯标时，实际上已经废除。此外，示例 10-1 中的列项也不符合相应的编写规则要求。

示例 10-1

**5.3.5 邮电服务**

a）提供邮政即邮政纪念服务。

b）通信设施布局合理。游人集中场所设有公用电话，具备国际、国内直拨功能。

c）公用电话亭与环境基本协调，标志醒目。

……

资料来源：GB/T 17775—2003《旅游景区质量等级的划分与评定》

性能 / 效能原则是针对标准化对象规定要求时优先考虑的原则。但在遇到下列这些情况时，这一原则也可能失灵。

（1）无法确定恰当的性能 / 效能特性，或者虽能确定，但无法给出明确的特性值。

（2）虽能确定特性和特性值，但缺少适用的证实方法。如果没有适用相应证实方法，就不应该选择从性能 / 效能特性规定要求。

（3）即使存在相应的证实方法，但可能该方法的证实过程非常复杂，时间、人力和资金投入较大。

（4）涉及安全与健康的原因，可能需要选择用描述特性或其他特性规定要求，如对于山岳型景区的游客行为的安全提示。

上述的四种情形，遇到第一、二种情形就不应从性能 / 效能的角度规定要求，而第三、四种情形就需要权衡利弊，具体情况具体分析。

此外，不应疏漏对标准化对象的功能有重要影响的性能 / 效能。规范标准的标准化对象通常并不是只有一个功能，要根据标准化对象的预期目的系统地对其功能进行分析，明确功能定位，确定必要功能，剔除不必要功能，从而最终确定需要对哪些特性规定技术要求。必要功能是实现标准化对象预期目的必须具备的功能，也是用户购买该产品或服务首先要考虑的因素。不必要功能是指使用者不需要的功能，即多余的功能。但标准化对象的功能与其功能定位密切相关，对于某些等级的产品或服务是不必要的功能，对于高等级的产品或服务可能就是必要的功能，因此需要进行全面的功能分析。只有对标准化对象进行功能分析后，才能依据确定的功能选择标准中需要规定的要求，如旅游规范标准中的等级划分和等级评定标准就属于类似情况。对于旅游住宿类标准，无论是星级饭店、经济型饭店，还是帐篷旅馆、民宿等，提供一个夜间安静有助于睡眠的条件和环境是必要功能，也应该成为标准化对象的基本功能。从经济型饭店的有限服务（Limit Service）到高星级饭店的全面服务（Full Service）就是必要功能外延的扩展实例。

**3. 可证实性原则**

不论标准的目的如何，文件中应只列入那些能够在较短时间内得到证实的要求。遵守可证实性原则意味着针对要求描述对应的证实方法，但这并不意味着这些方法一定要实施。只有在应有关方面要求时才予以实施。文件中的要求应定量并使用明确的数值表示。仅定性地规定要求或规定没有证实方法的定量要求（如“足够坚固”或“适当的强度”等）通常是没有意义的（GB/T 20001.5，4.1.3）。旅游标准以服务标准为主，要求型条款较难满足可证实性。不少旅游标准的要求型条款都是采用美观、舒适、雅致、温馨、适宜、热情、及时等非常主观的感性表述。因此，只要可能，文件中的要求应有明确的、可证实的数值指标。示例 10-2 的表述符合可证实性原则。

示例 10–2

**附录 C**

**（规范性附录）**

**饭店运营质量评价表**

……

| 2 前厅 | | |
|---|---|---|
| 2.1 | 前厅服务质量 | |
| 2.1.1 | 总机 | …… |
| 2.1.1.1 | 在正常情况下，电话铃响 10 秒内应答 | …… |
| …… | …… | …… |

资料来源：GB/T 14308—2010《旅游饭店星级的划分与评定》

“要求”是规范性技术要素使用率最高的，但又是一个可选要素，这与文件的特征类型有关。在“规范”类文件中，“要求”是不可或缺的，但在“指南”类文件中则不应出现“要求”。所谓要求是“表达如果声明符合标准需要满足的准则，并且不准许存在偏差的条款”（定义 3.3.1）。但在起草要求型条款时，除了提出需要“满足”的要素外，还需要给出如何“证实”的要素。在定义中之所以没有提及“证实”，是因为“证实”只与合格评定的程序有关。但在规范性技术要素“要求”中提出的要求，由要求型条款构成，这里的要求型条款不但需要满足，而且需要证实。也就是说，对“要求”的要求，这个要求就是“要求”应该且能够得到证实。

一般来说，在贸易用的标准（如产品规范、服务规范）中，“要求”要素中的要求型条款通常由第一方来“满足”和“证实”。所以，在这类标准的“要求”中所提的要求，应是第一方能够做到的要求，不应涉及需要由第二方满足的内容（如产品在使用中的要求）。在合格评定用标准（如规范）中，“要求”要素中的要求型条款应是第一方、第二方或第三方都适合的规定要求。因此，在这类标准的“要求”中，不应只包含第一方在生产过程中才能证实的要求，也不应只包含第二方在使用中才能证实的要求，所提出的要求应使得三方都能够做到。

由于旅游业属于服务行业，旅游产品具有无形性的特点，更主要的是旅游生产与旅游消费是同步进行的、直接面向消费者（旅游者）的，因而，旅游产品不仅与一般制造业产品不同，也有别于有的服务业（如商业零售、房地产中介、物流、洗染等生活服务业）。因此，旅游产品规范和服务规范应涉及需要由第二方满足的内容（如游客的实际的体验和评价），而在合格评定和等级划分标准（如规范）中，“要求”要素中的要求型条款应是第一方、第二方或第三方都适合的规定要求。

旅游标准化文件编制起草的要求型条款，较难满足上述条件。这也是目前许多旅游标准不具操作性，贯标难度较大的主要原因。

如示例10-3，对于导游服务的规范，并不是从交付的服务内容上和游客实际享受到的服务（结果）、服务方式上（过程）来提要求，而是对服务提供者（导游员）本人的心理素质、仪表等提要求。如应“心胸开阔、善解人意、耐心细致”“观察能力和感知能力、调整旅游者情绪的能力、自我心理平衡能力、承受能力和沉着冷静”“表情稳重自然、态度和蔼诚恳、富有亲和力，言行有度”等，这些要求既无法量化，也难以测试，不符合要求型条款的可证实性原则。

示例10-3

**4.4 心理素质**

导游员应<u>心胸开阔</u>、<u>善解人意</u>、<u>耐心细致</u>，并具有良好的<u>观察能力</u>和<u>感知能力</u>、<u>调整旅游者情绪的能力</u>、<u>自我心理平衡能力</u>、<u>承受能力</u>和<u>沉着冷静</u>与有条不紊的处事能力。

……

**4.6.2 仪态**

导游员应<u>表情稳重自然</u>、<u>态度和蔼诚恳</u>、<u>富有亲和力</u>，<u>言行有度</u>，举止符合礼仪规范。

资料来源：GB/T 15971—2010《导游服务规范》

示例 10-4 则是从旅游者感受和体验的角度，对旅游区（点）的管理者提要求，如应让旅游者感受到“美观、畅通、清洁、醒目……与观赏内容联接度高、兴奋感强，特色突出，清澈”等，但这些要求缺乏客观衡量依据，这些主观体验，因人而异，无法给出一个可测度的客观依据，所提的这些要求，也不可证实。此外，该条的列项以及要求的表述都不符合 GB/T 1.1—2020 规则的规定。

**示例 10-4**

**5.1 AAAAA 级旅游区（点）**

5.1.1 旅游交通

a）……

b）有与景观环境相协调的专用停车场或船舶码头。且管理完善，布局合理，容量能充分满足游客接待量要求。场地平整坚实、绿化美观或水域畅通、清洁。标志规范、醒目、美观。

c）区内游览（参观）路线或航道布局合理、顺畅，与观赏内容联接度高，兴奋感强。路面特色突出，或航道水体清澈。

资料来源：GB/T 17775—2003《旅游景区质量等级的划分与评定》

总之，可证实性原则是编制起草要求型条款的基础，无论编制起草标准的目的是什么，文件中应只列入那些能被证实的要求。这也解答了“哪些内容可以标准化”的问题。在编制起草要求型条款遵循性能原则时，同样需要遵守“可证实性原则”。在文件的“要求”中，应遵守下列规则：

——不应列入没有证实方法的要求；

——不应列入不能量化的要求；

——不必列入无须证实的要求。

在示例 10-2 中，给出的饭店总机服务要求，即“电话铃响 10 秒内应答”的要求就遵循了上述规则，而不是提出诸如尽快应答、随时应答、马上应答之类的无法证实和不能量化的要求。但总的来说，在旅游标准中，要求型条款符合上述规则的并不多。严格来说，不符合上述规则的条款，只能作为一般原则性建议列入标准，不能作为“要求”列入标准。如果在编制起草的某个旅游标准中，没有一条符合这些规则的要求型条款的话，那么，这个标准只能是指南类标准，不能作为“规范”类标准。

要求的表述应与陈述和推荐的表述有明显的区别。要求的条款表述如表 8-4，能愿动词用“应”或“不应”，在特殊情况下使用的等效表述为“应该”“只准许”或“不得”“不准许”（附录 C，表 C.1）。这也是要求型条款和规范类标准的一个显著特征。采用等效表述主要是基于能愿动词的语境和词语的习惯用法，如“饭店餐厅的后厨区域只准许持有健康证明的餐厅工作人员进入”显然，这里用“应”不符合原意；又如“不准许在景区非吸烟区内吸烟”，这里用“不准许”比用“不应”词意更妥帖些。

在旅游标准中，要求的表述不符合规则的情况还是比较常见的。如示例 10-4 中，b 和 c 两个列项都不是要求型条款的正确表述，而是陈述型条款的表述——在文件中仅仅用来提供信息，不作为任何要求和建议。

### （二）与强制性内容的关系

与工程建设标准不同，旅游标准几乎没有强制性标准或强制性条款，GB 26529—2011《宗教活动场所和旅游场所燃香安全规范》是强制性标准，但归口在全国服务标准化技术委员会（SAC/TC 264）。尽管如此，在旅游标准起草编写中，在确定标准的具体技术内容时，还是会遇到如何处理与强制性文件中所规定内容区别和衔接的问题。我们知道，法律、法规和规章条文是强制性的。另外，《WTO/TBT 协议》（世界贸易组织贸易技术壁垒协议）提出了技术法规的概念，明确区分了标准和技术法规的性质差异：标准是自愿性的，技术法规是强制性的。我国的《标准化法》将标准分为强制性标准和推荐性标准。目前我国的推荐性标准属于《WTO/TBT 协议》的标准范畴，强制性标准属于技术法规的范畴。因此，强制性标准规定的内容必须强制执行，推荐性标准规定的内容需要第一方声明符合或双方同意后才执行。此外，国务院发布的《规章制定程序条例》（2017 年修订版）第八条规定：“法律、法规已经明确规定的内容，规章原则上不作重复规定。”由此可见，在法律文件的体系中，处于下位的规章不宜重复上位的法律、法规的内容。因此，起草文件时不应规范性引用法律、行政法规、规章和其他政策性文件，也不应出现普遍性要求符合法规或政策性文件的条款。诸如“……应符合国家有关法律法规”的表述是不正确的（9.5.4.4.3）。

确有必要，可以资料性提及法律法规，而不是作为文件的“要求”。表述外部约束时提及的法律法规并不是文件自身规定的条款，属于资料性引用的文件，如“景区骑乘设施的强制认证标志的使用见《……管理办法》”“依据……法律规定，上山缆车设施检修必须遵守……规定”等。这些条文通常宜与文件的条款分条表述，文件中所有资料性引用的文件，均应在要素“参考文献”中列出（9.5.4.2.2）。但在一些现行的旅游业标准中，还有不少地方不时地提及有关法律、法规，如示例 10-5。

**示例 10-5**

4.3 A 级旅游景区游客服务中心建设与服务除符合本标准外，应符合国家现行的有关法律、法规和强制性标准的规定。

资料来源：LB/T 011—2011《旅游景区游客中心设置与服务规范》

规范性标准中选择的技术内容不应与法律、法规或强制性标准中已经规定的内容发生抵触。如果推荐性标准涉及了法规、规章或强制性标准的内容，假如两者的规定不完全一致，则不可能用推荐性标准的规定去调整需强制执行的内容；假如推荐性标准的规定与强制性的规定相抵触，等于推荐性标准违反了法规或技术法规的规定，成为不具操作性的无效条款。

在旅游标准条款中提及法律法规的现象，也是比较普遍的。起草人可能觉得有必要在标准条款里强调相关法律法规的重要性，但事实上这是画蛇添足。遵守法律法规的法定责任无须通过标准来规定，更多的那些没有提及的法律法规难道就不需要遵守了吗？事实上，“文件使用者不管是否声明符合标准，均需遵守法律法规”（9.5.4.4.3 条下的注）。GB/T 1.1—2020 在附录 C 中的表 C.1 对于不使用“必须”作为“应”的替代词有个说明，就是为了“避免将文件的要求与外部约束相混淆”。

示例 10-6 和示例 10-7 是目前旅游业中影响最大的两个国家标准，但也同样犯了类似的编写错误。

**示例 10-6**

**7.1 服务质量总体要求**

……

7.1.3 遵守国家法律法规，保护宾客的合法权益。

……

资料来源：GB/T 14308—2010《旅游饭店星级的划分与评定》

**示例 10-7**

5.1.3 旅游安全

a）认真执行公安、交通、劳动、质量监督、旅游等相关部门制定和颁布的安全法规，建立保卫制度，工作全面落实。

……

资料来源：GB/T 17775—2003《旅游景区质量等级的划分与评定》

示例 10-8 中，对合作协议（合同）的内容提出了要求，涉及《民法典》的内容。起草文件时，不应普遍性要求符合法规或政策性文件的条款（9.5.4.4.3）。“文件中不应规定诸如索赔、担保、费用结算等合同要求，也不应规定诸如行政管理措施、法律责任、罚则等法律法规要求”（5.5.3）。

**示例 10–8**

6.5 业务合作协议

组团社在与境外旅行社建立业务关系时，应按照有关法律规定以组团社名义与之订立书面的业务合作协议，特殊情况可以采用其他形式订立。

合同内容至少包括：

——合同双方当事人；

——提供的服务项目；

——提供的服务标准及价格；

——付款方式、币种和期限；

——合同变更；

——免责条款；

——违约责任和解决争议方法；

——法律适用；

——生效和终止时间。

合同应一式两份，组团社与境外旅行社各持一份。

资料来源：LB/T 009—2011《旅行社入境旅游服务规范》

在法律文件的体系中，处于下位的规章不宜重复上位的法律、法规的内容。作为推荐性行业标准不应涉及合同内容等法律条款。在推荐性标准中出现这样的条款应视为无效条款，也不具任何法律效力。

要求还可以分为必达要求和可选要求，前者是指“为了遵守规范性文件而必须履行的要求”（GB/T 20000.1—2014，9.51），后者是指“为了遵守规范性文件所允许的特定选择而必须履行的要求”（GB/T 20000.1—2014，9.52）。可选要求可以是两个或更多的可选择的要求中的一个，也可以是仅在适用时满足，而在不适用时可不予考虑的附加要求。

非强制性标准可以为法规、规章中规定的强制执行的内容，提供相关的技术层面的操作性的、详细的规定，并可供这些强制性文件引用。有些按照惯例应该由强制性标准规定的内容，由于种种原因暂时还没有制定相关的强制性标准或在相关的强制性标准中作出规定，如果急需这方面的内容，可以在推荐性标准中提前予以规定。随后发布的强制性文件可以引用推荐性标准的规定，这时推荐性标准相应内容可以保留。强制性标准也可能作出与推荐性标准不一致的规定，这时推荐性标准中的有关规定就自然失效，相应内容应该及时删除。例如，我国《旅游法》第四十五条提出“景区接待旅游者不得超过景区主管部门核定的最大承载量。景区应当公布景区主管部门核定的最大承载量，制定和实施旅游者流量控制方案，并可以采取门票预约等方式，对景区接待旅游者的数量进行控制。旅游者数量可能达到最大承载量时，景区应当提前公告并同时向当地人民政府报告，景区和当地人民政府应当及时采取疏导、分流等措施”。但在《旅游法》中并没有给出（也不宜给出）景区主管部门如何核定最大承载量的方法。因此，如果没有相应的标准，这个法律条文就形同虚设。鉴于此，国家旅游局曾提出，并由全国旅标委（SAC/TC 210）归口 LB/T 034—2014《景区最大承载量核定工作导则》，但这只是一个指南类的推荐性行业标准，既不是强制性标准（按现行《标准化法》规定行业标准都是推荐性标准），也没有通过强制性文件引用的强制性内容条款。

## 二、指南标准

在对某些宏观、复杂、新兴的主题进行标准化时，为了加强对主题的认识、揭示其发展规律，需要提供方向性的指导、具体的建议或给出有参考价值的信息，这比规定关于主题的具体特性、规定活动开展的具体程序或描述具体的检测方法更能满足实际需求。在这种情况下就需要编制指南标准。指南标准能够帮助标准使用者起草相关标准或技术文件，或者形成与该主题有关的技术解决方案（GB/T 20001.7—2017，引言）。

所谓“指南标准”就是指“以适当的背景知识提供某主题的普遍性的、原则性的、方向性的指导，或者同时给出相关建议或信息的标准”（GB/T 20001.7—2017，定义 3.1）。

起草指南标准应遵守 GB/T 20001.7—2017《标准编写规则 第 7 部分：指南标准》中确立的规则。

### （一）重点是提供指导

指南标准的技术内容需要构成明确的指导方向，从而能够帮助标准使用者起草涉及相关主题的标准或技术文件，或者形成与该主题有关的技术解决方案，进而达到指南标准所要达到的目的。显然，“指导”是指南标准中不可或缺的技术内容。GB/T 20001.7—2017 给出了起草指南标准的总体原则是“指导方向明确原则”。“总则”中的指导是编写要素“需考虑的因素”需要依据的总框架，要素“需考虑的因素”中的指导是为标准使用者提供更加明确的引导。示例 10-9 就是对于展览场馆的设计给出了明确的指导。

示例 10–9

4.2 展览场馆的设计宜采用模块化的思路，以人和物活动特征细分为人流、车流和物流的不同功能需求。

资料来源：GB/T 34395—2017《展览场馆功能性设计指南》

在提供指导的同时，通常会给出相关信息（适当时包括背景信息），以加深对该主题的认识和理解。必要时，当对该主题的认识达到一定的程度，还可以提供相关建议。指南标准提供的明确指导或具体建议可以为进一步起草相关主题的标准（如规范标准、规程标准和试验方法标准等）或技术文件，或者形成与该主题有关的技术解决方案提供帮助，达到指南标准的起草目的。

如果无法形成清楚、准确，且具有明确方向性的技术内容，那么意味着起草指南标准的基本条件还未成熟（GB/T 20001.7—2017，4.1）。

### （二）不应提出要求

指南标准不应使用“要求型条款”，即不应含有“要求”“总体要求”“一般要求”“规定”等表述。示例 10–10 就是犯了这类错误。如果需要强调，可以采用“……是非常重要的……”“……是十分必要的……”“……是……重要因素……”“最重要的是……”等“陈述型条款”的表述。

示例 10–10

**10.1 结构**

管理标准体系的组成要素应包括企业管理标准体系。

资料来源：LB/T 023—2013《旅游企业标准体系指南》

### （三）总则的编写

总则是对某主题的总体认识和把握，是经提炼总结形成的具有普适性的指导原则。根据具体情况，“总则”的标题还可以改为“总体原则”“总体考虑”“基本原则”等类似的表述。“总则”中通常使用推荐型条款或陈述型条款来提供指导。如果指南标准设置了“总则”，那就应该在“总则”的基础上编写“需考虑的因素”的内容（GB/T 20001.7—2017，6.3）。

### （四）“需考虑的因素”的编写

“需考虑的因素”是指南标准的核心技术内容，也可以直接作为章标题。根据具体情况，章标题还可以改为“需考虑的内容”“需考虑的要点”等，或者更为具体的标题，如“游客容量的测试条件”“智慧门禁的选择方式”等。在提供建议和给出信息时，宜在指导的基础上给出具体内容，提供建议应使用推荐型条款，给出信息应使用陈述型条款。

指南标准涉及的标准化对象，一般可分为但不限于试验方法类、特性类和程序类等类别。指南标准的类别不同、所涉及的主题不同，“需考虑的因素”的具体结构和内容也会不同。按照指南标准的总体原则，这三类指南标准都必须提供指导。指导可以通过两种方式提供：一种是给出原则、方法或需考虑的要点等，另一种是给出系列选择和如何进行选择的提示。在提供这两种方式指导的基础上，都可以进一步提供建议和 / 或给出信息。建议围绕指导的内容，尽量具体并易于理解和把握。信息主要指具有技术内容的资料、文件、案例等。指南标准不应在不提供指导的情况下仅提供建议和 / 或给出信息（GB/T 20001.7—2017，6.4）。

## （五）特性类指南标准需考虑的因素

为了促进某些新兴或复杂的领域、系统的持续发展，有必要在发展初期建立适用的规则。在发展的初期，还处于探索阶段，与主题的功能直接相关的技术特性或特性值往往还不明确，这种情况下可以起草特性类指南标准，一方面可以提供针对特性选择、特性值选取的指导、建议或信息；另一方面也可以为未来形成相关的规范标准、技术文件，或者形成与特性有关的技术解决方案提供指导。

特性类指南标准中，“需考虑的因素”的具体结构和内容与所涉及的主题有关，根据具体情况可考虑“特性选择”“特性值”的认识，将“需考虑的因素”中的内容分为以下两种情况。

（1）在“需考虑的因素”中，提供选择特性或特性值的要素考虑的要素框架、确定原则和需要考虑的要点等。在这种情形下，往往在具体的要素“需考虑的因素”之前先给出选择特性或特性值的要素框架、确定原则，然后在具体的“需考虑的因素”中给出详细的需考虑的要点。

（2）在“需考虑的因素”中，针对特性推荐系列选项或选择的范围，或者针对特性值推荐供选择的系列数据或数据的范围，供文件使用者选取。

在一项特性类指南标准中，可以同时包含这两种情况。在这类指南标准中，除了不应规定要求外，也不应描述证实方法。因为起草这类指南标准的原因就是对于主题的特性或特性值还都不十分清楚，或者虽然清楚，但希望文件使用者不受现有的特性或特性值所约束和限制，鼓励在指南标准的指导下确定更合适的特性和 / 或特性值（20001.7—2017，6.4.3）。

## 三、术语标准

如果在文件中除了界定与术语有关的内容外，没有其他规范性技术要素，这种“界定特定领域或学科中使用的概念的指称及其定义的标准”（GB/T 1.1—2020，4.2b；GB/T 20000.1—2014，7.2）就是术语标准。专门的术语标准中的术语，通常提供给其他标准化文件使用。如果在分成部分的标准中有一个部分的名称（名称的补充要素）为“词汇”或“术语”，其内容除了界定与术语有关的内容外，也没有其他规范性技术要素，则这个部分称为“术语部分”。术语部分中的“词汇”或“术语”通常提供给该文件的其他部分使用。

术语标准（Terminology Standard）就是以各种专用术语为对象所制定的标准。术语标准中一般规定术语、定义（或解释性说明）和对应的外文名称。术语标准侧重于研究术语的“所指”，即术语所指称的概念，概念的特征、概念间的关系、概念的描述（定义）、概念体系、概念的定名等，其标准化的对象是概念。术语标准一般是按系统编排的。

目前旅游和休闲领域，共有三个术语国家标准：GB/T 16766—2017《旅游业基础术语》、GB/T 31175—2014《休闲基础术语》、GB/T 28101—2011《城市公共休闲服务与管理 基础术语》，其中 GB/T 16766—2017 已经发布了第 3 版了。1997 年版的标准名称为“旅游服务基础术语”；2010 年修订时更名为“旅游业基础术语”；2017 年再次修订时，由 12 章减少到 5 章，术语条目数也有较大幅度的减少，更加突出基础术语的主题。休闲的两个基础术语都未做修订，沿用至今。

### （一）目的和作用

制定术语标准的目标是获得一种标准化的术语集，其中概念和术语一一对应，以避免歧义和误解（GB/T 20001.1，4 术语标准化）。制定术语标准的目的是术语的标准化。运用标准化的手段，通过对概念的严格定义，选择或确立最恰当的术语，减少多义和同义现象，以避免信息交流过程中的歧义和误解，同时也是为了减少学科间、行业间术语的重复和不协调。

### （二）编写原则

术语标准应按照 GB/T 20001.1—2001《标准编写规则 第 1 部分：术语》编写，还应符合 GB/T 15237.1—2000《术语工作 词汇 第 1 部分：理论与应用》、GB/T 10112—1999《术语工作 原则与方法》和 GB/T 16785—2012《术语工作 概念和术语的协调》等相关标准文件的有关规定，向国际标准化组织（ISO）提出中国的术语作为国际标准草案或将中国的术语标准译成英语、法语和俄语版本时，还应符合国际标准的有关规定。

术语标准的编写应贯彻协调一致的原则：应与已发布的国家标准，以及全国科学技术名词审定委员会公布的术语相协调，与相应国际标准的概念体系和概念的定义尽可能一致；相同概念的定义和所用术语应一致。汉语术语标准中应列入英语对应词，必要时可列入法语、俄语和其他语种的对应词；少数民族语术语标准应列入汉语和英语的对应词，如果需要，也可列入其他语种的对应词。采用外语对应词的依据和首选顺序是：直接采用 ISO 或 IEC 等国际标准中的外语术语；参考采用国际上公认的权威出版物，如 ISO、IEC 文献，或有影响的协会、学会标准，或国外先进标准、辞书、手册等中的外语术语；文字表述、符号使用应符合所用语种的习惯和规范。

### （三）文件名称

术语的文件名称除应符合 GB/T 1.1—2020 中的规定外，还应符合下列要求：

（1）术语标准的名称应表明该标准所属的领域，写作“××× 术语”或“××× 词汇”。如示例 10-11。

**示例 10-11**

旅游业基础术语

（2）系列标准中的术语标准，其名称应表示为：引导要素，表明该标准所属的领域；主体要素，表明标准的主题和类型（“××× 术语”或“××× 词汇”），主题要素在引导要素之后空一个字编排或另起一行居中编排，如示例 10-12。

**示例 10-12**

标题 1　　住宿业 饭店服务词汇

标题 2　　旅游业信息化<br>旅游景区术语

（3）由多个部分组成的一项标准，在一个部分的名称中应包含“第 × 部分：×××”的补充要素在主体要素之后空一个字编排或另起一行居中编排，如示例 10-13。

**示例 10-13**

标题 1　　旅游业词汇 第 2 部分：旅行社

标题 2　　旅游业词汇<br>第 5 部分：旅游景区

### （四）术语等级

同一概念会出现多个术语的情况，即同义现象。GB/T 15237.1—2000《术语工作 词汇 第 1 部分：理论与应用》给出了术语的通用评价等级：首选术语、许用术语、拒用术语和陈旧术语四种。

（1）首选术语是第一选择的术语；

（2）许用术语是作为首选术语的同义词使用的术语；

（3）拒用术语是不宜使用的术语；

（4）陈旧术语是不再使用的术语。

在 GB/T 20001.1—2001《标准编写规则 第 1 部分：术语》中，将第一选择的术语命（译）名为“优先术语”（GB/T 20001.1，6.5.3）。因此，下面我们采用“优先术语”取代“首选术语”。

在旅游业中，由于受地方语言习惯和社会发展阶段不同的影响，同一概念会有不同的指称。如对于旅游住宿设施，目前在旅游行业内，使用的标准术语是旅游饭店，而在粤港澳地区则习惯称酒店，还有称宾馆、旅馆、旅舍、客舍、客栈等。其中有些指称，历史非常悠久，仍沿用至今，但涉外饭店、招待所这些特定历史时期的术语，属于现在不再使用的陈旧术语。

在编制起草术语标准时，建议只选用一个术语作为优先术语，置于条目编号后，另起一行空两个字排，采用黑体字；许用术语置于优先术语之后，按照选用程度排序，每个许用术语均应另起一行空两个字排，采用宋体字，如示例 10-14。

示例 10-14

2.16

**旅游卫星账户 tourism satellite account**

旅游附属账户

资料来源：GB/T 16766—2017《旅游业基础术语》）

拒用和被取代术语置于优先术语之后，另起一行空两个字排，并在其圆括号中注明，采用宋体字，如示例 10-15。在术语标准中，只有必要时，才列入这些术语。

示例 10-15

**旅游饭店 hotel**

涉外饭店 tourist hotel（被取代）

## （五）对应词

术语定名的外文对应词，按下列规定编排：

（1）如果仅列出英语对应词，空一个字排在汉语之后。

（2）如果对应有多个对应词，对应词间用分号隔开。优先对应词用黑体，许用对应词用白体（汉语用白体），见示例 10–16。

**示例 10–16**

4.1.3

**旅游景区 scenic spot**；tourist attraction

……

资料来源：GB/T 16766—2017《旅游业基础术语》

（3）如果列出两种或更多语种的对应词，每种对应词单独占一行，空个字排。汉语术语标准的对应词排列程序是英语、法语、俄语，然后是其他语种；少数民族标准对应词的排列程序是汉语、英语、法语、俄语，然后是其他语种。对应词之前应加入 GB/T 4880.1—2005《语种名称代码 第 1 部分：2 字母代码》所规定的语种代码，代码用白体，空一个字排对应词。优先对应词用黑体，如示例 10–17。

**示例 10–17**

**旅游饭店**

en　**hotel**

fr　hôtel

ru　отель

（4）如果某一术语所指称的概念与另一种对应词所指称的外延不相等，可以采用近义词，在该对应词前加"≈"号，必要时还可以加注，以说明概念外延上的差异。如示例 10–18 中的民宿术语的对应词 homestay inn，概念的外延是不同的，homestay inn 的经营者一般都是本地房屋主人，而我国目前的民宿有相当多数是外来投资者，不是房屋的业主，而是租赁经营的（我国农村土地是集体所有，不允许农户个人自由买卖）。民宿的对应词前应加"≈"号，如示例 10–19。此外，在"民宿"的定义中出现"民宿主人"的一词也不符合规范，属循环定义。

**示例 10–18**

**民宿 homestay inn**

利用当地闲置资源，民宿主人参与接待，为游客提供体验当地自然、文化与生产生活方式的小型住宿设施。

注：根据所处地域的不同可分为城镇民宿和乡村民宿。

资料来源：LB/T 065—2017《旅游民宿基本要求与评价》定义 3.1

示例 10–19

**民宿 ≈homestay inn**，B&B

……

注：民宿不一定是自有的闲置物业。

（5）如果没有适当的对应词或未找到对应词，可以暂缺，暂缺处用五个小圆点“.....”表示。如宫廷酒店（palace hôtel）这是法国独有的一种以特定历史建筑为场所的豪华奢侈酒店。因此，这一概念具有其特殊的内涵与外延，不能从字面上理解。英文无此对应词，只能暂缺，如示例 10–20。

示例 10–20

**宫廷酒店**

en .....

fr palace hôtel

### （六）术语条目的排序

与非术语标准中的“术语和定义”不同，术语标准除了界定与术语有关的内容外，没有其他规范性技术要素。因此，术语标准的章节主要按照术语的概念体系和逻辑关系来进行编排，也可以为了检索方便类似于字典或辞典那样按字母排序。既可以按照系统排序（见示例 10–21），也允许混合排序。所谓混合排序是指先按系统排序划分，然后再按汉语拼音字母顺序排序。但一般不建议使用汉语拼音字母顺序排序的方法。如果使用字母排序法的话，则应按汉语拼音字母顺序。

示例 10–21

**3.01**

**旅游饭店**

**3.01.01**

**星级饭店**

**……**

**3.02**

**经济型饭店**

**3.02.01**

**快捷饭店**

**3.02.02**

**青年旅馆**

**3.02.03**

**民宿**

……

### （七）定义的表述

在术语标准中，应在标准范围所限定的领域内定义概念。在其他标准中，应只定义标准中所使用的概念，以及有助于理解这些定义的附加概念及其术语（GB/T 20001.1—2001，5.2.5.2）。

在术语标准中，应避免重复和矛盾。对某概念确立术语和定义之前，要查明在其他标准中该概念是否已有术语和定义。如果某概念用于多项标准，宜在其最通用的标准中或在术语标准中下定义；而其他标准中只需引用对该概念下的定义标准，不必重复该概念的定义。如果在某项标准中已经对某概念确立了术语和定义，在其他标准中就不应该对已确立的概念词采用不同的指称（概念的任何表述形式）或同义词（GB/T 20001.1—2001，5.2.5.3）。

定义起草的基本原则可参见本章第四节。

### （八）索引的编写

与其他标准不同，索引是术语标准中必不可少的组成部分。术语标准应有汉语拼音索引，且应按汉语拼音字母顺序编排。如果术语以阿拉伯数字或外文字母开头或全部为外文字母组成的，则在索引中按拉丁字母、希腊字母、阿拉伯数字的顺序排在汉字之后。标准中所用到的语种都应编排索引。按汉语拼音字母顺序编排的索引应符合 GB/T 13418《文字条目通用排序规则》或相关的专业规则。

按系统编排的术语标准应包含汉语拼音索引和按英语字母顺序编排的英语对应词的索引，可根据索引中关键词的长短将索引编排成单栏或双栏，两者还可以包含轮排索引（见示例 10-22）。按系统编排的多语种术语标准应包含语种的字母顺序的索引。

示例 10–22

索 引

汉语拼音索引



英文对应词索引



资料来源：GB/T 16766—2017《旅游业基础术语》

索引中应列出所有优先的和非优先的术语，索引中的字体形式（如黑体或宋体，黑体或白体）应与条目中的术语相同。索引应至少包括术语、该术语所对应的条目编号。在多语种术语标准中，某语种在索引中的顺序应与该语种在条目的顺序相同。

此外，索引也可以按系统编排的汉语术语标准排序（见示例 10–23）。如果需要的话，系统也可以用图形（如树形图等）表示。电子文本的索引宜自动生成。

示例 10–23

**1 旅游 tourism**

**1.1**

**自然旅游 nature tourism**

**1.1.1**

**森林旅游 forest tourism**

**1.1.2**

**海洋旅游 marine tourism**

……

**1.2**

**人文旅游 human tourism**

**1.2.1**

**遗产旅游 heritage tourism**

**1.2.2**

**事件旅游 event tourism**

……

### （九）参考文献的编写

术语标准的参考文献也不应包括“规范性引用文件”中已经列出的文件，而应包括：

（1）涉及相关专业领域的术语文献；

（2）在该标准的制定中最重要的参考文献；

（3）定义所出自的标准。

# 第三节　范围

范围这一要素是用来界定文件的标准化对象和所覆盖的各个方面，并指明文件的适用界限——任何文件都只是在一定的范围内适用。必要时，范围宜指出那些通常被认为文件可能覆盖，但实际上并不涉及的内容。分为部分的文件的各个部分，其范围只应界定各自部分的标准化对象和所覆盖的各个方面（8.5.1）。

范围是文件的规范性要素，同时也是一个必备要素。应置于文件正文的起始位置，并且总是编排在“第1章”（8.5.2）。

文件给出“范围”信息的目的是，可以让使用者在检索到文件名称后，为进一步了解本文件是否符合自己需要提供参考。

## 一、范围的内容

范围的内容分为两部分：一部分阐述文件中所做的工作，即标准化对象；另一部分是说明文件的用途，即文件适用性。

编写文件所做的工作内容时，应明确标准化对象，也就是要说明所做的工作是对

“什么”制定标准。这里要用非常简洁的语言对标准的主要内容作出说明，以便能作为内容提高使用。范围中不应包含要求。

一般地，范围中的第一段用于陈述“做了什么”。只有在特别需要时，才补充陈述“没有做了什么”的内容。

在说明了文件“做了什么”之后，还要编写“有什么用”的内容，也就是要在范围中说明文件“所涉及的各方面”，阐明文件的适用性或文件的适用领域，由此指明文件的适用界限。具体编写时，要阐述文件本身有什么用，而不是描写文件所涉及的标准化对象有什么用。范围中的第二段用于陈述文件“有什么用”，只有在特别需要时，才补充陈述“没有什么用”的内容（文件所不适用的界限）。

如果文件分成若干个部分，通常情况下每个部分的范围只应界定该部分的标准化对象和所涉及的相关方面。特殊情况下，在范围的起始位置可陈述文件所涉及的对象，但在其后应紧接着陈述该部分所涉及的标准化对象。

## 二、范围的表述

第一段标准化对象的陈述应使用下列适当的表述形式：

“本文件规定了……的要求 / 特性 / 尺寸 / 指示。”

“本文件确立了……的程序 / 体系 / 系统 / 总体原则。”

“本文件描述了……的方法 / 路径。”

“本文件提供了……的指导 / 指南 / 建议。”

“本文件给出了……的信息 / 说明。”

“本文件界定了……的术语 / 符号 / 界限。”

第二段文件适用界限的陈述应使用下列表述形式：

“本文件适用于……”

“本文件适用于……，也适用于……”

“本文件适用于……，……也可参照（参考）使用。”

“本文件适用于……，不适用于……”

针对不同的文件，应将上述列项中“本文件……”改为“GB/T ××××× 的本部分……”“本部分……”或“本指导性技术文件……”。

示例 10-24 中，文件名称为《旅游饭店星级的划分与评定》，标准化对象是评定星级的旅游饭店，而标准适用性为各种旅游饭店——显然是将范围扩大化了，旅游饭店的条件差异较大，类型较多，很难都用星级饭店来涵盖。因此，可改为“本文件适用于评定星级的旅游饭店”，或改为“本文件适用于评定星级的旅游饭店，其他旅游饭店也可参照使用”。

**示例 10–24**

1 范围

本标准规定了旅游饭店星级的划分条件、服务质量和运营规范要求。

本标准适用于正式营业的各种旅游饭店。

资料来源：GB/T 14308—2010《旅游饭店星级的划分与评定》

示例 10–25 还给出了文件不适用的界限，示例 10–26 是指导性技术文件的表述。

**示例 10–25**

1 范围

GB/T 31710 的本部分规定了帐篷露营地的分类、选址与布局、服务设施及服务质量要求。

本部分适用于面向大众休闲需求的以帐篷为主要住所设施的露营地，不适用于科考探险、高山攀登等特种活动的专业露营地。

资料来源：GB/T 31710.3—2015《休闲露营地建设与服务规范 第 3 部分：帐篷露营地》

**示例 10–26**

1 范围

本指导性技术文件规定了创意农业园区评价、内容、要求和方法。

本指导性技术文件适用于以休闲为功能导向、创意性较强的农业园区的综合评价。

资料来源：GB/Z 32339—2015《创意农业园区通用要求》

## 第四节　术语和定义

在非术语标准中，以“术语和定义”为标题单独设一章。在 GB/T 1.1—2020 规则中，章编号和标题是一个必备要素，要素内容的有无可根据具体情况进行选择，也就是术语和定义的条目是一个可选要素，可以根据实际情况来决定是否有术语需要定义。非术语标准中的“术语和定义”一章所列的术语，仅适用于该文件，它仅给出为理解该文件中某些术语所必需的定义。

“术语和定义”这一要素表达的形式和内容是相对固定的，形式是“引导语 + 清单”，清单的内容只表达每条术语及其定义。

在非术语标准中单独列出一章“术语和定义”，目的是给文件使用者提供方便。如果没有“术语和定义”一章，则就需要在文中随着相关术语的出现进行解释或定义。这些解释或定义的内容混在了文件文本中，不容易找到。如果将它们集中起来单独设立一章“术语和定义”，并且对每条术语赋予条目编号，可以方便查找和引用。

## 一、概念、定义和术语

概念是“通过对特征的独特组合而成的知识单元”（GB/T 15237.1—2000，词汇 3.2.1）。概念不受语种限制，但受社会或文化背景的影响。个别概念是“只对应于一个单独客体的概念”（GB/T 15237.1—2000，词汇 3.2.2）。一般概念是“对应于具有共性的多个客体的概念”（GB/T 15237.1—2000，词汇 3.2.3）。在专业领域中，一般概念的语言指称就是术语，指称是“概念的表达方式”（GB/T 15237.1—2000，词汇 3.4.1）。术语比定义更为简洁。“术语和定义”这一要素涉及的是和一般概念相关的定义及其术语。

### （一）概念

概念具有两大特征：本质特征和区别特征。本质特征是指在某个专业领域中，反映客体根本特性的特征。本质特征因概念所属专业领域而异，不同专业反映的侧重点不同。例如，在旅游业，客房是提供旅游者短暂居停的住宿设施，而在房地产业，房屋是提供居民日常生活起居的住宅设施。区别特征则是特征中能据以区分此概念和彼概念的特征。例如，旅居车（房车）是设有厨房、卧室和盥洗间的小型客车。与一般小型客车的区别就是设有厨房、卧室和盥洗间。

一个概念所反映的客体的全部特征称为概念的内涵。例如，“森林是自然旅游资源”。其中，“自然旅游资源”是“森林”的内涵。概念与概念之间存在着各种不同形式的相互联系，层级关系是其中的一种。根据概念间的包含关系，可将概念区分为上位概念和下位概念。上位概念称为大概念，下位概念称为小概念。

### （二）定义

概念存在于每个人的头脑中，在交流概念时需要用语言进行描述。定义即是对概念的语言描述，这种描述应符合一定的规则，即它应指出某一概念在概念体系中的确切位置，并将该概念同相关概念区分开来。这种定义模式称作内涵定义。

**1. 内涵定义**

内涵定义是一种科学定义模式，它是主要使用的定义模式。在层级体系中，除了最高层概念外，其他概念都可以采用科学定义的模式，即：

定义 = 上位概念 + 用于区分所定义概念与其他并列概念的区别特征（GB/T 20001.1，5.2.5.4）。

例如，“旅居车（房车）”的内涵定义为“设有厨房、卧室和盥洗间”。这里“旅居车（房车）”是上位概念，“设有厨房、卧室和盥洗间”是区别特征。

**2. 外延定义**

下位概念如果是众所周知且屈指可数的，可采用外延定义。例如，“住宿业”的外延定义为“星级旅游饭店、经济型饭店、度假型饭店、社会旅馆、民宿和家庭旅馆等业态的总称”。

### （三）术语

术语是各专业领域中所用来表示各种概念称谓的集合，它比定义更为简洁。术语应保持相对的稳定性。对于使用频率较高、范围较广和已经约定俗成的术语，即使是存在不完善之处，也尽量不要轻易改动，除非有特别的原因。因为既然约定俗成了，在日常使用时不会出现交流障碍，如果轻易变动反倒会造成使用不便。

## 二、术语和定义的编制起草

虽然“术语和定义”一章编排在标准正文的规范性技术要素之前，但在编制起草时，建议先着手起草“正文”；在起草过程中，多处用到的术语和定义，可将其列出清单，并整理成“术语和定义”一章。如果没有用到需要特别专门界定的定义和术语，都是那些一目了然、浅显易懂的术语，不需要界定术语和定义时，应在章标题下给出以下说明：“本文件没有需要界定的术语和定义”（8.7.2）。这样做的好处是，可以避免在编制起草“术语和定义”一章时，先入为主地认为，这些术语会在标准正文中提及，但有时并非总是如此。示例 10-27 中，“神秘客人”这个术语在文件其他地方并没有出现过。如果先起草正文，再编制“术语和定义”，就不会出现类似情况。如果某个术语在标准条文中只用到一次，则只需在条文中出现该术语时进行解释，或在其后的括号内给出解释或定义即可，无须在“术语和定义”一章对该术语进行定义。在修订文件时，如果修改或删除的内容中包含了在“术语和定义”一章中列出的术语，文件中其他内容也没有使用该术语，则应删除“术语和定义”中相应的术语及其定义。

示例 10–27

3.2

**神秘客人 mysterious shopper**

持有各级旅游星级饭店评定机构的有关委派证件，以普通客人身份入住饭店，不通报身份，在店检查期间亦不暴露真实身份的访查人员。

资料来源：LB/T 006—2006《星级饭店访查规范》

在起草文件条文过程中，对某概念建立有关术语与定义以前，应查找在其他文件中是否已经为该概念建立了术语和定义。如果已经建立，宜引用定义该概念的标准，不必重复定义；如果没有建立，则“术语和定义”一章中只应定义标准中所使用的并且是属于文件的范围所覆盖的概念，以及有助于理解这些定义的附加概念；如果文件中使用了属于文件范围之外的术语，可在文件中说明其含义，而不宜在“术语和定义”一章中给出该术语和定义（8.7.3.2）。如果确有必要重复术语已经标准化的定义，则应标明该定义来源出处。如果不得不改写已经标准化的定义，则应加注说明，以避免这种改写被误认为是由于抄写过程中的笔误造成的，如示例 10–28。

示例 10–28

2.1

**旅行社 travel agency**

依法取得许可，从事招徕、组织、接待旅游者等活动，为旅游者提供相关旅游线路或项目，开展国内、入境或出境旅游业务的企业。

注：改写 GB/T 16766—2010，定义 7.1。

资料来源：DB11/T 393—2012《旅行社等级划分与评定》

术语和定义这一要素中界定的术语应同时符合下列条件：

——文件中至少使用两次；

——专业的使用者在不同语境中理解不一致；

——尚无定义或需要改写已有的定义；

——属于文件范围所限定的领域内。

文件中应只定义属于标准的范围所覆盖领域中的术语。如果标准中使用的某个术语所涉及的领域不属于标准所覆盖的范围，也就是标准中使用了超出文件范围之外的术语，则不应在标准中的“术语和定义”一章中给出定义。假如旅游领域的标准使用了一个农业领域的专业术语，由于专业背景的限制，该概念不宜在旅游领域的标准中给出定义。在这种情况下，如果没有检索到相应的标准化定义，则建议只在标准的条文中说明其含义，不宜在“术语和定义”一章中列出，以免被其他标准引用。

定义既不应包含要求，也不应写成要求的形式（8.7.3.3）。示例10-29中罗列了“其他旅游服务”包含的多项内容，其中还隐含了要求型和推荐型条款，且表述不完整（不是一个完整的句子）。在文件中的其他地方再也没有出现过这个概念。因此，该条目不宜作为定义和术语，可将相关内容作为规范性技术要素在正文中提出。

示例 10-29

3.7

**其他旅游服务 other tourist service**

雨伞租借、手机、摄（照）像（相）机免费充电、小件物品寄存、失物招领、寻人广播服务；电池、手机充值等旅游必需品售卖服务；邮件明信片及邮政投递、纪念币和纪念戳服务；公用电话服务，具备国际、国内直拨功能，移动信号全覆盖，信号清晰；有条件的，提供医疗救护服务，设立医务室，配专职医护人员，备日常药品、氧气袋、急救箱和急救担架。

资料来源：LB/T 011—2011《旅游景区游客中心设置与服务规范》

定义的表述宜能在上下文中代替其术语。附加的信息应以示例或注的形式给出（8.7.3.3）。适用于量的单位的信息应在注中给出。这也可以成为检验术语和定义的编写起草是否符合规则的一个简易判断方法。如示例 10-30，定义 3.1 城市旅游集散中心的术语定义是“为游客（主要是散客）提供旅游集散、咨询、换乘，同时具有旅游公共服务功能的组织实体”；在标准的正文中提及“城市旅游集散中心的等级划分”时，这一术语的表述用定义来替换的话，是“为游客（主要是散客）提供旅游集散、咨询、换乘，同时具有旅游公共服务功能的组织实体的等级划分”。替换后，可以看出这个定义的句子还是比较通顺的，没有造成阅读障碍。当然，如果再能精练一点，并将“主要是散客”的附加信息以注的形式给出就更规范了。由此看出，先确定标准条文内容后，再编制起草“术语和定义”的意义了。

示例 10-30

**3.1**

**城市旅游集散中心 city tourist transport center**

为游客（主要是散客）提供旅游集散、咨询、换乘，同时具有旅游公共服务功能的组织实体。

……

**4. 城市旅游集散中心的等级划分**

资料来源：GB/T 31381—2015《城市旅游集散中心等级划分与评定》

由于术语与定义在条文中的可替代性，因此，对于定义的要求以一句话能解释清楚为宜，对于“名词”性术语要界定清楚是什么，对于“动词”性术语要解释清楚如何做。由于定义仅仅需要使用解释或说明的方式，因此不应写成要求的形式，也不应包含要求。定义通常表述为陈述型条款。目前不少旅游标准中将术语定义按照名词解释和百科词条的方式来撰写，在定义中还加入诸如分类特性等内容，替换后会造成阅读的不通畅。因此，从可替代原则看，定义的起草需要注意以下两个问题。

（1）不应在定义中重复术语名称，或以“它”“该”“这个”等代词开头，以及使用“指”“是”“是指”“表示”“称为”等词语（GB/T 20001.1，5.2.5.4）。如示例 10-31、示例 10-32。

（2）为了便于理解术语的定义，可以增加一些附加信息。但附加信息并不属于定义的内容，如果将其放在定义中，会产生定义不能在文中代替术语的问题。应仅以注或示例的形式给出。示例 10-33 中，应该将“导游员包括全程陪同导游员和地方陪同导游员。”以注的形式给出。如果有多个注的话，可以按注 1、注 2……另起一行排序，“示例”也类似。“示例”排在“注”之前。在示例 10-34 中，“注”与“示例”的上下位置颠倒了。

**示例 10-31**

**3.3**

**生态旅游示范区 prototype-zone of ecotourism attractions**

生态旅游示范区是以独特的自然生态、自然景观和与之共生的人文生态为依托，以促进旅游者对自然、生态的理解与学习为重要内容，提高对生态环境与社区发展的责任感，形成可持续发展的旅游区域。……

资料来源：GB/T 26362—2010《国家生态旅游示范区建设与运营规范》

**示例 10-32**

**3.5**

**绿色客房 green room**

指室内环境满足人体健康要求，设施品质高，智能化程度高，能源、资源利用率高的客房。

资料来源：LB/T 007—2015《绿色旅游饭店》

示例 10-33

**3.3**

**导游员 tour guide**

符合上岗资格的法定要求，接受旅行社委派，直接为旅游团（者）提供向导、讲解及相关旅游服务的人员。导游员包括全程陪同导游员和地方陪同导游员。

资料来源：GB/T 15971—2010《导游服务规范》

示例 10-34

**3.4**

**休闲空间 leisure space**

满足人们休闲活动需求的空间和场所。

注：公共休闲空间是为满足休闲主题公共休闲需求所营造的专用公共空间。

示例：既包括广场、绿地、居住区化外场地、城市公园等公共产品，又包括聚集商业和娱乐元素的中央商业区。

资料来源：GB/T 28928—2012《社区休闲服务质量导则》

## 三、术语条目

术语条目应包括：条目编号、术语、英文对应词、定义。根据需要可增加：符号、概念的其他表述方式（如公式、图等）、示例、注等。

### （一）术语条目的引出

术语条目应由下述适当的引导语引出。

——仅文件中界定的术语和定义适用时，使用："下列术语和定义适用于本文件。"如示例 10-35（但按照 GB/T 1.1—2020 的规则，其中的"标准"应改为"文件"）。

——其他文件界定的术语和定义适用时（例如，在一项分部分的标准中，第 1 部分中界定的术语和定义适用于几个或所有部分），使用："……界定的以及下列术语和定义适用于本文件。"如示例 10-36。

——仅其他文件界定的术语和定义适用时，使用："……界定的术语和定义适用于本文件。"

——如果文件不需要界定术语和定义时，使用："本文件没有需要界定的术语和定义。"

示例 10–35

**3 术语和定义**

下列术语和定义适合本标准。

3.1

**旅游饭店 tourist hotel**

……

资料来源：GB/T 14308—2010《旅游饭店星级的划分与评定》

示例 10–36

**3 术语和定义**

GB/T 31710.1 界定的以及下列术语和定义适用于本文件。

3.1

**自行式房车 motorhome；motor caravan**

资料来源：GB/T 31710.2—2015《休闲露营地建设与服务规范 第 2 部分：自驾车露营地》

此外，只有其他文件界定的术语和定义适用，而本文件中没有界定术语和定义时，可以在“术语和定义”一章中，只有引导语，没有术语条目，引导语为：“××××（标准编号）界定的术语和定义适用于本文件。”如示例 10–37。

示例 10–37

**3 术语和定义**

GB/T 32491.1 界定的术语和定义适用于本文件。

**4 演出设施设备管理**

……

资料来源：GB/T 32491.2—2016《实景演出服务规范 第 2 部分：演出管理》

如果文件中没有界定术语和定义，但为了便于使用，抄录了其他文件界定的术语和定义时，引导语为：“××××（文件编号）界定的术语和定义适用于本文件。为了便于使用，以下重复列出了 ××××（文件编号）中的一些术语和定义。”

## （二）条目编号

术语条目最好按照概念层级进行分类编排。属于一般概念的术语和定义应安排在最前面。每个术语条目都应有一个编号，只有一个术语条目也应编号。条目编号由阿拉伯数字和下脚点组成。

术语的条目编号（如 3.1，3.2，3.2.1，3.2.2）在形式上与章、条的编号（如 4.1，4.2，4.2.1，4.2.2）相似，都是用下脚点分隔的数字，但是两者的意义却不相同。章、条的编号具有隶属性，下脚点后面的数字隶属于下脚点前面的数字。另外，一个层次中有两个以及两个以上的条时才可设条。例如，在第 4 章内，如果没有 4.2 就不应有 4.1。而术语的条目编号是一种代号，其作用是为了提及和查找方便。所以，只有一个术语时，也应有条目编号。例如，在第 3 章内只有一个术语时，也应给出条目编号 3.1。

为了显示术语条目编号与章、条编号的不同，在排版格式上对它们作了不同的处理，即：术语条目编号单独占一行，而章、条编号与后面的标题或文字接排。

对于有层级关系的术语，条目编号可使用诸如 3.2，3.2.1，3.2.2 的层次编排形式。但在非术语标准的“术语和定义”中，使用这种排列形式需要特别注意，只有在上位术语和下位术语同时存在时才可使用这种编号形式，如 3.2 是上位术语，3.2.1 和 3.2.2 为下位术语。

### （三）英文对应词

除了专用名词外，英文对应词全部使用小写字母，名词为单数，动词为原形。示例 10-38 错误地使用了名词的复数形式。

示例 10–38

**3.2**

**旅游资源 tourism resources**

……

资料来源：GB/T 17775—2003《旅游景区质量等级的划分与评定》

### （四）其他

“术语和定义”还可以用公式、图、示例和注等形式。在旅游标准中，定义中很少采用公式和图。有兴趣的读者可以参考 GB/T 1.1 的相关内容。示例和注前面已经述及，不再赘述。此外，应该注意的是，不要将符号和缩略语作为术语来定义。具体内容可见本章第五节。

### （五）条目的编排

每个术语条目（不是条编号）应包括四项基本内容：条目编号、术语、英文对应词、定义，根据需要还可增加其他内容。按照包含的具体内容，术语条目中应依次给出：

（1）条目编号；

（2）术语；

（3）英文对应词；

（4）符号；

（5）术语的定义；

（6）概念的其他表述形式（如图、数学公式等）；

（7）示例；

（8）注；

（9）来源等。

如果符号来自国际权威组织，宜在该符号后同一行的方括号中标出该组织名称或缩略语；图和数学公式是定义的辅助形式；注给出补充术语条目内容的附加信息，如与适用于量的单位有关的信息。术语条目不应编排成表的形式，它的任何内容均不准许插入脚注（8.7.3.1）。

## 第五节　符号和缩略语

符号和缩略语是标准的规范性技术要素和可选要素。专门的“符号标准”应按照 GB/T 20001.2—2015《标准编写规则 第 2 部分：符号标准》编写。有兴趣的读者可参考该标准。这里仅简单介绍非符号标准中的符号和缩略语的编写。

符号和缩略语这一要素用来给出为理解文件所必需的、文件中使用的符号和缩略语的说明和定义，由引导语和带有说明的符号和 / 或缩略语清单构成。如果为了反映技术准则，符号需要以特定次序列出，那么该要素可以细分为条，每条应给出条标题。根据编写的需要，该要素可并入“术语和定义”（8.8.1）。

“符号和缩略语”在非符号标准中是一个可选的规范性要素。根据需要可设置为文件的第四章，列在“术语和定义”之后。该要素的标题可设置“符号”“缩略语”或“符号和缩略语”。在我国标准化文件中，缩略语专指由外文词组构成的短语的缩写形式。一般来说，缩略语不会形成单独的缩略语标准，但符号（包括文字符号、图形符号或标志）可以形成单独的符号标准。

根据列出的符号、缩略语的具体情况，符号和 / 或缩略语清单应分别由下列适当的引导语引出：

——“下列符号适用于本文件。”（如果该要素列出的符号适用时。）

——“下列缩略语适用于本文件。”（如果该要素列出的缩略语适用时。）

——“下列符号和缩略语适用于本文件。”（如果该要素列出的符号和缩略语适用时。）

无论该要素是否分条，清单中的符号和缩略语之前均不给出序号，且宜按下列规则以字母顺序列出：

（1）大写拉丁字母置于小写字母之前（A、a、B、b 等）；

（2）无角标的字母置于有角标的字母之前，有字母角标的字母置于有数字角标的字母之前（B、b、C、Cm、C2、c、d、dext、dint、d1 等）；

（3）希腊字母置于拉丁字母之后（Z、z、A、a、B、ß…、Λ、λ 等）。

符号和缩略语的表述形式和编排与“术语和定义”是有区别的：①符号和缩略语无须编号；②符号和缩略语的释义直接写在其后，无须换到下一行。示例 10-39 误将缩略语等同于“术语和定义”了，正确的表述形式见示例 10-40。

示例 10-39

**3.4**

**Pos**

Point of Sells，电子收款机系统。

**3.5**

**ATM**

Automatic Teller Machine，银行自动取款机。

资料来源：DB11/T 473—2007《旅游景区服务质量》

示例 10-40

**4. 缩略语**

下列缩略语适用于本文件。

Pos：电子收款机系统（Point of Sells）

ATM：银行自动取款机（Automatic Teller Machine）

# 第六节　总体原则和 / 或总体要求

要素“总体原则和 / 或总体要求”是可选的规范性要素。一般在以“……原则与要求”“……规则”“……总则”等为文件名称的标准化文件中设置。根据具体情况，可以设置成“总体原则”“总则”“原则”或“总体要求”，或者设置成“总体原则和要求”“原则和总体要求”。

总体原则这一要素用来规定为达到编制目的需要依据的方向性的总框架或准则。文件中随后各要素中的条款都需要符合具体落实这些原则，从而实现文件编制目的。总体要求这一要素用来规定涉及整体文件或随后多个要素均需要规定的要求（8.10）。

“总体原则”要素通常位于文件的核心技术要素之前；如果文件中包含“总体要求”要素，则应位于“总体要求”之前。

文件中如果涉及了总体原则 / 总则 / 原则，或总体要求的内容，宜设置总体原则 / 总则 / 原则，或总体要求。总体原则 / 总则 / 原则应使用陈述或推荐型条款。总体要求则应使用要求型条款，不应包含其他类型的条款。

总体要求这一要素有两个功能：一是用来规定涉及整体文件的要求，二是规定文件随后的多个要素均需要规定的要求。文件中如果需要在两章或多于两章中规定相同的要求，就应将它们在“总体要求”中统一规定。

根据要素内容之间的关系和数量，“总体原则”可以与“总体要求”合并，合并后的章标题应为“总体原则和要求”或“原则和总体要求”。合并后的章可以分为两个条：“总体原则”/“原则”和“总体要求”。如果“总体原则”和“总体要求”合并成一章，并未单独设条，那么在该章之下可以根据情况分别使用陈述或推荐型条款表述总体原则和使用要求型条款表述总体要求。

# 第十一章　资料性要素的编写

文件的主要内容规范性要素编写完成后，剩下的工作就是资料性要素的编写。

编写资料性要素时，应根据各项标准的需要选择各自的具体要素。编写顺序往往先从引言开始，其次是前言、参考文献、索引、目次、封面等。只有所有的资料性要素编写完毕后，一个完整的标准草案才算编写完成。

## 第一节　封面

封面为必备要素，它给出标示文件的信息，包括：文件的名称、英文译名、层次（国家标准为“中华人民共和国国家标准”字样）、标志、编号、国际标准分类号（ICS号）、中国标准文献分类号、备案号（不适用国家标准）、发布日期、实施日期、发布部门等。

如果文件代替了某个或几个文件，封面也应给出被代替文件的编号；如果文件与国际文件的一致性程度为等同、修改或非等效的标准，还应按照 GB/T 1.2—2020《标准化工作导则 第 2 部分：以 ISO/IEC 标准化文件为基础的标准化文件起草规则》（注：在 GB/T 1.1—2020 中提及的是 GB/T 20000.2《标准化工作指南 第 2 部分：采用国际标准》，该标准已经被 GB/T 1.2 代替，下同）的规定在封面上给出一致性程度标识。

文件征求意见稿和送审稿的封面显著位置按 GB/T 1.1—2020 附录 D 中 D.1 的规定，给出征集标准是否涉及专利的信息。

以上是 GB/T 1.1—2020 的 8.1 条对标准封面提出的起草规则。封面作为资料性要素，包含着大量识别标准的重要信息。在编写起草标准的封面时，须按照标准编写的模板格式，在适当的位置处选择填写以下相应的信息内容。

## 一、文件的层次

按照《中华人民共和国标准化法》的规定，我国标准分为：国家标准、行业标准、地方标准、团体标准和企业标准。标准封面上部居中位置应标示文件的层次，国家标准为“中华人民共和国国家标准”，行业标准为“中华人民共和国 ×××× 行业标准”，地方标准为“××××（地方名称）地方标准”，企业标准为“××××（单位名称）企业标准”以及国家标准化指导性技术文件。国家标准管理办法（2022 年版）第十七条“对技术尚在发展中，需要引导其发展或者具有标准化价值的项目，可以制定为国家标准化指导性技术文件”。

## 二、标准的标志

标准封面的右上角应给出标准的标志。标准的标志通常为标准代号的固定字体：国家标准代号为“GB”或“GB/T”，旅游行业标准的代号为 LB/T。地方标准的代号为“DB××”，其中 ×× 为各省、自治区、直辖市行政区划代码前两位数。团体标准的编号为“T/××××”，其中 ×××× 为社会团体的代号，由社会团体自主拟定，可使用大写拉丁字母或大写拉丁字母与阿拉伯数字的组合；社会团体的代号应当合法，不得与现有标准代号重复；为名称大写字母的缩写。企业标准的代号为“Q/××××”，其中 ×××× 为企业自拟的代号，要求与团体标准类似。国家标准化指导性技术文件代号为“GB/Z”。

## 三、标准的编号

在标准封面中标示标准层次位置的右下方应标示标准的编号。标准的编号由标准的批准或发布部门分配。标准的编号由标准代号、顺序号和年号三部分组成。根据《国家标准管理办法》《行业标准管理办法》《地方标准管理办法》《团体标准管理规定》《企业标准化管理办法》的规定，我国各类标准的编号形式分别见图 11-1 所示。

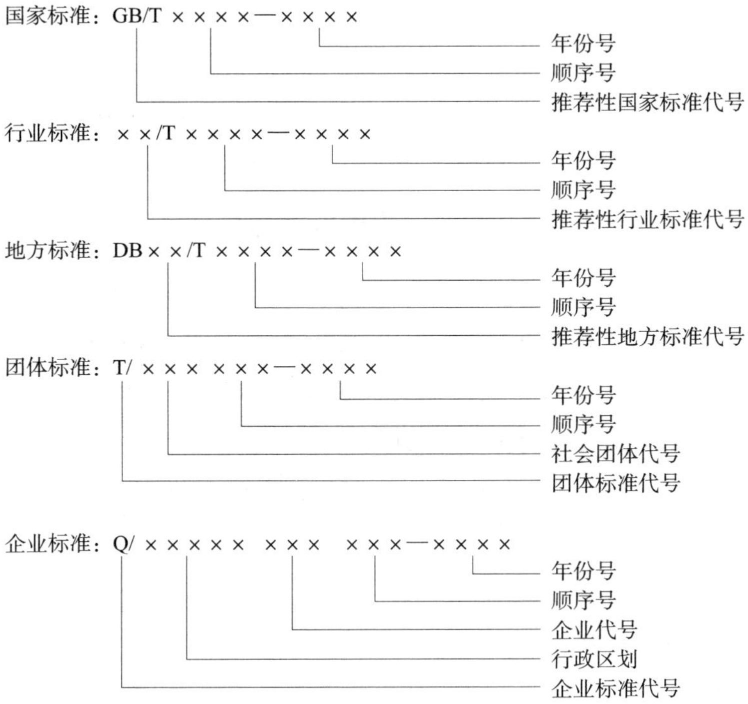


**图 11–1　我国各类标准的编号形式**

如果国家标准为强制性标准，则将上述标准代号中的“/T”删去即可。

如果是国家标准化指导性技术文件，则将代号改为“GB/Z”。

如果所起草的标准是以国际标准为基础编制的，并且等同采用国际标准，则在封面上标示的标准编号应为双编号。

## 四、被代替标准的编号

如果所起草的文件代替了同层次的（如国家标准代替国家标准）某个或某几个文件，则应在封面中的文件编号之下另起一行标明被代替文件的信息，即被代替的文件编号（见示例 11–1）。如果被代替的文件较多，也可仅列出主要被代替的文件，并在文件编号后加上“等”字（见示例 11–2），具体被代替的多项文件在前言中介绍。不同层次文件的替代情况不在封面上标示。必要时，可在文件的“前言”中介绍。

**示例 11–1**

GB/T 14308—2010

代替 GB/T 14308—2003

资料来源：GB/T 14308—2010《旅游饭店星级的划分与评定》

示例 11–2

GB/T××××—2017

代替 GB/T××××—2000 等

## 五、ICS 号、中国标准文献分类号和备案号

**1. ICS 号**

国家标准、行业标准和地方标准应在其封面的左上角标明 ICS 及其分类编号。ICS 号是 ISO 编制的。在我国文件封面上标明 ICS 号，使用这一国际统一的分类方法，便于我国文件与国际标准化文件的交流与对比。

文件起草单位或标准化技术归口单位在上报文件报批稿时，应在文件封面左上角标明 ICS 及其分类编号。

ICS 的标注见示例 11–3 和示例 11–4。

**2. 中国标准文献分类号**

在 ICS 号之下，应标明中国标准文献分类号，即一级类目和二级类目编号。分类号的选择应符合《中国标准文献分类法》的规定。

示例 11–3

ICS 01.040.01

A 22

资料来源：GB/T 16766—2017《旅游业基础术语》

示例 11–4

ICS 03.200

A 12

资料来源：GB/T 18971—2003《旅游规划通则》

**3. 备案号**

按照国家技术监督局“技监局标发〔1996〕244 号《关于进一步加强行业标准备案管理工作的通知》”和国家质量技术监督局“质技监局标函〔1999〕42 号《关于发送‘进一步加强地方标准备案管理工作的意见’的通知》”的有关规定，行业标准和地方标准在出版时应将备案号印在标准封面左上角的中国标准文献分类号之下。备案号的组成为：顺序编号—年号。目前，在全国旅游标准化技术委员会（SAC/TC 210）归口的旅

游行业标准的封面上都没有标注备案号。示例 11-5 是归口在全国饮食服务业标准化技术委员会（SAC/TC 214）的饮食服务行业标准，示例 11-6 是北京市的地方标准。

**示例 11-5**

ICS 03.100.20

A 10

备案号：20471—2007

资料来源：SB/T 10421—2007《农家乐经营服务规范》

**示例 11-6**

ICS 03.080.01

A 10

备案号：35246—2012

## 六、文件名称及其对应的英文译名

文件名称位于封面正中醒目位置，编写起草规则请参见第九章第一节。文件名称的英文译名应以中文的标准名称为基础，在保证原意完整和准确的基础上，符合英文的表达习惯，不必按照中文的文件名称逐字翻译。我国文件的标准名称各要素之间空一格汉字的间隔，英文译名的各要素间用一字线“—”相隔。各要素第一个单词的首字母应大写，其他单词的字母小写（需要大写的专用名词除外）。

英文译名应尽量从相应国际、国外标准的名称（如为英文版）或英文译名中选取。在采用国际标准时，宜采用原标准的名称或英文译名。如果标准中规定的内容与相应的国际标准的标准化对象及其技术特征有差异（在与国际标准的一致性程度为非等效或修改时），应研究是否可以使用原文的标准名称；如果确实不能使用，则需按照我国文件的标准名称作相应的调整。

## 七、与国际标准的一致性程度标识

当所制定的文件与国际文件存在一致性程度时，应按照 GB/T 1.2—2020 的规定，在封面中的英文译名之下标示与国际标准的一致性程度标识。

与国际文件的一致性程度分为：等同（IDT）、修改（MOD）或非等效（NEQ）三种类型。国家标准与相应国际标准的一致性程度为“等同”，是指国家标准与国际标准的技术内容和文本结构相同，且国家标准可以包含最低限度的编辑性修改；一致性程度为“修改”，是指存在技术差异，并且这些差异及其产生原因被清楚地说明，和（或）文本结构变化，但同时又有清楚的比较；一致性程度为“非等效”，是指技术内容和（或）文本结构不同，且这种差异没有被清楚地说明。此外，“非等效”还包括只保留了少量或不重要的国际标准条款。

### 八、文件的发布日期和实施日期以及发布部门或单位

在封面的倒数第二行，应标示文件的发布日期和实施日期，如“2008-07-16 发布”“2008-12-01 实施”。文件的实施日期由标准的审批发布部门在发布文件时确定。国家标准的发布与实施之间应当留出合理的过渡期。国家标准发布后实施前，可以选择执行原国家标准或者新国家标准。新国家标准实施后，原国家标准同时废止。

在封面的最后一行，应标示文件的发布部门或单位。

目前国家标准的发布部门为：“国家市场监督管理总局”和“中国国家标准化管理委员会”；工程建设国家标准由“中华人民共和国住房和城乡建设部”和“国家市场监督管理总局”联合发布；行业标准的发布部门为：各行业主管部门；地方标准的发布部门为：各省、自治区、直辖市标准化行政主管部门；企业标准的发布单位为：各企业。

文件征求意见稿和送审稿的封面显著位置应给出以下内容：“在提交反馈意见时，请将您知道的相关专利连同支持性文件一并附上。”（附录 D，D.1）

## 第二节　前言

前言是资料性要素，同时又是一个必备要素。前言在文件中的位置在目次（如果有的话）之后，引言（如果有的话）之前，用“前言”作标题。由于前言是资料性要素，因此在前言中不应包含要求、指示、推荐或允许型条款，也不应包含公式、图和表。前言不应给出章编号且不分条（8.3）。

前言应视情况依次给出下列适当的内容。

（1）文件起草所依据的标准。具体表述为：“本文件按照 GB/T 1.1—2020《标准化工作导则 第 1 部分：标准化文件的结构和起草规则》的规定起草。”

（2）文件与其他文件的关系。需要说明以下两方面的内容：①与其他标准的关系；②分为部分的文件的每个部分说明其所属的部分并列出所有已经发布的部分的名称。

（3）文件与代替文件的关系。需要说明以下两方面的内容：①给出被替代、废止的

所有文件的编号和名称；②列出与前一版本相比的主要技术变化。

（4）与国际文件关系的说明。GB/T 1.2—2020 中规定了与国际文件存在着一致性对应关系的我国文件，在前言中陈述的相关信息。

（5）有关专利的说明。如果编制过程中没有识别出涉及专利，则应有如下的表述内容："请注意本文件的某些内容可能涉及专利。本文件的发布机构不承担识别这些专利的责任。"（附录 D，D.2）

（6）文件的提出信息（可省略）或归口信息。对于由全国专业化技术委员会提出或归口的文件，应在相应技术委员会名称之后给出代号，并加圆括号。使用下列适用的表述形式：

——"本文件由全国旅游标准化技术委员会（SAC/TC 210）提出。"

——"本文件由 ××××（行业主管部门）提出。"

——"本文件由 ×××× 研究院提出。"

——"本文件由全国旅游标准化技术委员会（SAC/TC 210）归口。"

——"本文件由全国休闲标准化技术委员会（SAC/TC 498）提出并归口。"

（7）文件的起草单位和主要起草人。使用以下表述形式：

——"本文件起草单位：……。"

——"本文件主要起草人：……。"

（8）文件所代替或废止的文件的历次版本发布情况。

针对不同的文件，应将以上列项中的"本文件……"改为"GB/T ×××× 的本部分……""本部分……"或"本指导性文件……"。

总之，前言的编写起草比较容易，根据编制起草的文件情况，按照 GB/T 1.1—2020 给出的上述清单所列出的八项内容，逐项对照选择，无此项目可省略。但在前言的编写起草中，无论是 GB/T 1.1—2020，还是以前的 2000 版对"前言"的编写，从内容到格式都有明确规定，无须添枝加叶，自由发挥，尤其不要将引言、范围、规范性技术要素内容，以及标准编制说明中的内容，如编制标准的意义或介绍标准的技术内容在前言中给出。总之，前言中只准许编写"规定的内容"。如示例 11-7 中，前 8 个自然段的内容都不符合前言的编写规范，应全部删除，只有倒数三行的内容才是前言应该写的内容。删除的这些内容可以根据需要分别放到引言、范围、规范性技术要素或标准的编制说明中。

示例 11–7

## 前 言

由于全球生态环境的日益恶化，保护环境、保障人类健康日益受到人们的关注。各国、各地区都制定相应的法律、法规，出台了各种政策、措施，许多行业制定了相应的行业准则以约束并促进组织的环境行为。因此，各类组织越来越重视自身的活动、产品和服务对环境的影响。

旅游业的发展依赖当地的环境状况，饭店业作为旅游业的支柱产业，对环境保护和合理利用资源所做的努力直接关系到旅游业的发展并影响到社会的可持续发展。所以，饭店的环境管理工作被提上议事日程，而创建“绿色饭店”是环境管理的重要环节。

绿色饭店是一种新的理念，它要求饭店将环境管理融入饭店经营管理之中，以环境保护为出发点，调整饭店的发展战略、经营理念、管理模式、服务方式，实施清洁生产，提供符合人体安全、健康要求的产品，并引导社会公众的节约和环境意识、改变传统的消费观念、倡导“绿色”消费。它的实质是为客人提供符合环保要求的、高质量的产品，同时，在经营过程中节约能源与资源、减少排放、预防环境污染、不断提高产品质量。绿色饭店是一种方向和目标，是一个不断发展的概念，为指导现阶段的实践，本标准把绿色饭店定义为：以可持续发展为理念，坚持清洁生产，倡导绿色消费，保护生态环境的饭店，其核心就是在生产经营过程中加强对环境的保护和资源的合理利用。

绿色饭店的创建、实施与保持是一个不断发展的过程，在实施过程中应与饭店其他管理体系的运行相协调，是一个与饭店各方面的发展相互促进的过程。

饭店建成的年代有长短、经营的范围有大小、建筑的形式各不同，设备设施技术性能也有差别，因此在创建、实施过程中，需要根据饭店各自的实际情况采取不同的措施，并积极引入先进的环保技术和设备，获得环境绩效的持续改进。

本标准专为创建绿色饭店、实施环境管理提供指南。本标准对创建绿色饭店、实施和加强环境管理提供切实可行的建议。

由于环境保护技术的发展、对环境问题研究的深入以及饭店环境管理水平的提高和环境绩效的改善，本标准将根据实际情况不断修订和完善。

本标准的制定主要参考版本为浙江省地方标准《绿色饭店》（DB33/T 326—2001）

本标准由国家旅游局提出。

本标准起草单位：国家旅游局质量规范与管理司、浙江省旅游局。

本标准主要起草人：……

资料来源：LB/T 007—2006《绿色旅游饭店》

# 第三节　引言

引言是一个可选的资料性要素，用来说明与文件自身内容相关的信息，不应包含要求型条款。分为部分的文件的每个部分，或者文件的某些内容涉及了专利，均应设置引言，并以“引言”作标题。引言不应给出章编号。当引言的内容需要分条时，应仅对条编号，编号为 0.1、0.2 等（8.4）。

## 一、引言的背景信息

在引言中通常给出下列背景信息：

——编制该文件的原因、编制目的、分为部分的原因以及各部分之间的关系等事项的说明；

——文件技术内容的特殊信息说明。

如果编制过程中已经识别出文件的某些内容涉及专利，应根据具体情况说明以下相关内容：

> 本文件发布机构提请注意，声明符合本文件时，可能涉及……［条］……内容……相关的专利的使用。
>
> 本文件的发布机构对于专利的真实性、有效性和范围无任何立场。
>
> 该专利持有人已向本文件的发布机构承诺，他愿意同任何申请人在合理且无歧视的条款和条件下，就专利授权进行谈判。该专利持有人的声明已在本发布机构备案。相关信息可以通过以下联系方式获得：
>
> 专利持有人姓名：……
>
> 地址：……
>
> 请注意除上述专利外，本文件的某些内容仍可能涉及专利，本文件的发布机构不承担识别这些专利的责任。（附录 D，D3）

## 二、引言的表述及常见表述问题示例

引言在文件中的位置是在前言之后，正文之前。与前言相比，引言和文件正文的关系更为密切。引言的作用主要是陈述与文件编制目的和技术背景有关的内容。引言中无须说明编制文件的重要意义。在阐述编制文件的原因和目的时，既要说明具体原因，又要给出技术解决方案。就是说，引言中不应只提及编制文件的原因和目的，而不说明通过什么技术方案解决问题、达到目的。如果涉及的技术无须特别说明，则可以省去引言。

引言中不应有规范性技术要素的表述，不应给出诸如“应采用……”“应遵守……”“不应使用……”之类的要求型条款。也不应出现与“范围”一章相似的内容，诸如“本文件规定了……”“本文件适用于……”“本文件主要涉及……”等内容。

在一些已经发布的旅游标准的引言中，经常出现的问题是引言与规范性引用文件和资料性引用文件（参考文献）内容相混淆的情况。如示例 11-8，该文件“借鉴了国内外相关参考资料和技术规程”，类似的内容和信息不应该在引言中给出。应该明确所谓借鉴是规范性引用还是资料性引用？如果是规范性引用，则应该明确是引用哪个国内外标准化文件中的哪部分内容或条款？规范性引用应在标准正文中有所体现，并列入“规范性引用文件”一章中的文件清单；如果只是资料性引用，则可选择将其列入“参考文献”之中，也可以在附录中给出。示例 11-9 与示例 11-10 类似，但除借鉴国内外标准和资料外，还涉及国家有关法律法规和旅游部门的规章，这些都已超出引言的编写范围，甚至也超出了“规范性引用文件”的范围。这三个引言示例都是不正确的写法。

示例 11-8

引　言

随着环保观念日益深入人心和可持续发展战略的实施，生态旅游在我国获得了长足的发展。和谐社会需要和谐产业，生态文明呼唤生态旅游。发展生态旅游存在时代必然性、市场可行性及工作紧迫性，已经成为我国经济社会可持续发展战略和基本国策的重要组成部分，具有重要现实意义和广阔前景。

……

本标准在制定过程中，结合了我国生态旅游发展的实际情况，借鉴了国内外相关参考资料和技术规程。

资料来源：GB/T 26362—2010《国家生态旅游示范区建设与运营规范》

示例 11-9

引　言

本标准的制定旨在保障旅游者在旅游娱乐场所的安全和合法权益，满足其娱乐需求，促进旅游娱乐场所的管理和服务水平的提高。

本标准在总结、借鉴了国内外有关资料和技术规范的基础上，根据国家有关法律法规和旅游部门的规章，并参照了有关国家标准的要求而制定。

资料来源：GB/T 26353—2010《旅游娱乐场所基础设施管理及服务规范》

**示例 11–10**

引　言

为了适应日益增长的中国线性旅游资源的保护、利用、管理要求，促进和规范中国风景旅游道路的发展，提升其规划设计和管理水平，特制定本标准。

本标准的制定，总结了国内并借鉴了国外风景旅游道路建设的经验和教训，在考虑中国特色的同时，技术和方法上努力实现与国际接轨。

资料来源：LB/T 025—2013《风景旅游道路及其游憩服务设施要求》

示例 11–10 的引言中提出了在“技术和方法上努力实现与国际接轨”。但该文件并未给出在技术和方法上的有关国际标准的相关内容和规范性技术要素。在“规范性引用文件”一章的文件清单中，没有一项国际标准化文件，也没有给出“参考文献”。该标准也未标识与国际文件存在着一致性程度的标志。因此，该文件引言中第二段给出的信息或说明并不确切。

**示例 11–11**

引　言

旅游景区是自然环境优良，人文资源丰富的区域，是优质的景观资源、珍稀的自然生态系统、珍贵的历史文化资源，具有不可替代的景观、生态和文化价值。建设绿色旅游景区，实现旅游景区的绿色管理，对旅游景区资源的永续利用，提供高质量的旅游环境具有重要意义。

本标准旨在旅游景区引入绿色管理理念，为旅游景区实施生态化管理提供依据和规范，保护旅游景区的生态环境和旅游资源，提升旅游产业发展的内在素质。

本标准在制定过程中，借鉴了国内外有关资料，并直接引用了相关国家标准或标准条文。

资料来源：LB/T 015—2011《绿色旅游景区》

示例 11–11 在引言中的“直接引用了相关国家标准或标准条文”表述，也是不符合 GB/T 1.1 对引用的规范要求的。我们知道，在标准中对文件的应用，只有规范性引用和资料性引用两种，不存在所谓的“直接引用”或“间接引用”这一概念。事实上，该标准既没有参考文献，也没有附录。标准使用者无法确切地知道，标准究竟参考了哪些国内外有关资料。在“规范性引用文件”一章中，也没有给出相应的国际标准和相关文件。

## 第四节 引用和提示

引用和提示是指在编写标准化文件时，没有将具体内容抄录，而是通过某种表述形式使用其他文件或文件自身其他条文中的内容。引用是指在文件中通过提及其他文件的编号和 / 或该文件的内容，从而达到不用抄录所需要的内容和目的。提示是指通过提及本文件其他位置的内容编号的表述形式，使用被提及的其他位置的内容。

### 一、采用“引用”和“提示”的原因

采用“引用”和“提示”来代替“抄录”主要有下列四个原因。

**1. 避免造成文件间和文件内部的不协调**

在起草的文件中被抄录的文件有可能被修改，其中被抄录部分的内容也可能随之被修改，这样被抄录的内容跟不上原文件最新版本的变化，无法使用最新版本中的内容。这样容易出现同样的内容在不同文件中的规定不尽相同，造成文件之间的不协调。此外，如果在使用文件自身内容时，采取抄录的表述形式，就可能出现文中某些内容在编写文件的过程中被修改了，但文中抄录了这些内容的地方却由于疏忽没有被修改的情况。因此，无论是抄录其他文件的内容，还是抄录文件自身的内容，都可能会造成不协调的情况。

**2. 节省文件篇幅**

如果采取抄录的方式，有可能造成文件的篇幅过大。如一些需要大量篇幅才能阐述清楚的内容，就会出现文件篇幅过大，文字冗长、内容重复和结构失衡的情况。

**3. 避免抄录错误**

不采用抄录方式是为了避免抄录过程中发生差错，造成同样的内容在两个文件中，或在一个文件中的不同位置表述不一致的情况。

**4. 涉及其他专业领域**

在编写起草标准时，会涉及其他专业领域的标准化内容（规则、规定或方法等），但这些内容又不属于该文件的起草范围，采取引用这一形式更加容易溯源，可以使文件的使用者和今后标准的修订者能够知道有关规定的出处，从而能够更好地考虑最新技术

水平和标准化成果。

## 二、引用和提示的分类

引用可分为规范性引用和资料性引用，提示也可分为规范性提示和资料性提示。

**1. 规范性引用**

规范性引用是指标准化文件中引用了某文件或某文件的条款后，这些文件或其中的条款即构成了标准整体不可分割的组成部分。所引用的文件或条款与标准文本中规范性要素具有同等的效力。在使用标准时，要做到符合标准，除了要遵守标准本身的规范性内容外，还要同时遵守标准中规范性引用的其他文件或文件中的条款。

在文件中，应明确区分规范性引用与资料性引用的表述。下列表述形式属于规范性引用（9.5.4.2.1）：

a）任何文件中，由要求型条款或指示型条款提及文件，如“旅游信息服务设置应符合 GB/T 26354—2010（旅游信息咨询中心设置与服务规范）规定的要求”；

b）规范标准中，由“按”或“按照”提及试验方法类文件，如“景区容量不应大于按 LB/T 034—2014（景区最大承载量核定工作导则）描述的方法测定得出的最大承载量”，其中 LB/T 034—2014 为规范性引用的文件；

c）指南标准中，由推荐型条款提及文件，如“景区的信息化建设宜遵守 LB/T 079—2020（旅游基础信息资源规范）的规定”；

d）任何文件中，在“术语和定义”一章中由引导语提及的文件，如“GB/T 16766—2017（旅游业基础术语）界定的下列术语和定义适用于本文件”。

文件中所有规范性引用的文件，无论是注日期，还是不注日期，均应在要素“规范性引用文件”中列出。

**2. 资料性引用**

在文件中，除规范性引用之外的表述形式提及文件都属于资料性引用。资料性引用的文件内容构成了有助于引用它的文件的理解或使用的附加信息。资料性引用的常见表述方式如示例 11-12。

**示例 11-12**

“……信息见 GB/T ×××××”

“……GB/T ××××× 中给出了进一步的说明”

“……参见 GB/T ×××××……的内容”

规范性引用不应引用法律法规，如果确有必要，可资料性提及法律法规。或者可通过包含“必须”的陈述，指出由法律要求形成的对文件使用者的约束或义务（外部约束）。表述外部约束时提及法律法规并不是文件自身规定的条款，属于资料性引用的文件，通常宜与文件的条款分条表述，如示例 11-13。

**示例 11-13**

“……A 级景区认证标志的使用见《旅游景区质量等级管理办法》”

“依据《旅游法》规定，旅行社为招徕、组织旅游者发布信息，必须真实、准确……”

文件中所有资料性引用的文件，均应在要素“参考文献”中列出（9.5.4.2.2）。

**3. 提示**

规范性提示，是指需要文件使用者遵守、履行或符合文件自身的具体条款的提示；资料性提示，是指需要使用者参考、阅看文件自身具体内容的提示。与引用不同的是，提示不涉及其他文件，只限于文件自身。规范性提示的表述如示例 11-14，资料性提示的表述如示例 11-15。

**示例 11-14**

“……应符合 7.5.2 中的相关规定”

“……按照 5.1 的评定程序”

**示例 11-15**

“……（见 7.5.2）”

“……（见 6.3.2b）”

“……（见表 B）”

“……（见表图 2）”

提示本文件中的资料性附录、示例、条文中的注、脚注、图中的注、表中的注等资料性内容时应使用资料性的提及方式，如示例 11-16。

**示例 11-16**

“……见 7.5 的注”

“……见表 2 的注”

“……见表 B”

“……相关信息见附录 B”

此外，在特殊情况下，确有必要抄录其他文件中的少量内容，应在抄录的内容之下或之后准确地标明来源，具体方法为：在方括号中写明“来源：文件编号，章/条编号”，如［来源：GB/T 1.1—2020，9.5.3］（9.5.4.3）。

**4. 重要提示**

特殊情况下，如果需要给文件使用者一个涉及整个文件内容的提示（通常涉及人身安全或健康），以便引起注意，那么可在正文首页文件名称与“范围”之间以“重要提示：”或者按照程度以“危险：”“警告：”或“注意：”开头，随后给出相关内容。

在涉及人身安全或健康的文件中需要考虑是否给出相关的重要提示（9.13.3）。为了醒目，宜采用黑体字体，如示例 11-17。

示例 11-17

**重要提示：GB/T 2893 的本部分电子文件中所呈现的颜色不能当作实际颜色在屏幕上观看或用于印刷。虽然本部分中颜色的使用符合要求（根据目测检验在容许偏差内），但印刷版本不能用于颜色的匹配。有关颜色匹配的要求，请查阅 GB/T 2893.4，该部分在给出色度属性的同时给出了引自色序系统的颜色参考值。**

资料来源：GB/T 2893.2—2020《图形符号 安全色和安全标志 第 2 部分：产品安全标签的设计原则》

## 第五节　规范性引用文件

如果标准条文中规范性地引用了某文件，这个文件才算作该标准的规范性引用文件。规范性引用的文件内容构成了引用它的文件中必不可少的条款。因此，在编写标准条文时，应该查阅规范性引用文件的内容和被规范性引用的条款。“应充分研究和核实被引用文件的适用范围与技术内容的适用性（GB/T 20000.3，5.1.1）”。

“规范性引用文件”这一要素用来列出文件中规范性引用的文件。

在 GB/T 1.1—2020 规则中，章编号和标题是一个必备要素，要素内容的有无可根据具体情况进行选择，也就是说，文件清单是一个可选要素，可以根据实际情况来决定是否需要。

在编制规范性文件时，经常需要在条文中重复其他标准文件或文件中的某些要求和内容。使用引用文件的方法，既可以简化规范性文件的编写工作、减少不必要的重复、保证规范性文件之间的协调性，又可以减少规范性文件的篇幅、避免因重复抄录造成的差错。在规范性文件中引用文件，是国内外制定规范性文件时经常使用的一种科学、简便的编写方法。

“规范性引用文件”的编写除了按照 GB/T 1.1—2020《标准化工作导则　第1部分：标准化文件的结构和起草规则》外，还应遵守 GB/T 20000.3—2014《标准化工作指南　第3部分：引用文件》的相关规则。

## 一、编写“规范性引用文件”的前提

“规范性引用文件”一章，在标准中处于“范围”一章之后的第2章位置，但在编写时，只有在标准正文中的规范性技术要素编写完后，才能编写第2章“规范性引用文件”。在编写标准时，有时会发现需要编写的内容在现行标准中已经作了规定，并且这些规定又是适用的，这时则需要重复其他标准中的内容。这种情况下，通常不应抄录需重复的具体内容，应采取引用，而不是抄录的方法。

“规范性引用文件”一章给出了标准使用者在使用本文件时，同时需要参阅相关文件的目录清单。在使用该标准中某些特定章条时，一旦这些章条规范性引用了其他文件，如果手头没有所引用的文件，那么具体的规定就无法知晓。因此，是否需要编写作为可选要素的“规范性引用文件”一章，就看标准条款中是否规范性引用了其他文件，并引用了哪些条款。而目前一些旅游标准在“规范性引用文件”一章中列出的一些标准化文件，就是按标准文本的顺序，先编写“规范性引用文件”一章，后起草标准正文；而在标准正文的起草过程中，并没有规范性引用这些文件，甚至连这些文件都没有找来，更不用说仔细查阅被引用的内容。总之，只有标准的规范性技术要素中有规范性引用的文件，才可将其列入文件清单。

按 GB/T 1.1—2020 规则，在任何文件中都应设有“2 规范性引用文件”，如不存在规范性引用文件，应在章标题下给出以下说明，“本文件没有规范性引用文件”（8.6.2）。

## 二、引导语

规范性引用文件清单应由下述引导语引出：

“下列文件中的内容通过文中规范性引用构成本文件必不可少的条款。其中，注日期的引用文件，仅该日期对应的版本适用于本文件。不注日期的引用文件，其最新版本（包括所有的修改单）适用于本文件”（8.6.2）。

这一段引导语适用于所有文件，包括标准、标准化指导性技术文件、分部分出版的标准的某个部分。上述引导语包含几层含义。

（1）只有对本文件的应用是必不可少的文件（也就是规范性的引用文件），才列入以下文件清单中。必不可少是指如果缺少了这些文件，就不能顺利、无障碍地使用本文件。

（2）对于注日期引用的文件，只有指定的版本，也就是标注了日期的那个版本，才适用于本文件。

（3）对于不注日期的引用文件，其最新版本，包括所有的修改单，适用于本文件。

由于现行有效的旅游国家标准和行业标准大多是2010年前后制修订的（见表5-1），不少标准的引导语是采用GB/T 1.1—2000版本，只有部分采用的是GB/T 1.1—2009版本，采用GB/T 1.1—2020版本的标准仅有几项。

## 三、引用文件的类型和顺序

文件清单中引用文件的类型和排列顺序为：国家标准化文件、行业标准化文件、本行政区域的地方标准化文件（仅适用于地方标准化的起草）、团体标准化文件（需符合本节“四、被引用文件的限定条件”）、国际标准化文件（含ISO标准、ISO/IEC标准、IEC标准）、其他机构或组织的标准化文件（需符合本节“四、被引用文件的限定条件”）、其他文献。其中，国家标准、ISO/IEC标准按文件顺序号排列；行业标准、地方标准、团体标准、其他国际标准化文件先按标准代号的拉丁字母和/或阿拉伯数字的顺序排列，再按标准的序列号排列。

此外，GB/T 20000.3—2014给出了国家标准、行业标准、地方标准和企业标准在引用其他标准时应遵循的原则，主要如下：

（1）国家标准和行业标准可以引用国家标准和行业标准，不应引用地方标准和企业标准（GB/T 20000.3—2014，5.1.2，a）；

（2）地方标准可以引用国家标准、行业标准、本行政区域地方标准，不应引用企业标准和其他行政区域地方标准（GB/T 20000.3—2014，5.1.2，b）；

（3）企业标准可以引用国家标准、行业标准、本行政区域地方标准，以及本企业的标准（GB/T 20000.3—2014，5.1.2，c）。

国家标准、行业标准、地方标准和企业标准可引用国家标准化指导性技术文件（GB/T 20000.3—2014，5.1.3）。在某些领域，没有国家标准和行业标准或国家标准和行业标准已不适用时，国家标准或行业标准可引用国际标准化文件（GB/T 20000.3—2014，5.1.4）。

对于什么是国际标准化文件，GB/T 20000.3—2014 在 5.1.4 的注中给出了解释：国际标准化文件包括 ISO、IEC 和 ITU 及 ISO 承认的其他国际性组织发布的标准，其他国际标准化文件目前有 ISO 和 IEC 发布的技术规范（TS）、可公开提供规范（PAS）、技术报告（TR）、指南（Guide）、技术趋势评定（TTA）、工业技术协议（ITA）、国际专题研讨会协议（IWA）等。由于 GB/T 20000.3 是 2014 年发布实施的，文件中没有提及团体标准。

总之，在不同类型的文件排序上，应遵循下列原则：

标准化文件优先于其他文件；国内文件优先于国际文件；国家标准优先于行业标准；行业标准优先于团体标准；团体标准优先于地方标准；地方标准优先于企业标准。

## 四、被引用文件的限定条件

被规范性引用的文件应是国家、行业或国际标准化文件。允许规范性引用其他正式发布的标准化文件或其他文献，只要经过正在编制文件的归口标准化技术委员会或审查会议确认待引用的文件符合下列条件即可（9.5.4.4）：

——具有广泛可接受性和权威性；

——发布者、出版者（知道时）或作者已经同意该文件被引用，且当函索时，能从作者或出版者那里得到这些文件；

——发布者、出版者（知道时）或作者已经同意，将他们修订该文件的想法以及修订所涉及的要点及时通知相关文件的归口标准化技术委员会；

——该文件在公平、合理和无歧视的商业条款下可获得；

——该文件中所涉及的专利能够按照 GB/T 20003.1——2014《标准制定的特定程序 第 1 部分：涉及专利的标准》的要求获得许可声明。

此外，GB/T 1.1—2020 还给出了规范性引用文件清单中不应包含的三类文件：

——不能公开获得的文件；

——已被代替或废止的文件；

——法律、行政法规、规章和其他政策性文件。

GB/T 20000.3—2014 在 5.1.5 中也给出了规范性引用文件清单中不宜引用的另外三类文件：①法律、行政法规、规章和其他政策性文件；②仅适合在合同中引用的索赔、担保、费用类文件；③含有专利或限制竞争的专用涉及方案或属某个企业所有而参与竞争企业不易获得的文件。

该条下面还有两个注：①标准使用者不管是否声明符合标准，都需要遵守法律法规；②为了帮助标准使用者正确理解标准而提供的附加信息，可以资料性引用法规。例如，如下表述，“……符合本标准是符合……（法规）的方法之一”（此表述宜在前言中给出），“……认证标志的使用参见（……管理办法）”。同理，在标准中不宜出现要求符合法规和政策性文件的条款。例如，不宜出现如下表述，“……要求应符合国家有关法律法规”（GB/T 20000.3—2014，5.1.6）。

示例 11-18 错误地引用了国务院、国家旅游局的管理条例和政策性文件。示例 11-19 错误地引用了建设部、国家发展和改革委员会的政府文件，尽管这个文件是与考核标准的内容有关，但这还是一个政府部门的文件，不是标准化文件。只有文件发文的编号，没有标准代号、顺序号和序列号。如果这个文件中提及的考核标准，是一个独立存在的标准化文件的话，可以引用该标准，而不是引用标准管理部门的行政文件。

示例 11-18

**2 规范性引用文件**

……

旅行社管理条例　国务院 2001 年 12 月 11 日

导游人员管理条例 国家旅游局 1999 年 5 月 14 日

旅行社出境旅游服务质量 国家旅游局 2002 年 7 月 27 日

资料来源：DB11/T 393—2006《旅行社等级划分与评定》

示例 11-19

**2 规范性引用文件**

……

国家建设部和发改委 . 节能型城市考核标准 . 建城〔2006〕140 号

资料来源：LB/T 016—2011《温泉企业服务质量等级划分与评定》

需要说明的是，不宜引用“法律、行政法规、规章和其他政策性文件”的表述中，法规部分只是提到了“行政法规”不宜引用，并没有限制“技术法规”（强制性标准）的应用，但如果某一推荐性标准引用了“技术法规”其中的部分内容和条款，这部分内容和条款仍是具有强制性的，并不因为是推荐性标准的引用而改变其强制性特征。

最后，在引用其他文件时，若被引用的内容又引用了另一个文件，则应直接引用后者，避免过度引用（GB/T 20000.3—2014，5.1.7）。

## 五、引用文件的表述

引导语之后，要列出标准中所有规范性引用的文件，这些文件构成了规范性引用文件清单。

**1. 列出注日期的引用文件**

对于标准中注日期的引用文件，应在规范性引用文件清单中给出文件的年号或版本号以及完整的名称；对于引用的标准，则给出标准的编号和名称（见示例 11-20）。

**示例 11-20**

GB/T 18972—2003 旅游资源分类、调查与评价

**2. 列出不注日期的引用文件**

对于标准中不注日期的引用文件，不应在规范性引用文件清单中给出文件的年号或版本号，但仍需给出完整的名称；对于引用的标准，则应给出标准的代号、顺序号和标准名称（见示例 11-21）。

**示例 11-21**

GB/T 16766 旅游业基础术语

**3. 列出标准的所有部分**

在标准中如果引用了某个分为多个部分出版的标准的所有部分，也就是引用整个标准，而不引用其中的某个部分，同样分为不注日期和注日期两种情况。

（1）不注日期引用

如果是不注日期引用，那么在文件清单中列出时，需要在标准顺序号后增加“( 所有部分 )”并列出各部分所属标准的名称，即引导要素（如果有的话）和主体要素，而不给出名称中的补充要素（见示例 11-22）。

**示例 11-22**

GB/T 31710（所有部分）休闲露营地建设与服务规范

（2）注日期引用

如果是注日期引用，当所有部分为同一年发布时，需要在文件清单中给出“标准代号”“顺序号及第 1 部分的编号”“~”（波浪号）、“顺序号及最后部分的编号”，然后给出年号以及各部分所属标准的名称，即名称中的引导要素（如果有的话）和主体要素，而不给出名称中的补充要素（见示例 11-23）。

**示例 11-23**

GB/T 31710.1~31710.4—2015 休闲露营地建设与服务规范

在注日期引用的情况下，如果所有部分不是同一年发布的，则需要按照列出注日期引用文件的方式分别列出每个部分（见示例 11-24）。

**示例 11-24**

GB/T 10001.1—2012 公共信息图形符号 第 1 部分：通用符号

GB/T 10001.2—2021 公共信息图形符号 第 2 部分：旅游休闲符号

GB/T 10001.4—2021 公共信息图形符号 第 4 部分：运动健身符号

GB/T 10001.9—2021 公共信息图形符号 第 9 部分：无障碍设施符号

需要注意的是，不管是注日期还是不注日期，在列出“所有部分”的情况下，由于给出的是各部分所属标准的名称，无须给出部分的名称，所以列出的名称中仅剩下“引导元素和主体元素”而省略了“补充元素”（参见第九章第一节）。

**4. 列出其他文件**

在标准中如果直接引用了国际标准，那么在文件清单中列出这些国际标准时，在标准编号后应给出标准名称的中文译名，并在其后的圆括号中给出原文名称（见示例 11-25）。

**示例 11-25**

ISO 17679：2016 旅游和相关服务—健康水疗—服务要求（Tourism and related services — Wellness spa— Service requirements）

标准中如果引用了非标准类文件，那么在文件清单中列出这类文件时应符合 GB/T 7714—2015《信息与文献 参考文献著录规则》的规定。

如果引用的文件可在线获得，宜在文件清单中提供详细的获取和访问路径。应给出被引用文件的完整的网址（见 GB/T 7714）。为了保证溯源性，宜提供原网址（见示例 11-26）。

**示例 11-26**

可从以下网址获得：〈https：//www.iso.org/committee/375396/x/catalogue/p/1/u/0/w/0/d/0〉

**5. 与国际文件的一致性程度标识**

凡起草与国际文件存在一致性程度的我国标准，在其规范性引用文件清单所列的标准中，如果某些标准与国际文件存在着一致性程度，则应按照 GB/T 1.2—2020《标准化工作导则 第 2 部分：以 ISO/IEC 标准化文件为基础的标准化文件起草规则》的规定，标示这些标准与相应国际文件的一致性程度标识。具体标示方式可见 GB/T 1.2 的规定（4.1.1）。

## 六、提及文件具体内容

凡需要提及文件具体内容时，不应提及页码，而应提及文件内容的编号（见示例 11-27）。

**示例 11-27**

——章或条表述为："第 4 章""5.2""9.3.3b）""A.1"；

——附录表述为："附录 C"；

——图或表述为："图 1""表 2"；

——数学公式表述为："公式（3）""10.1 中的公式（5）"。

资料来源：GB/T 1.1—2020，9.5.3

## 七、标准正文中的引用文件

除了"2 规范性引用文件"一章外，在标准正文中的引用文件也分为注日期引用和不注日期引用。注日期引用意味着被引用文件的指定版本适用。凡不能确定是否能够接受被引用文件将来的所有变化，或者提及了被引用文件中的具体章、条、图、表或附录的编号，均应注日期（见示例 11-28）。

注日期引用的表述应指明年份，包括"文件代号、顺序号即发布年份号"，当引用同一个日历年发布不止一个版本的文件时，应指明年份和月份；当引用了文件具体内容时应提及内容编号（9.5.4）。

**示例 11-28**

"……按 GB/T ×××××—2011 描述的……"（注日期引用其他文件）

"……履行 GB/T ×××××—2009 第 5 章确立的程序……"（注日期引用其他文件中具体的章）

"……按照 GB/T ×××××.1—2016 中 5.2 规定的……"（注日期引用其他文件中具体的条）

"……遵守 GB/T ×××××—2015 中 4.1 第二段规定的要求……"（注日期引用其他文件中具体的段）

“……符合 GB/T ×××××—2013 中 6.3 列项的第二项规定的要求……”（注日期引用其他文件中具体的列项）

“……使用 GB/T ×××××.1—2012 表 1 界定的符号……”（注日期引用其他文件中具体的表格）

对于注日期引用，如果随后发布了被引用文件的修改单或修改版，并且经过评估认为有必要更新原引用的文件，那么发布引用那些文件的文件自身修改单是更新引用文件的一种方式。

不注日期引用，意味着被引用文件的最新版本（包括所有的修改单）适用。只有能够接受所引用内容将来的所有变化（尤其对于规范性引用），并且引用了完整的文件，或者未提及被引用文件具体内容的编号，才可不注日期。

不注日期引用的表述不应指明年份，应只提及“文件代号和顺序号”；当引用一个文件的所有部分时，应在文件顺序号之后标明“(所有部分)”（见示例 11-29）。

**示例 11-29**

“……按照 GB/T ××××× 确定的……”

“……符合 GB/T ×××××（所有部分）中的规定”

如果不注日期引用属于需要引用被引用文件的具体内容，但未提及具体内容编号的情况，可在脚注中提及所涉及的现行文件的章、条、图、表或附录的编号。

# 第六节　参考文献、目次和索引

## 一、参考文献

参考文献为可选要素，也是资料性要素，用来列出文件中资料性引用的文件清单，以及其他信息资源清单，以供参阅（8.13）。

如果有参考文献，则应置于最后一个附录之后。该要素不应分条，列出的清单可以通过描述性的标题进行分组，标题不应编号。

文献清单中每个参考文献前应在方括号中给出序号。文献清单中所列的文献（含在线文献）以及文献排列顺序等，均应符合规范性引用文件清单的相关规定。但如列出国际标准、国外标准和其他文献无须给出中文译名。

GB/T 1.1—2020 对于参考文献没有给出太多的限制。只要不是被“规范性引用”，即在“规范性引用文件”一章的文件清单以外的文件都可以列入参考文献；只要这些文献在文件中（包括在注、图注、表注等处）被提及或被资料性引用，甚至在文件起草过程中，参考过的文件也可以列入参考文献。

参考文献的编写需要注意以下两个问题：

（1）不应将参考文献编成一个资料性附录，这是两个内容，是互相独立的；

（2）参考文献排列顺序的规则与规范性引用文件清单相同，不同的是，参考文献中如果列出国际、国外标准或其他国外文献，只要直接给出原文即可，无须给出中文译名。

## 二、目次

目次为可选要素。为了呈现文件的结构，方便查阅，通常设置目次是必要的。根据所形成的文件的具体情况，应依次对下列内容编写目次列表（8.2）：①前言；②引言；③章编号和标题；④条编号和标题（需要时列出）；⑤附录编号、“（规范性）”/或“（资料性）”和标题；⑥附录条编号和标题（需要时列出）；⑦参考文献；⑧索引；⑨图编号和图题（含附录中的），（需要时列出）；⑩表编号和表题（含附录中的），（需要时列出）。

具体编写目次时，在列出上述内容的同时，还应列出其所在的页码。如果使用《标准化文件编写工具软件（SET 2020）》的话，目次是可以由系统自动生成的。

如果需要设有目次的话，以“目次”作标题，并置于封面之后。

对于那些层次结构较复杂的文件，设置目次是有必要的，可以使文件使用者迅速了解文件的结构，并可以通过目次给出的章、条、附录等的标题直接检索和查阅文件的相关内容。尤其是使用电子文本的话，可以快速定位到所需要阅读的位置。

虽然目次是可以通过编写模板系统自动生成的，但在要素的选择上，仍需要注意以下问题。

（1）下述各项是应列出的内容：前言、引言（如果有的话）、章的编号及其标题、附录（如果有的话）[（包括附录编号、（规范性）”/或“（资料性）和附录标题）]、参考文献（如果有的话）和索引（如果有的话）等。

（2）除了上述内容之外，其他内容可根据需要选择列出带有标题的条、附录的条、图、表等。列出图表目次时，如设置了图的目次，则表（如果有的话）的目次也应设置。

（3）列出条的目次中正文和附录的条的层次应保持一致，如果正文列到第二层次的条，附录中的条也应列到第二层次（如果有的话）。

（4）“术语和定义”一章中的术语，不应在目次中列出。从这一章的编排格式可看出，术语和其条目编号没有被排在同一行，因此术语不是条的标题。因而不是条标题的术语不应在目次中列出（编写模板系统也能自动识别）。但是，如果“术语和定义”一章中进一步分条，那么相应的条编号及其标题，应与其他条一样按照需要列入目次。

## 三、索引

索引为可选要素。如果有索引，则应作为标准的最后一个要素。电子文本的索引宜自动生成（8.14）。如果需要设置索引，则应以“索引”作标题。

索引也是资料性要素，与“参考文献”一样，也不应编成一个资料性附录。

与目次类似，编写索引也是为了快速和方便检索标准的相关内容，增加标准的适用性。但与目次不同的是，目次是按标准的结构和章条前后顺序来排序和检索的；而索引一般以文件中的“关键词”作为检索对象，如果索引的关键词较多时，则以关键词的汉语拼音顺序作为索引顺序。

大多数旅游标准一般都不编写索引，但按照规定，我国的“术语标准”和“图形符号标准”中都应编写索引。目前，与旅游相关的“术语标准”和“图形符号标准”有：GB/T 16766—2017《旅游业基础术语》、GB/T 31175—2014《休闲基础术语》、GB/T 28101—2011《城市公共休闲服务与管理 基础术语》、GB/T 10001.2—2021《公共信息图形符号 第 2 部分：旅游休闲符号》等，这四个标准都设有索引。术语标准的索引编写规则可以参考示例 10-22、示例 10-23 及其说明。

# 第四编　旅游标准化管理

# 第十二章　旅游标准化管理概述

旅游业是我国较早利用标准化进行行业管理的部门，《旅游饭店星级的划分与评定》不仅对于我国旅游饭店业的发展影响深远，而且在服务行业也产生了很好的示范效应，星级服务的概念已为广大消费者所接受。类似地，《旅游景区质量等级的划分与评定》使 A 级旅游景区的概念深入人心。这两部标准对于旅游行业的管理发挥了积极的作用。但另一方面，还有一些旅游业标准并没有起到应有的作用，自发布之日起就被束之高阁。有些标准市场认同度低，可操作性差，制标立项的前期调研不充分，标准的针对性不强，需求不明确，适用范围过于宽泛，标准发布后贯标不力等。总之，标准化是一个管理系统工程，远不止写一个标准化文件这么简单（尽管编制一个好的标准化文件也非易事），但制标只是标准化管理中的一个环节和组成部分，制标的目的最终是“贯标”和“达标”。

## 第一节　旅游业制标的过程管理

### 一、旅游业标准制定的工作流程

与西方国家不同，我国旅游标准化建设一直是由政府主导的，旅游业标准化工作是由国家旅游局牵头组建的全国旅游标准化技术委员会（SAC/TC 210，简称“全国旅标委”）具体负责，早期该委员会秘书处设在国家旅游局企业监管司标准化处。2018 年 3 月文化和旅游部成立后，旅游业标准化工作由科技教育司标准和装备处归口管理，全国旅标委（TC 210）的秘书处转入旅游质量监督管理所。

标准化工作首先是对于旅游业发展现状进行调研，摸清需要标准化的对象、要素和范围，并根据标准化建设情况（如标准的系统化、体系化和综合标准化等）进行立项申请，上报国家市场监督管理总局（原国家质量监督检验检疫总局）和国家标准化管理委员会（SAC，简称“国标委”）审批；审批通过后以招标或定向委托的方式组织业内相关专家进行编制工作；标准的审查工作也是由文化和旅游部标准化处组织“全国旅标委”委员和业内专家完成；审查通过后提交标准文本（报批稿）到国家市场监督管理总局和国家标准化管理委员会发布；标准发布后实施、宣贯、认证、监督和复核等工作也由文化和旅游部相关部门组织相关专家进行。

旅游业行业标准的制修订流程和国家标准大致相同，但标准的审批和发布无须上报国家市场监督管理总局和国家标准化管理委员会，直接由文化和旅游部审批和发布，并在国家市场监督管理总局和国家标准化管理委员会备案即可。

地方各级旅游类标准则由各级文旅局报同级质量技术监督局立项审批，然后由当地文旅局组织相关专家编写和评审，评审通过后报同级质量技术监督局发布；宣贯、实施和监督也同样由当地文旅局组织相关专家进行。地方标准在内容上应符合当地旅游业发展的实际需要，在要素上一般应高于国家标准。

团体标准是依法成立的社会团体为满足市场和创新需要，协调相关市场主体共同制定的标准。“对具有先进性、引领性，实施效果良好，需要在全国范围推广实施的团体标准，可以按程序制定为国家标准”（《国家标准管理办法》2022 年版第十六条）。国家实行团体标准自我声明公开和监督制度，鼓励团体标准通过标准信息公共服务平台向社会公开（《标准化法》第二十七条）。

企业标准由企业根据需要进行立项制标。国家实行企业标准自我声明公开和监督制度，企业应当公开其执行的强制性标准、推荐性标准、团体标准或者企业标准的编号和名称；企业执行自行制定的企业标准的，还应当公开产品、服务的功能指标和产品的性能指标。鼓励企业标准通过标准信息公共服务平台向社会公开。企业应当按照标准组织生产经营活动，其生产的产品、提供的服务应当符合企业公开标准的技术要求（《标准化法》第二十七条）。

## 二、标准系列报批文件资料

一项旅游国家标准从立项到发布，需要编写和修改一系列的文件，按照工作程序依次如下。

**1. 立项阶段**

编写立项申请书或者建议书和“标准化文件（草案）”。项目申报书应当说明制定国家标准的必要性、可行性，国内外标准情况、与国际标准一致性程度情况，主要技术要求，进度安排等。国家“鼓励提出国家标准立项建议时同步提出国际标准立项申请”

（《国家标准管理办法》2022 年版第六条）以及“鼓励同步开展国家标准中外文版制定”（《国家标准管理办法》2022 年版第七条）。立项申请者可根据需要选择是否提出国际标准立项申请和同步开展国家标准中外文版制定工作。

《国家标准管理办法》2022 年版第三条中指出，对保障人身健康和生命财产安全、国家安全、生态环境安全以及满足经济社会管理基本需要的技术要求，应当制定强制性国家标准。

**2. 评估阶段**

国家市场监督管理总局组织国家标准专业审评机构对申请立项的国家标准项目进行评估，提出评估建议。

对于旅游国家标准评估一般包括下列内容：

（1）本领域标准体系情况；

（2）标准技术水平、产业发展情况以及预期作用和效益；

（3）是否符合法律、行政法规的规定，是否与有关标准的技术要求协调衔接；

（4）与相关国际、国外标准的比对分析情况；

（5）需要在全国范围内统一的技术要求，可以制定国家标准，包括下列内容：

——通用的技术术语、符号、分类、代号（含代码）、文件格式、制图方法等通用技术语言要求和互换配合要求；

——资源、能源、环境的通用技术要求；

——通用基础件，基础原材料、重要产品和系统的技术要求；

——通用的试验、检验方法；

——社会管理、服务，以及生产和流通的管理等通用技术要求；

——对各有关行业起引领作用的技术要求；

——国家需要规范的其他技术要求。

对拟立项的国家标准项目，国家市场监督管理总局应当通过全国标准信息公共服务平台向社会公开征求意见，征求意见期限一般不少于三十日。必要时，可以书面征求国务院有关行政主管部门的意见。

对立项存在重大分歧的，国家市场监督管理总局可以会同国务院有关行政主管部门、有关行业协会，组织技术委员会对争议内容进行协调，形成处理意见。

国家市场监督管理总局决定予以立项的，应当下达项目计划，如决定不予立项的，应当及时反馈并说明不予立项的理由。

**3. 起草阶段**

编写“标准文件（工作组讨论稿）”，这是供编制组内部讨论稿使用的，修改后才形成“征求意见稿”。征求意见的方式可以是网上公示，也可以召开征求意见会，还可以是通过邮件（线上或线下）寄送给相关的专家。经整理和修改后形成送审讨论稿，并填写“意见汇总处理表”。

**4. 送审阶段**

送审讨论稿经编制组内部讨论修改后形成“标准文件（送审稿）”，并编写《编制说明》，连同之前的“意见汇总处理表”一起作为提交给审查会的文件资料。除了召开审查会外，也可以利用函审的方式进行。如果是函审的话，则应形成《函审结论（附专家名单）》。如果是召开审查会的话，须有《会议纪要（附专家名单）》，将“会审”（或“函审”）得出的意见整理成“会审（函审）意见汇总表”（与“意见汇总处理表”类似），修改后形成“标准文件（报批稿）”。

**5. 报批阶段**

如果编制的是国家标准，应向国家市场监督管理总局提交《标准文件（报批稿）》《编制说明》《会议纪要（附专家名单）》，或者《函审结论（附专家名单）》以及“征求意见处理表”“会审（函审）意见处理表”。如果编制的是地方标准，应向当地质量技术监督局提交《标准文件（报批稿）》《编制说明》《简要说明》以及“意见汇总表”和《会议纪要》等。

总之，一项旅游标准从立项申请到发布实施，要经过“四稿”（征求意见稿、送审稿、报批稿、出版印刷稿）和“两会”（征求意见会、审查会）。如遇特殊情况，也可以采取网上公示、函审等其他形式。

## 第二节　旅游标准的复审

### 一、标准复审的概念及目的

标准复审是指对使用一定时期后的标准，由其归口部门或专业标准化技术委员会组织有关单位根据我国科学技术的发展和经济建设的需要，对标准的技术内容和指标水平进行重新审核，以确认标准的有效性。在进行标准复审前，主持标准复审的单位要广泛收集贯彻执行标准中所发现的问题、有关方面的意见以及相关标准的情况。

标准颁布后，有一个相对的稳定时期。在此期限内，标准应始终适应经济技术发展的需要。高水平的标准能促进社会经济技术和企业生产的发展。当标准水平相对落后于社会经济技术发展时，就失去了其应有的价值，应当及时地进行复审。

标准复审的主要目的是确认标准的有效性。随着科学技术和社会经济的发展，标准内容需要不断地更新，适时地制定新标准，修订原有标准，废除已经过时或即将过时的标准，将先进的科学技术成果和生产实践经验纳入标准中，从而提高标准的适用性，保证标准的先进性和合理性，使标准在科学技术发展和经济建设中发挥其应有的作用。

## 二、标准复审的周期

一项标准自发布实施之日起至该标准复审重新确认、修订或废止的时间，即为标准的复审周期。每项标准的复审周期一般不超过五年。

不同类型的标准具有不同的稳定时期。因此，它们的复审周期也不一致。例如，基础标准是一定范围内标准化对象的共同性因素，包括对概念、术语、数据、通则等所做的统一规定。它在一定范围内作为制定其他标准的依据，对标准的制定具有普遍的指导意义。因而，这一类标准稳定时间长，其复审周期应长一些。技术方法标准，如试验方法、检验方法、抽样方法、操作规程、施工规范、设计规范等，是实现产品标准和工作标准的重要手段，对于推广先进方法，提高工作效率，保证工作结果的准确一致，具有重要意义。随着科学技术的发展，这类标准稳定时期比基础标准短，其复审周期也相应短一些。产品标准和工作标准，随着产品的更新换代，变化就更快，稳定时期更短，其复审周期相应也就更短。

总体上看，旅游标准中大多数是服务标准和管理标准，时效性不是太强，但有的旅游标准是服务于国家战略和政策文件的，随着国家战略和政策的调整，相应的标准也应相应作出变化，或废止或修订。此外，一些涉及信息技术、新能源和新材料在旅游业的推广应用的标准，也应随着技术更新迭代或重要参数的变化，相关的旅游标准也应随之作出修订。

## 三、标准复审的机构

标准的复审是一项比较复杂细致的工作，需要有一个明确的机构来负责。一般来说，组织标准复审的机构应当是负责制定该项标准的主管部门（如文化和旅游部）、标准化技术委员会或归口单位（如“全国旅标会”），由它们负责组织对标准技术内容和指标水平重新审核，从而确认该项标准的有效性，得出标准复审的结果。

## 四、标准复审的结果

标准复审的结果有以下几个方面。

**1. 予以确认**

经过复审，认为标准技术内容不作修改仍能符合当前科学技术水平，适应生产、建设、使用需要和市场需要，则确认其继续有效。经确认的标准，不改变标准的编号和年号。当标准再版时，在标准封面上国家标准编号下写明“××××年确认有效”字样。

**2. 修改或补充**

经过复审，认为标准技术内容不够完善，或者不完全切合实际和当前科学技术水平，需要对标准条款、图、表等作少量修改和补充，或者对标准局部进行个别、少量的修改或补充。在这种情况下，则需发布标准的“修改通知单”。

**3. 标准解释**

国家标准由国家市场监督管理总局解释，国家标准的解释与标准文本具有同等效力。解释发布后，国家市场监督管理总局应当自发布之日起二十日内在全国标准信息公共服务平台上公开解释文本。

对国家标准实施过程中有关具体技术问题的咨询，国家市场监督管理总局可以委托国务院有关行政主管部门、行业协会或者技术委员会答复。相关答复应当按照国家信息公开的有关规定进行公开。

**4. 修订**

经过复审，认为标准主要技术规定需作较大的修改才能适应当前生产、建设、使用需要和市场需要，以及科学技术发展水平的需要，这就要求将标准修订项目列入标准制修订计划，按照标准的制定程序进行修订。修订后的标准，其编号不变，仅将年号改为新修订的年号。

**5. 废止**

经过复审，认为标准的技术内容已不适应当前经济建设、科学技术和市场发展的需要，或者已经被新的标准所代替，以及无存在必要的标准，应当予以废止。标准的废止由原标准的审批机关批准、发布。

# 第三节　旅游标准的实施

标准的实施是指有组织、有计划、有措施地贯彻执行标准的活动，是标准管理、制定和使用各方将标准规定的内容贯彻到生产、过程、服务、使用等领域中去的活动过程。实施标准是上述各方的共同任务，是标准化的目的之一。

## 一、标准实施的重要性

**1. 只有通过标准的实施，才能体现出标准的作用及效果**

标准只有在实际中贯彻实施之后，其作用和效果才能产生并体现出来。如果一项标准制定出来后，仅仅停留在纸面上而不能贯彻实施，是不会自动产生任何作用的，更无所谓标准化效果可言了。

**2. 只有通过标准的实施，才能真正地衡量、评价标准的质量和水平**

只有将标准贯彻实施到生产、技术及贸易活动中，才能真正地衡量、评价标准的质量和水平。标准中规定的技术内容和指标水平是否先进、合理，需要通过标准的贯彻实施来检验。

**3. 只有通过标准的实施，才能使标准不断地由低级向高级发展**

任何一项标准，都需要在实施过程中，随生产的发展和技术的进步而不断更新、不断修订。标准制定—实施—修订（或再制定）这样一个不断发展、循环往复的过程，就是标准由低级向高级逐渐发展的过程。如果离开标准的实施，这个过程便终止了。所以，贯彻实施标准是标准化活动的关键环节，是标准不断向前发展的内在动力。

## 二、各级组织在标准实施中的作用

一项新发布的标准，无论其怎样先进，要使它得到全面的贯彻就一定要做大量的工作。贯彻标准的工作决不是哪一个部门的事，也不是只靠企业自己努力就能做好的，它需要各方面的密切配合，分工协作。

### （一）标准化主管部门

标准化主管部门在标准贯彻过程中要抓好以下几项工作：

（1）调查研究，提出建议，从政策措施上鼓励贯彻各类标准和采用国际标准；

（2）对需要采取措施组织贯彻的标准项目，应编制计划，提出要求；

（3）对需要强制执行的重点标准，要下达专门的强制性指令；

（4）建立、健全产品和服务质量监督检验与认证制度，培训人员，开展工作；

（5）动员本行业的技术开发中心、标准化归口单位、高等院校及骨干企业的技术力量，为全行业贯彻标准进行技术准备及技术攻关工作。

在加强宏观控制，运用经济杠杆、法律手段等，特别是在确定政策及监督执行方面，多做工作，注意抓社会效益，并使企业在积极贯彻标准上得到实惠。例如，实行产品和服务许可证制度，推行产品和服务质量监督检验与认证制度，优先安排新产品研制、技术引进、技术攻关、技术改造方面的项目。

除此之外，还有必要组织力量帮助基层编写宣贯材料，有的标准还需要在全面贯彻之前选择若干单位试行，以便总结经验，发现问题。

### （二）归口单位

归口单位的主要工作是从技术上当好参谋，给有关部门提出有效实施的建议和指导企业的标准贯彻工作。具体工作有以下几个方面。

（1）在贯彻标准时，要帮助主管部门做好组织、宣传、推动工作。

（2）在贯彻标准过程中，要做好技术咨询工作，解答基层提出的问题；必要时，承担行业中普遍需要的技术准备、技术攻关任务，参与试点工作。

（3）在个别情况下，还要做好信息沟通和物质准备工作。

### （三）企业、事业单位

企业、事业单位是贯彻标准的主要对象。在一个企业、事业单位里贯彻标准，往往涉及设计、工艺、工装、计划、加工、检验、供应、财务等环节。特别是新旧标准的交替，往往会给企业带来许多新的问题。因此，在企业、事业单位里必须有统一的领导，实行周密计划，相互协调，避免混乱。此外，还必须做好充分准备。首先是思想准备，向有关人员讲解标准，明确具体要求，统一思想认识；其次是技术装备，包括新旧标准如何交替过渡，技术关键如何突破、老产品如何处理等；最后是物质准备，不仅要准备足够的技术资料，还要准备材料、外购件、外协件、设备、工具、测试仪表等，只有这样才能保证按新标准正常生产。在贯彻过程中，有关人员要深入实际，具体指导，及时纠正偏差。

企业实施的标准不尽相同，大体有以下几种。

（1）直接利用上级各类标准。如安全、卫生及一些基础性标准，企业可以直接使用上级标准。

（2）选用。即从上级各类标准中选取企业需用的一部分标准。

（3）补充。在贯彻标准时，适当地制定一些补充内容的企业标准。

（4）配套。目前，虽然国家强调成系列地制定标准，但是，实际上往往不可能或来不及把某一方面的标准全部制定出来。企业为了配套就可以再制定一些配套标准。

（5）完全由企业制定标准。这是由于上级各类标准不适用，或者是经过分析后，决定制定较高指标的企业标准。

## 三、标准实施的程序

标准实施是一项复杂细致的工作，涉及生产、技术、使用、经营、管理等许多部门，在企业内部涉及科研、设计、工艺、生产、检验、供销、财务、计划等各个方面。因此，标准实施必须有计划地做好安排，各个方面协调一致地进行工作。一般说来，标准的实施工作大致可分为计划、准备、实施、检查和验收、总结等五个阶段。

### （一）计划阶段

在具体实施标准之前，根据实施标准的具体领域或单位的实际情况，制订出标准实施的工作计划或方案。

标准实施工作计划的主要内容为贯彻标准的方式、内容、步骤、负责人员、时间安排、达到的要求和目标等。

在制订计划或方案时，要考虑以下几个因素。

（1）从总体上分析实施标准的有利因素和不利因素，确定实施的先后顺序和应采取的措施。除了一些重大的基础性标准需要专门组织实施外，一般应尽可能结合或配合其他工作进行标准实施工作。例如，结合企业的新产品开发和老产品改进、技术改造以及企业的各项正常生产、经营活动来实施有关标准。

（2）要将实施标准的项目分解成若干项具体任务和要求，分配给各有关单位和个人，明确其职责，规定起止时间以及相互配合的内容与要求。

（3）根据所要实施的标准项目的难易程度和涉及面大小，选择合适的实施方式，有一些标准可以一次铺开、全面贯彻；有一些涉及面广，又有一定难度的标准，可先行试点，然后分期组织实施。

（4）要合理地组织人力，安排经费开支，既保证工作顺利进行，又不造成浪费。

### （二）准备阶段

准备工作是标准贯彻实施的最重要的环节之一。如果将准备工作看得过于简单，就很可能出现标准实施中发生问题忙于应付，甚至不得不停止标准实施的现象，就会严重影响标准的实施工作。实践证明，准备阶段的工作做得扎实细致，实施阶段即使发现问题，也能较从容地组织解决，实施工作就能比较顺利地进行，从而标准的作用及效果才能体现出来。

准备阶段一般应从四个方面进行，即组织准备、思想准备、技术准备和物质条件准备。

**1. 组织准备**

明确相应的组织机构和人员职责，以便对实施标准进行协调。标准的贯彻，尤其是重大基础标准的贯彻往往涉及面较广，需要统一安排，有专门组织机构负责才行。对于单一的较简单标准的贯彻，也至少要有专人负责。

在一个部门、一个企业贯彻标准时，要由负责人牵头，成立一个标准宣贯小组（可由计划、技术、标准化、检验、计量、供销等部门人员组成），统一研究实施标准的措施，处理新旧标准交替中需解决的问题。

标准的实施，大部分都是结合其他工作任务进行的，如结合新产品开发、技术改造等工作，这时，也应按少而精的原则调配标准化工作人员到相关的领导小组中去，以便了解情况，提出意见，协助解决标准实施的有关问题。

**2. 思想准备**

标准的实施过程中会遇到许多问题，这些问题的顺利解决除了一些技术原因外，更多的依赖于人们的思想认识。可以这样说，标准能否被实施，首先取决于人们的认识。在此基础上，标准实施的好坏，才谈得上技术方面的问题。可见，认识问题十分重要。人们认识到了实施标准的重要性，才能自觉地实施标准。所以，首先要从思想上对贯彻标准重要性有一个正确的认识。其次，要使标准使用者充分理解标准的技术内容，掌握标准中的关键点及难点。为此，要让权威人员对标准进行广泛的讲解。只有人们对标准有了较全面的掌握，并熟悉了标准的内容，理解了实施标准的重要性，才能在生产、经营和管理工作中自觉地去努力贯彻这些标准。因此，做好标准的宣传讲解，是一项不可缺少的准备工作。

**3. 技术准备**

技术准备是标准贯彻工作全过程的关键。要根据已编制的实施标准的计划来进行。重点做好以下工作。

首先，要为各类人员准备好实施标准所需的标准文本、相关标准、介绍资料、宣贯教材、挂图及其他图片资料、幻灯片以及声像资料等。其次，要针对某个行业、某类产品和工艺，提出新旧标准技术变化的对照表、注意事项及参考资料。

还有一些标准要进行贯彻的试点，在少数单位先行一步，取得经验，以便推广。对标准贯彻中存在的技术难题，要组织力量攻关解决，必要时要编写图册，选择样品，推荐方法及研制仪器设备，进行技术改造等。

**4. 物质条件准备**

标准的全面实施，要有一定的物质条件作为后盾。例如，为贯彻互换性标准所需的量具、仪器，贯彻产品标准所需的检测仪器装置；贯彻零部件、元器件标准所需落实的专业生产厂等。

### （三）实施阶段

在做好了标准实施的计划、准备等工作后，就正式组织标准的贯彻实施。这一阶段的中心工作就是要将标准规定的内容在生产、流通、使用等领域中加以贯彻执行。根据标准适用范围及工作任务的不同，灵活采用不同的实施方法，对实施过程中可能遇到的各种情况要有所区别，积极采取有力措施，保证标准的贯彻实施。标准正式实施后，有关人员就应严格按照标准规定进行设计、生产、施工和检验。

### （四）检查和验收阶段

检查是标准实施工作的重要环节。通过检查可以：

（1）理论联系实际地帮助标准实施单位准确地实施标准；

（2）促进标准实施工作的开展；

（3）发现标准实施中存在的问题，以便使下一步标准实施工作做得更好；

（4）发现标准本身存在的问题，给下一步修订标准打下良好的基础。

应从标准实施的计划阶段事先就检查工作作出明确的部署，要明确：

（1）检查什么；

（2）谁来检查；

（3）用什么方法检查；

（4）检查结果如何处理等。

通过检查验收，可以找出标准实施中存在的各种问题，采取相应措施，继续贯彻实施标准，如此反复检查几次，就可以促进标准的全面贯彻实施。

### （五）总结阶段

在标准实施工作告一段落时，应对标准实施情况进行全面的总结。总结应包括如下几个方面：

（1）技术；

（2）方法；

（3）标准贯彻实施中遇到的各种问题和意见；

（4）对下一步实施工作提出意见和建议；

（5）对标准本身的修改意见和建议。

应该指出：总结并不意味着标准实施工作的终止，只是完成了一次标准实施的过程。要通过总结达到对下一次实施工作起指导作用的目的。在标准整个有效期内，应通过不断地实施工作，使得标准的实施在深度和广度上不断推进，达到标准化水平不断提高的目的。

## 四、标准实施的要求

各类不同的标准各有其特点，贯彻实施的方法和侧重点也不完全相同，我们应区别不同的特点，提出不同的实施要求。

### （一）强制性标准的实施要求

我国《标准化法》第二条规定：强制性标准必须执行。第二十五条规定：不符合强制性标准的产品、服务，不得生产、销售、进口或者提供。

强制性标准与人体健康和人身财产安全密切相关，是标准实施的重点。在标准制定过程中，其他各类标准的规定不得与强制性标准相抵触。在标准的贯彻执行过程中，国家在创造执行强制性标准条件的同时，采取措施依法强制推行，凡是违反强制性标准规定的各种行为，都将受到法律的惩罚。这是有关法律及法规赋予强制性标准的法律效力。所有生产企业、经销单位在生产产品、销售产品或进口产品时，都必须严格执行强制性标准，不得擅自更改或降低标准规定。贯彻实施强制性标准，必须强调其法制性和严肃性。

### （二）推荐性标准的实施要求

我国《标准化法》第二条规定：国家鼓励采用推荐性标准。

国家将采取产品质量认证、合格评定、技术措施优先列入计划等多种优惠政策和措施，推动企业积极采用推荐性标准。国家对于推荐性标准鼓励企业自愿采用的规定，是为了适应我国经济体制改革和社会主义市场经济发展的需要而作出的。在企业保证认真执行强制性标准的情况下，可以根据实际需要，结合自身特点，自愿采用推荐性标准。但是，一项推荐性标准一旦被国家法律法规文件所引用，则在一定范围内该项标准便应强制执行。推荐性标准纳入企业标准体系或企业声明某项推荐性标准已作为企业组织生产、交货和服务交付的依据时，企业也必须认真执行，并可以作为标准化行政主管部门对该企业贯彻执行该项标准情况的监督检查依据之一。

**（三）出口产品的技术要求**

我国《标准化法》第二十六条规定：出口产品、服务的技术要求，按照合同的约定执行。

对于出口产品的技术要求，可以根据我国或进口国买卖双方合同中约定的标准或技术要求来执行。这里双方合同中约定的标准，可以是我国的各级标准、进口国的标准、第三国的标准或者是国际标准等，也可以是其他技术要求。

按照《标准化实施条例》的规定：出口产品在国内销售时，属于我国强制性标准管理范围的，必须符合强制性标准的要求。进口产品没有强制性标准而有推荐性标准时，签订合同应优先采用推荐性标准。

由于在国际贸易中，各国生活习惯、消费水平差异很大，用户的要求和消费层次很不一样，所以，不宜制定出一个统一的出口产品标准去适应不同国家和地区、不同用户的需要。

另外，如果单独制定了出口标准，反而可能无法适应不断变化的国际市场，会阻碍我国产品进入国际市场。所以，为了便于我国企业的产品出口，发展对外贸易，出口产品的技术要求应依照合同双方的约定，并且不得单独制定出口标准。因此，对于出口产品的技术要求，标准的实施充分体现在合同双方为了适应不同市场对适合标准的选择。

国际旅游作为国际服务贸易与货物贸易不同，旅游是人的流动。在国际贸易中，我国接待入境旅游者是服务出口，而我国旅游者的出境旅游是服务进口。目前，我国出境旅游成为全球旅游市场中发展最快、最具消费潜力的新兴市场，这也是我国旅游业在国际市场上争夺“话语权”和“议价权”的前提和基础。西方国家旅游目的地为了吸引我国旅游者，在旅游接待服务方面，修改了设施和服务接待标准，如在饭店客房里添设电水壶、中文报刊和电视中文频道等，以满足中国游客的需要。

**（四）企业研制新产品、改进产品，进行技术改造的标准化要求**

我国《标准化法》第二十八条规定：企业研制新产品、改进产品，进行技术改造，应当符合本法规定的标准化要求。

如何才能符合标准化要求呢？一般情况下主要应包含以下几方面的要求。

（1）在新产品研制、老产品改进和技术改造过程中，应注意贯彻执行各类标准的技术要求，尤其要注意贯彻执行强制性标准。

（2）产品设计时，各种科技文件的格式、名词术语、符号等要符合标准要求。

（3）注意工艺和工装标准化，要制定出工艺标准和工装标准。

（4）新产品和改进产品在试制过程中，应提出产品标准草案，试制过程中的各个环节要符合标准的规定。

（5）新产品和改进产品在投产前，要制定出完整的产品质量标准，并按标准对产品质量进行评价。

（6）使用的原材料和外购器材，要符合原材料标准和外购器材标准的要求。

### 五、产品质量认证中标准实施的要求

产品质量认证制度是世界上许多国家普遍推行的表明产品质量符合标准的制度。认证所采用的标准，是我国国家标准或行业标准。它们既可以是强制性标准（国家标准），也可以是推荐性标准。无论是哪一级标准或者是哪一种性质的标准，一旦被指定为认证用标准，申请产品质量认证的企业就应严格遵守。标准化行政主管部门必须依据认证用标准对经过产品质量认证的企业实施监督检查，对未执行认证标准的企业应追究其法律责任。

根据国务院发布的《中华人民共和国产品质量认证管理条例》的规定，我国产品质量认证可分为合格认证和安全认证两种。产品合格认证是依据有关产品质量性能标准，对产品的质量性能进行认证和监督检验；产品安全认证是依据有关的安全标准对产品的安全性能进行认证和监督检验。

## 第四节　标准实施的监督

### 一、标准实施监督的概念

标准实施监督是贯彻执行标准的手段，是提高产品质量与取得经济效益的措施，是标准化工作的重要组成部分。标准实施情况如何，可以通过监督机制进行检验。

标准实施监督是国家行政机关对标准贯彻执行情况进行监督、检查、处理等的活动。它是政府标准化行政主管部门和其他有关行政主管部门领导和管理标准化活动的重要手段。其目的是促进标准的贯彻，监督标准贯彻执行的效果，考核标准的先进性和合理性，通过标准实施的监督，随时发现标准中存在的问题，为进一步修订标准提供依据。同时，可通过对标准实施情况的监督，进一步发现与其他相关标准的关系，从而把标准化活动引向深入，推动标准化活动的良性循环。

## 二、标准实施监督的形式

标准实施监督必须建立严格的监督检验制度，并采取有效的政策和相应的措施，以便更好地督促、指导、检查和处理标准实施的各种问题。标准实施监督一般分为以下几种形式。

### （一）企业自我监督

这种监督是生产企业的一种内部监督，也可以说是第一方或供方的监督。从原材料进厂到产品加工、装配、包装入库，直至产品出厂为止，在各个生产阶段和工序之间都必须依据标准进行监督和检验。这种监督和检验是生产工序之一，是把好质量的第一关，是社会监督、行业监督和国家监督的基础。与工业产品不同，旅游产品是以服务为主的无形产品形态存在的，生产过程与消费过程是同步的，具有不可储藏性和较强的时效性。因此，对于旅游企业的内部监督与工业企业也不尽相同。

### （二）社会监督

这是一种社会性的群众监督，也可以说是第二方或用户和顾客的监督。这类监督由新闻媒介、人民团体、社会组织及产品经销者、消费者和用户对标准实施情况进行监督。一般是对出厂后的产品或者企业在所从事的直接影响人民生活及社会公共利益的活动中是否符合标准要求所进行的监督。例如，商业部门、物资部门、使用部门的监督和检验，以及广大消费者的反映意见等。群众对各种违反标准的现象，可以利用社会舆论、新闻报道、群众投诉、举报等多种形式进行公开揭露和批评。目前，对于旅游产品（服务）质量的社会监督除了上述几种形式外，游客在游中和游后通过旅游网站平台、自媒体等社交媒体上发布点评（点赞或吐槽等表情符号，以及文字描述或评论等）来评价旅游产品（服务）质量。

### （三）国家监督

这种监督是指国家授权，指定第三方具有公正立场的专门机构进行监督和检验。这是确保产品质量，提高经济效益、增强产品竞争力，保障国家经济权益和消费者利益的有效措施。

《标准化法》第三十二条规定："县级以上人民政府标准化行政主管部门、有关行政主管部门依据法定职责，对标准的制定进行指导和监督，对标准的实施进行监督检查。"因此，县级以上政府标准化行政主管部门对违反我国标准化法的行为，享有行使标准化法所规定的各项行政处罚的权利。

县级以上政府标准化行政主管部门，根据我国标准化法规定，对标准的实施进行监督检验，并设立专门的检验机构。国家级检验机构由国务院标准化行政主管部门会同国务院有关行政主管部门规划审查，地方级检验机构由省、自治区、直辖市政府标准化行政主管部门会同省、自治区、直辖市政府有关行政主管部门规划审查。这些检验机构的设置，为标准化行政主管部门的行政执法，提供了必要的技术保障。

**（四）行业监督**

有关行政主管部门的监督称行业监督。《标准化法》第五条规定，国务院有关行政主管部门分工管理本部门、本行业的标准化工作。因此，各行业主管部门对本部门、本行业内标准实施情况有进行监督检查的责任。这种监督是行政管理需要的监督。

上述四种监督是相互补充、相辅相成的。企业监督是一切监督的基础，也是企业提高自身产品质量，加强产品的市场竞争力的重要手段；国家监督和行业监督是为提高全社会的产品质量、保障消费者的权利，从国家的角度进行的监督；社会监督是对国家监督的补充，它虽不具备法律特性，但具有广泛的群众性。各种监督是为了保证产品的质量，目的是一致的。

对标准的实施进行监督检查时，主要依据国家标准、行业标准、地方标准、团体标准和企业标准进行检查。其中，强制性标准是标准实施监督的重点内容，凡不执行强制性标准要求的行为，都将依法承担法律责任，其行为人将受到法律制裁；对于国家标准、行业标准中的推荐性标准，国家鼓励企业自愿采用，推荐性标准企业一经采用，作为组织生产依据的，也将属于监督检查的对象；国家标准和行业标准中无论是强制性标准（国家标准）还是推荐性标准，只要被指定为产品质量认证所使用的标准，也属于实施监督检查的对象；企业已经申报备案的产品标准，也应作为监督检查对象，从而保证企业产品标准的先进性和适用性，杜绝企业产品的无标生产现象；企业在研制新产品、改进产品和进行技术改造活动中所采用的其他一些标准，也应当列入监督检查的对象，以促使企业技术改造的合理化和发展新品种，达到提高质量和降低生产成本的目的。

## 第五节　旅游标准的认证

### 一、质量认证概述

一般来说，质量认证主要是指产品和服务的质量认证。

（1）产品质量认证是由第三方认证机构依据特定的标准，按规定的程序对特定的产品是否满足规定要求而给出的书面证明的全部活动。

（2）国际标准化组织ISO导则《标准化、认证与实验室认可的一般术语及其定义》中定义：“合格认证由可以充分信任的第三方证实某一经鉴定的产品或服务符合特定标准或技术规范的活动。”

（3）国际标准化组织合格评定发展委员会（ISO/CASCO）负责制定评定方法及有关认证的指南。

（4）ISO/CASCO明确将所有的关于质量评价活动，包括企业自我声明、第二方或第三方的检验、检查、验证、确认等评价活动或论证、注册活动以及它们的组合通称为合格评定活动。典型事例有：抽样、测试和检验、评价、验证和合格保证（供方声明、认证），注册、认可和批准以及它们的组合。

合格评定可以理解是：有关直接或间接地确定，证实主题事项是否达到相应要求的活动。

（5）合格评定程序是为进行合格评定活动而规定的途径和方法，用以指导对产品、过程或服务满足规定要求的程度而进行系统检查和确认活动的规范性文件。

## 二、认证类型的管理

（1）按认证性质分：强制性认证和自愿性认证。

（2）按认证的种类分：①安全认证：必须符合强制性标准要求；②合格认证：必须符合有关国家或行业标准要求。

国家《强制性产品认证管理规定》要求按《中华人民共和国实施强制性产品认证的产品目录》有：电线电缆、低压电器、小功率电动机、电动工具、电路开关及保护或连接装置、家用及类似用途设备、音频视频设备、信息技术设备、农机产品、电信终端设备、机动车辆及安全附件、机动车轮胎、安全玻璃、乳胶产品、医疗器械产品、安全技术防范产品、食品等。

（3）国家市场监督管理总局授权国家认证认可监督管理委员会负责全国强制性认证制度的管理和组织实施。

（4）强制性产品认证的程序：①认证申请和受理；②型式试验；③工厂审查；④抽样检测；⑤认证结果评定和批准；⑥认证后的监督。

## 三、旅游标准认证的特点

我们知道，产品可以分为有形和无形产品两种，服务产品主要是无形产品，但其中也往往包含有形的部分，如设施设备等。目前一些旅游等级的评定标准，其实就是旅游产品和服务标准的质量认证或合格评定。等级评定标准是各地和各旅游企业最为看重的旅游标准，尤其是那些市场认同度高、影响力大的等级标准（如五星级饭店、国家级AAAAA旅游景区、国家级旅游度假区、国家生态旅游示范区等），这些等级标准已经被认为是旅游目的地和旅游企业的品牌和形象。对其重视程度远高于其他旅游标准。但目前我国旅游业还有如下的国家标准和行业标准都是等级评定或资格认证标准。国家标准有：《内河旅游船星级的划分与评定》《旅游厕所质量等级的划分与评定》《旅游度假区等级划分》《旅游餐馆设施与服务等级划分》《国家生态旅游示范区认定》《民族民俗文化旅游示范区认定》《旅游汽车公司资质等级划分》等；行业标准有：《城市旅游集散中心等级划分与评定》《温泉企业服务质量等级划分与评定》等。这些标准都是对某一类旅游接待设施或某一种功能区进行等级的划分与评定或资格认证（如国家生态旅游示范区、民族民俗文化旅游示范区等），但这些标准有的没有积极推进后续的认证和贯标工作，有的即使通过了评定和挂牌，但市场认同度低，影响力小，没有收到预期的效果。此外，一些旅游业等级的划分与评定的标准，评分内容（如打分表）并不出现在标准文本及附录中，而是在实施细则中。由于一些标准的打分表涉及因子太多，指标体系庞杂，所赋的权重也不够科学合理，有些指标难以客观测度，可能会根据实际需要随时修改和微调。因此，不列入标准文本及附录是为了避免每遇一小处修改都需发布“修改通知单”的工作程序。但这样做的结果是，普通消费者或游客很难获得这些打分细则，也很难参与到评分或认证工作中。在评审过程中，往往存在评定专家个人的主观随意性强、自由裁量度大、评定透明度不高等弊端。未来旅游标准化发展应进一步改进标准的文本质量、完善认证程序和工作机制，让各相关利益方都能参与标准的认证，在认证制度设计上保证能够吸收各方合理的利益诉求。

# 第十三章　我国旅游标准化运行机制的提升与创新

2013 年上海市旅游局法规处和华东师范大学商学院完成了国家旅游局质量监管司标准化处委托的“旅游标准化运行机制研究”研究课题，就我国旅游标准化运行机制提出了未来改革方向和发展思路。这里我们择其重点予以简要介绍，部分内容和观点略有修改。

我国旅游标准化的运行机制是一个涉及标准体系的制修订、运行实施、宣贯推广、评估监督等环节的系统工程。

## 第一节　旅游业标准的制修订体系

结合国家标准体系的建设，不断完善旅游标准化框架体系，根据《全国旅游业标准体系表》，由各级旅游标准委员会为主来积极研制和修订各级各类的旅游标准。国家、行业、地方、团体、企业不宜重复制定标准，应分工明确、层次分明、各司其职、协调发展。

国家制定的标准和宣贯情况应让各地方知晓，国家已制定好的标准与重点推行领域，地方不再重复制定，而是应该积极地宣贯实施；地方从错位发展的角度，结合国家标准的空白点和自身优势，制定自己的标准，形成先行先试的试点，并向文化和旅游部备案。文旅部应通过国家级的认证中心对此类标准进行综合协调。同时，以“做大行标、突破国标”为原则，鼓励并促进行业标准的制修订和完善，更大程度上形成旅游产业的品牌效应和竞争优势。

## 第二节　旅游业标准化的分类实施

### 一、旅游标准化“三位一体”协同推进

体制的创新是旅游标准化不断向前发展的动力。我国的旅游标准化运行机制建设需

要分阶段进行。在当前阶段，仍适合各地政府主导旅游标准化发展，但随着相关市场机制的培育与成熟，旅游标准化机制则需要从政府主导向政府引导过渡，并逐步实现以企业和第三方机构为市场主体的旅游标准化运行机制。即按照政府的责任，市场的逻辑来推进，最终形成“政府引导，市场主导，企业主体，第三方（行业协会、中介组织、专业研究机构）推动”的科学体制和机制。

结合对我国国情的认识，按照分类管理的理念，推动我国旅游标准化管理工作的合力形成，应该来自以下三个层面。

（1）政府旅游标准化行政管理部门应充分调动各政府部门、各行业协会、企业集团的积极性，做实旅游标准化综合政策的设计与制度安排，引导全社会旅游标准化资源的有效配置，并适时调整政策方向和力度，努力实现目标，以此来体现旅游标准化工作的绩效。

（2）在旅游产业发展领域，作为旅游标准化工作主体的旅游企业，更要大力凸现旅游标准化工作创新的主体地位，持续加大对旅游标准化工作的自觉投入，积极参与国内外旅游标准化活动，并主动将先进经验转化为旅游标准，从而实现标准研发创新，进而形成先进生产力，逐步实现从“政府推动”到“企业主动”的根本转变。

（3）协会、学会等各类旅游标准化社会第三方组织必须主动释放自身的行业与专业优势，协助政府为企业提供及时、有效的旅游标准化专业管理和服务，牵头协调相关行业组织和技术机构开展分类培训和各种层次的学术交流活动，实现政府与企业之间旅游标准化需求的对接。

## 二、设立各地工作平台

旅游标准化的贯彻实施需要在同一目标下形成自上而下的垂直管理体系。旅游标准化工作在各地的长效推进，需要从更高的层面成立跨部门的旅游标准化工作机构以便协调不同行政管理部门的工作。这种机构应该是常设性的，最佳的状态是由法律法规或相关制度赋予该机构行政权力，真正从体制方面保障旅游标准化工作的持续、深入推进。

标准化应该是行业协调一致的产物，旅游标准化的运行涉及工业、农业、建筑业、交通、文化、林业、水利、商业、体育、教育、环保、卫生医疗等相关部门。标准化的贯彻和实施工作应该从大旅游角度切入，整合多种产业和部门，自上而下地建立一套垂直管理的协调机制。在文化和旅游部的指导下，在省市等层面逐一设置各地总召集人、办公室工作平台，建立联席会议或协调会议制度（见表 13-1）；以《国家标准化纲要》为工作抓手，全方位促进旅游标准化的贯彻落实和深入实施。

表 13-1　旅游标准化协调机制构成表

| 岗　位 | 设　置 |
|---|---|
| 总召集人 | 地方政府分管旅游的政府领导 |
| 召集人 | 各地文旅局主要行政负责人 |
| 办公室 | 设在各地旅游行政主管部门 |
| 组织成员 | 办公室设主任（地方旅游局分管标准化工作的副局长） |
| | 副主任（地方标准化主管部门、质监部门、旅游标准化技术委员会） |
| | 各成员单位指定 1 名局级干部为联络员，1 名处级干部为信息员 |

联席或协调单位成员、联络员、信息员因工作变动需要调整的，由所在单位书面提出，报联席会议或协调会议办公室确认。

协调机构的主要职责：建立联席会议或协调会议制度，形成会议纪要和专项工作制度，推出一揽子计划；统一管理、各司其职、分工推进、形成合力。

从管理组织上，文旅部应设立国家级的旅游标准化认证中心，地方应积极协助和配合，在此基础上形成联席会议或协调会议主要职责和议事规则，逐步完善旅游标准化工作联席会议或协调会议制度（见图 13-1）。

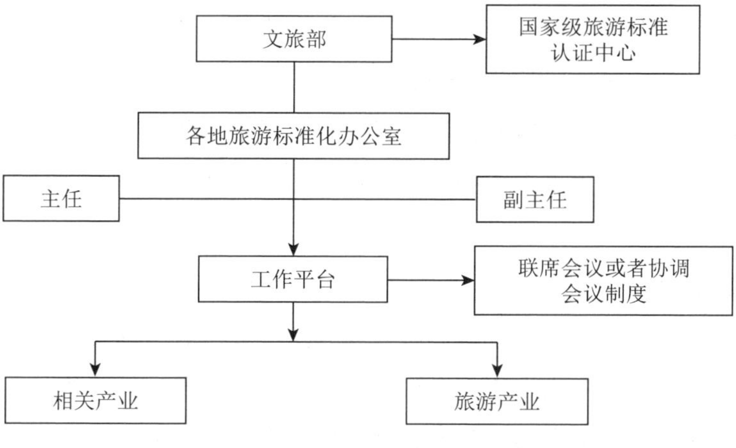


图 13-1　旅游标准化协调机制组织结构

## （一）主要职责

在文旅部的领导下，研究、确定全国旅游标准化工作中的重大事项和相关政策措施，为国务院决策提供意见建议；督促检查各地旅游标准化工作相关政策措施落实情况和任务完成情况，协调解决政策落实、标准制定和实施中的难点问题；负责审议涉及旅游事业发展、社会影响重大的国家 / 行业标准项目并督促检查上述标准的实施情况；适时向国务院、地方政府汇报旅游标准化工作情况，并向相关部委和省市人民政府通报。

## （二）议事规则

**1. 联席会议或协调会议每半年召开一次全体会议**

主要内容：学习贯彻国家关于标准化工作的指示和有关会议、文件精神；研究全国、各地旅游标准化发展战略及相关重要政策、法规；通报重点工作进展情况，分析存在的问题，提出完善政策措施的建议；研究其他重要事项。确因工作需要，可以临时召开全体会议或部分成员单位会议。全体会议由总召集人或召集人主持召开，联席会议或协调会议的成员及办公室工作人员参加。必要时，经会议召集人同意，可邀请有关单位列席。联席会议或协调会议以会议纪要形式确认会议议定事项，经会议召集人审定后印发各成员单位，同时报国务院。

**2. 适时向国务院、地方政府报告全国旅游标准化工作进展情况**

主要汇报有关旅游标准化重大政策、措施的拟定、落实和工作任务完成情况，总结推广各部委、各省市开展旅游标准化工作的经验和做法，分析存在的突出问题，为政府决策提供参考。由召集人代表联席会议或协调会议汇报，联席会议或协调会议有关成员参加。

不定期召开专门会议、开展专项活动和联合调研。联席会议或协调会议办公室根据全国和地方的年度标准化工作计划和阶段性工作安排，报请联席会议或协调会议召集人同意，可不定期组织各成员单位或部分成员单位开展联合调研、召开专项会议、进行专题研究，并及时向联席会议或协调会议各成员单位通报工作成果。各成员单位应结合各自职责的履行，指导和督促本系统和相关行业开展调查研究，通过多种形式，全面推进旅游标准化工作。

**3. 做好信息通报和交流**

各成员单位应按照联席会议或协调会议办公室的要求，及时提供相关资料信息。联席会议或协调会议办公室应根据工作进展情况，及时编写《旅游标准化工作联席会议或协调会议简报》报送文旅部和地方政府，并送联席会议或协调会议各成员单位。联席会议或协调会议办公室负责有关信息的收集和档案管理工作。

**4. 做好重大问题及对策建议的上报工作**

对地方旅游标准化工作中的重大问题及对策建议，应经联席会议或协调会议审议，形成共识后，上报文旅部和地方政府有关主管部门。

遇有意见分歧的，由召集人或联席会议或协调会议办公室主任负责协调；协调后仍不能形成一致意见的，联席会议或协调会议应将有关意见和理由报国务院决定。

### （三）操作模式

**1.“认证认可”模式**

在标准制修订的基础上，各项标准的宣贯和推广、评估主要通过两种操作路径：一是由文旅部自行成立认证中心，全面主导各项标准的宣贯和评估、监管工作；但这此类路径的工作量过大，宣贯和评估的推进主体也过于单一。二是委托第三方组建认证中心，文旅部采取政府采信、打包下放的形式，由第三方负责大部分标准的认证认可工作。

第三方“认证中心”模式的推行，使得标准化的宣贯执行和评估监管工作更为专业化，也更具技术性。但这一模式的不足在于，一方面，由第三方成立的认证中心的外包方式，一定程度上削弱了公信力，需要大力塑造市场的认可度和权威度；另一方面，认证认可所涉及的收费和利益问题会增加实际操作的难度，由此而衍生出一定的设租寻租、权力旁落与难以管控的困境。

**2.“合作伙伴”模式**

这一模式与“认证认可”模式相类似，即在各类旅游标准由旅标委等机构进行制定的基础上，文旅部广泛发动社会的力量，选择有资质的第三方机构作为合作伙伴，由第三方负责开展旅游标准的宣贯和评估工作；文旅部负责部分评估与监管工作。

“合作伙伴”模式能够更好地配置社会资源，调动多方力量；其主要的弊端在于，第三方机构的知名度、公信力难以保障，标准化运行过程中的执行力度、权威力度不够。

**3.“行业协会”模式**

这一模式主要是针对各类国标、行标、团标，对于制定好的标准，文旅部和各地的行业协会组织实施标准的宣贯、推广和评估工作；如无行业协会，则由各地旅游局负责宣贯实施和评估。

“行业协会”模式在各地的推行较广泛，体系也最为成熟，但是这一模式主要适用于国标、行标、团标，且由于协会提供的是有偿服务，长久以来利益协调问题越发突出，也难以避免行业协会对所负责实施的标准挑挑拣拣的现象。

**4.“主体联动、分类推进”的混合模式**

实践证明，旅游标准化既要坚持旅游行政主管部门统一管理，又要充分发挥各行业部门的作用，这种统一管理与分工负责的管理模式是确保旅游标准化工作运行顺畅、推进有序、监督有力的有效手段。

国家、行业、地方、团体、企业五级标准之间应当协调统一，定位明确、界限明确，避免标准之间交叉矛盾的问题出现。

从标准的级别来看，国家标准高于行业标准，行业标准又高于地方标准；而从标准的技术级别来看，地方标准高于行业标准，行业标准又高于国家标准。因此国家、省市与地方之间需要协同，国标、行标、地标和团标之间也需要协同，更需要为彼此之间预留一定的灵活性发展空间（见图 13-2）。

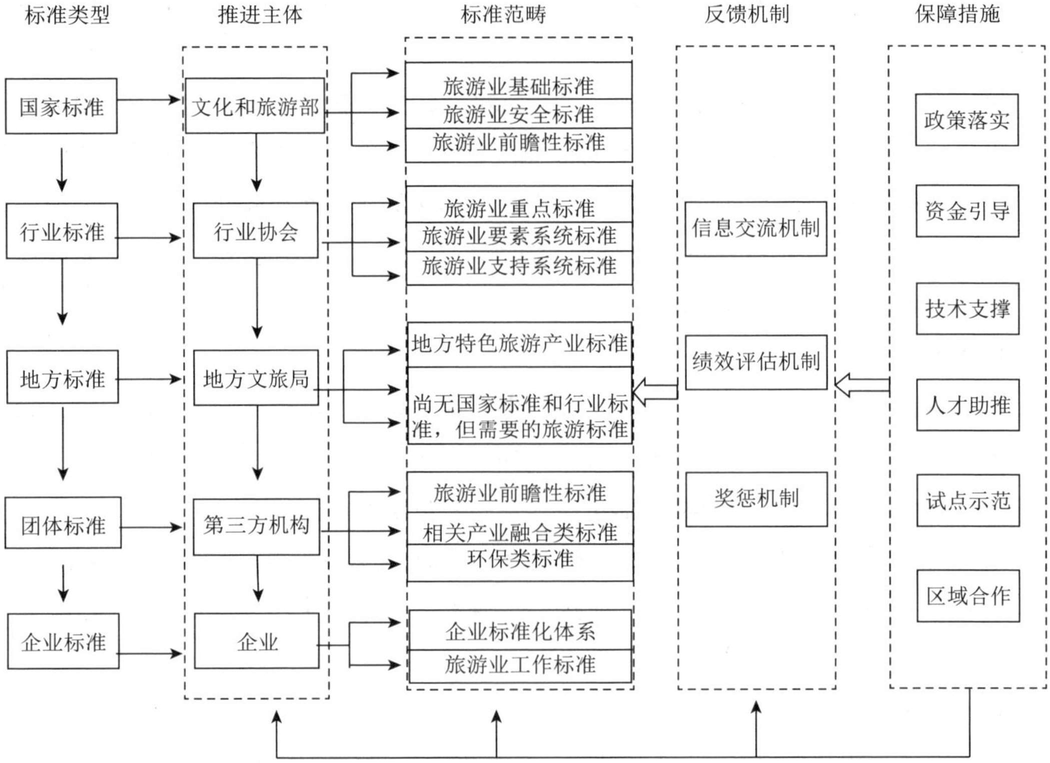


**图 13-2　我国旅游标准化分类实施路径图**

注：

旅游业基础标准：主要包括术语、图形符号标准

旅游业前瞻性标准：对旅游业未来发展影响重大的标准，如《旅游企业诚信评价》等

旅游业重点标准：对旅游业发展有重大影响的标准，如《旅游资源分类、调查与评价》《旅游景区质量等级的划分与评定》《旅行社等级划分》《旅游饭店星级的划分与评定》等

旅游业要素系统标准，参见《全国旅游业标准体系表》

旅游业支持系统标准，参见《全国旅游业标准体系表》

旅游业工作标准，参见《全国旅游业标准体系表》

“主体联动、分类推进”的混合型模式如下。

（1）基础类、安全性标准：由文旅部会同各地政府主推并负责宣贯实施全过程，以确保标准的权威性与公信力。

（2）旅游业重点标准、旅游业要素类标准、旅游业支持系统类标准（主要指各类行标）：由对应的行业协会组织宣贯实施、推广和评估工作。

（3）旅游业前瞻性标准、相关产业融合类、环保类标准：采取政府采信、打包下放方式，委托第三方设立认证中心，代表政府来组织标准的宣贯实施和评估工作。一方面，政府需提供相关的政策保障和资金补贴；另一方面，政府加强动员，增强第三方机构的公信力和权威度。

（4）旅游业工作标准、旅游企业内部操作类标准（如旅游接待标准、旅游购物标准等）：由大企业或企业联盟来主导宣贯推广和评估工作；对于运行良好、效果突出的企业标准，鼓励转化为行业标准和国家标准。

# 第三节　旅游标准化的宣传推广

## 一、相关利益方角色

旅游标准化宣传、培训和推广是旅游标准化工作的重要内容之一，并因其对旅游标准化氛围营造、旅游标准化人才队伍建设、标准预期效果实现等方面的广泛影响而受到各级各类旅游行政主管部门的一贯重视。

应加强利益相关者对旅游标准化作用的深入认知，合理运用多种手段宣传贯彻旅游标准化的功效，提升标准化公信力。提高对旅游标准化作用的认知，是顺利推动旅游标准化工作的前提条件之一。从战略角度出发，建议从以下方面确立并宣传旅游标准化的作用：对政府而言是推动旅游业升级的核心抓手，对企业而言是塑造品牌、提升形象的基础，对公众而言是选择旅游企业、选择旅游产品的参照系和标杆。

具体的旅游标准应规范、科学、系统，具有公信力。旅游标准是否具有公信力，是旅游企业采标的重要前提，也是引导旅游者消费并维护其利益的重要前提。在旅游标准制定、推广、实施、修编的过程中，旅游标准化管理机构应着重于旅游标准公信力的塑造与维护上，使具体的旅游标准规范、科学、系统。其中，旅游标准中术语的选择与表达要严谨、通用；旅游标准要符合产业实际，要反映企业和消费者等市场主体的诉求；对于部分定量指标如与人体工程学相关的信息，则应通过实验以获得科学数据。旅游标准应全面、体系化。

### 二、宣贯培训

旅游标准化的培训与推广是一项需要辐射到社会各层面的系统性工作，需要由以国家旅游行政主管部门为首的各有关机构组成立体化网络共同推进。

具体而言，可以是文旅部委托省、自治区、直辖市文旅局，或省、自治区、直辖市文旅局委托地方文旅局直接展开培训，如《旅游饭店的星级划分与评定》就是应用该种模式推广，获得了显著的宣传、普及效果。同时，旅游中介、行业协会、专业研究机构等第三方组织也是组织、实施旅游标准化培训的重要机构，特别是在旅游标准化法律法规的宣传与培训、旅游标准化专业技术人员资格培训、开展旅游标准编写、协助开展旅游标准化方面的学术交流等。

### 三、“区域试点 + 企业示范”模式

这一模式主要针对地方特色标准。文旅部采取区域试点与企业示范相结合的方式，将标准的宣贯、推广和评估等组织实施的一整套工作下放给各地政府和主管部门，以更好地确保各方的积极参与和有效制衡，更好地结合地方特色来保障标准的切实可行与正常运行。

地方从错位发展的角度，结合国家标准的空白点和自身优势，制定自己的标准，形成先行先试的试点，并向文旅部备案；同时，文旅部应通过国家级的认证中心对此类标准进行综合协调。

## 第四节　旅游标准化的评估监督

### 一、标准评估体系

坚持“政府推动、有关行业部门共同参与”的原则，通过开放、联合等多种形式，充分整合各类旅游标准化资源，使之成为旅游标准化技术资源的重要组成部分。积极推进旅游标准化研究院所、专业标准化技术委员会、旅游行业协会等各类旅游标准化社会资源，在标准的制修订、信息交流服务与联络渠道、人员储备、设备配置、产业协作、企业依托等方面形成整体合力，避免重复建设，发挥综合优势，实现旅游标准化信息和

能力资源共建共享及优势互补。同时，加大我国旅游企业参与旅游国际标准化活动的力度，积极跟踪分析旅游国际标准发展趋势，加强产品对比、技术对比、标准对比研究工作，鼓励旅游企业积极参与旅游国际、国家、行业、地方和团体标准制定。

## 二、绩效评估机制

目前，我国已出台了一系列旅游标准化的相关政策及意见，但其实际运行效果如何，缺乏相关有效的评价。如今世界各发达国家均出台了与相关旅游标准化战略（规划）实施相配套的实施评估机制，对战略（规划）实施情况进行动态跟踪研究和阶段性评估，并取得了良好的效果。国际上的成功经验告诉我们，制度的保障是确保战略目标顺利实现的有效手段。我国作为一个新兴的发展中国家，要真正有效实施旅游标准化战略（规划），建立符合我国国情、适应形势发展需要的旅游标准化战略实施评估机制势在必行。

建立一整套完善的旅游标准化战略实施评估机制，首先需要建立旅游标准化战略实施评估指标体系，为任务目标的实现、战略措施的效果、企业标准化工作成效等评估内容设立评估指标。其次，在战略实施中期，要对旅游标准化战略的实施效果进行阶段性评估，并根据评估结果和国内外标准化形势变化，相应调整发展对策。最后，在战略完成后，应组织由政府部门、行业协会、企事业单位以及各界专家参加的评估小组，对战略量化指标的实现、各项措施的成效以及公众对标准化的认知度等进行综合的、全方位的、科学的评估，为制定下一阶段的标准化战略提供科学依据，从而不断巩固旅游标准化战略的实施成效，持续推动旅游标准化事业向前发展。

## 三、风险管理机制

在确保经验交流、简报、信息数据库建设等信息通畅的基础上，探索建立旅游标准化风险应对机制，做好旅游标准化风险预测和管理，提高工作的前瞻性和预见性，对于有效消除旅游标准化工作涉及的危害因素具有极其重要的意义。要有效应对压力，妥善解决问题，全面加强旅游标准化风险管理，不断提高标准化尤其是各级旅游标准的科学性和防范风险能力，已成为各旅游标准化行政主管部门所必须面对的课题。

健全标准风险应对体系，努力实现闭环式管理。全面建立、健全旅游标准化风险研判和防范应对制度，着力在“建标、制标、对标”上“三管齐下”，努力实现旅游标准风险闭环式管理。

一管“建标保障体系”：进一步建立健全旅游标准化工作和技术体系，不断发挥旅游标准化工作协作机制，加大对重要旅游标准实施和重点工作的通报、研究和协调、处置，采取有效措施减少旅游标准化工作决策风险；进一步整合行政、技术和政策资源，建立完善旅游标准化工作专家和人才队伍，筹划建立旅游标准化专家专题库，并组建成立旅游标准专家审查委员会（或审查组）。

二管“制标审查程序”：进一步加强旅游标准审查，严格执行旅游国家、行业标准立项、审查和批准发布程序，完善相关机制。建立“一开、二关、三听取”风险评估审查新机制，把好旅游标准“进出关”。“一开”就是加大开门制标力度，对涉及旅游标准立项、制定以及批准发布等各个环节加大信息公开力度和社会公示。“二关”就是在制标前后加设两道专题审查关，前道审查关是对涉及旅游重要领域的强制性标准，在立项评审前，组织相关专家进行标准的必要性专题论证；后道审查关就是在旅游标准专家审查会后，在报批前，再组织相关专家，根据审查会提出的意见或建议进行针对性复审。“三听取”就是必要时，再通过召开专题座谈会或通报会，甚至听证会等形式，广泛听取旅游标准涉及的社会各方意见，确保旅游标准制修订信息公开透明，接受社会监督和评议。

三管“对标跟踪评估”：不断加强旅游标准实施的后续跟踪管理和标准实施绩效评估，及时、系统、全面了解和掌握重要标准，特别是旅游标准实施的真实情况和动态信息，研判各方面的影响，权衡利弊得失，做好风险检测和管理。对社会关注、游客关切的重要旅游标准，必要时通过召开新闻发布会、通气会及专家会，及时、有效地通报标准实施情况。

# 主要参考文献


［1］中华人民共和国国家技术监督局．标准体系表编制原则和要求 GB/T 13016—91［M］．北京：中国标准出版社，1991.

［2］麦绿波．标准学——标准的科学理论［M］．北京：科学出版社，2019.

［3］麦绿波．标准化学——标准化的科学理论［M］．北京：科学出版社，2017.

［4］魏小安，彭德成，胡丹．旅游标准化工作手册［M］．北京：中国标准出版社，1998.

［5］中国标准出版社第六编辑室．旅游标准与法规汇编［M］．北京：中国标准出版社，2006.

［6］中国标准化研究院．国家标准体系建设研究［M］．北京：中国标准出版社，2007.

［7］陈渭．标准化基础教程——标准化理论与实践［M］．北京：中国计量出版社，2008.

［8］国家旅游局质量规范与管理司．旅游业地方标准［S］．北京：中国旅游出版社，2008.

［9］白殿一，刘慎斋，等．标准化文件的起草［M］．北京：中国标准出版社，2020.

［10］住房和城乡建设部标准定额司．工程建设标准编制指南［M］．北京：中国建筑工业出版社，2009.

［11］李春田．标准化概论［M］．6 版．北京：中国人民大学出版社，2014.

［12］国家标准化管理委员会．国际标准化教程［M］．2 版．北京：中国标准出版社，2009.

［13］中国标准化研究院国家标准馆．国际标准化资料概览——ISO 成员国国家标准化组织篇［M］．北京：中国质检出版社 / 中国标准出版社，2009.

［14］白殿一，王益谊，等．标准化基础［M］．北京：清华大学出版社，2019.

［15］魏小安，张灵光 . 共同的事业——中国休闲标准化发展导引［M］. 北京：中国计量出版社，2011.

［16］国家旅游局监督管理司 . 中国旅游业国家标准和行业标准汇编［M］. 北京：中国标准出版社，2012.

［17］李鹏，冯艳滨，孙俊明 . 旅游标准化理论研究与实践［M］. 北京：中国旅游出版社，2013.

［18］李鹏，李柏文 . 旅游标准化战略研究［M］. 北京：中国质检出版社 / 中国标准出版社，2014.

［19］任鸣 . 旅游标准学（基础篇）［M］. 北京：北京大学出版社，2015.

［20］邱萍，冉杰 . 旅游标准化研究与创新［M］. 北京：旅游教育出版社，2015.

［21］张凌云，朱莉蓉 . 中外旅游标准化发展现状和趋势比较研究［J］. 旅游学刊，2011，26（5）：12-21.

［22］张凌云，朱莉蓉 .《旅游景区服务指南》解读［J］. 大众标准化，2011（4）.

［23］刘春青 . 欧盟标准化政策与欧洲统一大市场（2）［J］. 世界标准化与质量管理，2001（3）：28-31.

［24］彭志凯 . 中国旅游标准化工作 20 年综述：成效显著 挑战犹存［EB/OL］. http：//www.gov.cn/gzdt/2006-10/14/content_413226.htm.

［25］汪才静，张凌云 . 西班牙与中国工业旅游标准比较研究［J］. 标准科学，2018（8）.

［26］张嗣，张凌云 . 中国与国际旅游信息咨询中心标准比较研究［J］. 标准科学，2019（4）.

［27］韩兰，张凌云 . 中国与西班牙滑雪旅游标准比较研究［J］. 中国标准化，2019（3）.

［28］张凌云，张燕雪 . 中国和西班牙旅游饭店标准比较研究［J］. 中国标准化，2019（5）.

［29］窦群 . 我国旅游标准体系的构筑、作用及其展望［J］. 中国标准化，2000（11）：43-44.

［30］何力，李泽华 . 走向世界的中国旅游标准化工作［J］. 中国标准化，2003（7）：17-20.

［31］马震，李树民 . 中欧旅游标准化运作机制比较研究及其对我国的启示［J］. 北京第二外国语学院学报，2007，29（3）：24-29.

［32］何力．德法欧洲的旅游标准化［J］．质量与市场，2008（6）：49-50.

［33］张明兰．国际旅游标准化的现状及发展趋势研究（下）［J］．上海标准化，2008（9）：9-12.

［34］国家标准化管理委员会．中国标准化发展年度报告（2020）［R］.2020.

# 后 记

本书是在《旅游标准化导论》（旅游教育出版社，2014 年）和《旅游标准化新论》（中国旅游出版社，2020 年）基础上修改而成的。近年来，我国旅游标准化工作有了很大的发展，特别是在旅游标准国际化方面实现了零的突破。2021 年 12 月，我国首次在国际标准化组织的旅游及相关服务标准化技术委员会（ISO/TC 228）中，出任两个工作组（WG19 和 WG20）的召集人，2022 年发起和主持多项国际旅游标准研制。

本书修订的一个最主要原因是，原先编写标准的标准 GB/T 1.1—2009《标准化工作导则 第 1 部分：标准的结构和编写》已经被 GB/T 1.1—2020《标准化工作导则 第 1 部分：标准化文件的结构和起草规则》（2020 年 10 月 1 日实施）所替代。同时，GB/T 1.2—2020《标准化工作导则 第 2 部分：以 ISO/IEC 标准化文件为基础的标准化文件起草规则》（2021 年 6 月 1 日实施）和 GB/T 20001《标准编写规则》等分部分标准相继发布。因此，本书也根据旅游标准起草者的需要更新了相关内容，希望能对旅游标准的起草有所帮助。

本书的出版得到了蜗牛景区管理集团的热心资助。原中国标准化研究院副院长白殿一研究员不仅拨冗为本书作序，还亲自审阅了本书的初稿，提出了非常专业的修改意见。他是 GB/T 1.1—2000、GB/T 1.1—2009 以及 GB/T 1.1—2020 国家标准的第一起草人，是标准化领域公认的权威专家。作为全国旅游标准化技术委员会（SAC/TC 210）委员，我们经常一起参加旅游标准的立项评审和标准审查会，他对于标准的解释，科学严谨，逻辑性强，不乏真知灼见。每当我向他请教旅游标准化问题时，白先生总是很有耐心地为我解惑。可以说，他是我进入旅游标准化研究的启蒙老师。此外，旅游教育出版社的领导和相关编辑为本书的出版也都付出了辛勤劳动，在此一并表示感谢！

由于作者的专业水平有限，书中难免存在一些不妥之处，恳请从事旅游标准化工作的专家学者和读者朋友不吝指教。

张凌云

2023 年 6 月 30 日